KB069496

현장 전문가를 위한
창의성 교육 지침서

창의성과 혁신

Educating for Creativity and Innovation

A Comprehensive Guide
for Research-Based Practice

Donald J. Treffinger · Patricia F. Schoonover · Edwin C. Selby 공저
진석언 · 조무정 · 신의주 · 윤성로 · 이승진 공역

❝ 인간과 AI의 공존시대,
미래교육이 반드시 알고 가야 할
창의성에 관한 모든 것 **❞**

학지사

Original title: Educating for Creativity and Innovation:
A Comprehensive Guide for Research-Based Practice
by Donald J. Treffinger, Patricia F. Schoonover and Edwin C. Selby

역자 서문

"창의성은 혁신 없이 발현될 수 있지만, 혁신은 창의성 없이 나타나지 않는다."

"Creativity can happen without innovation, but innovation can't happen without creativity"

— Donald J. Treffinger, Ph.D. (1941~2019) —

 오늘날 사회는 한 명의 천재가 혼자서 오랜 시간에 걸쳐 큰 성과를 이루어 내기보다는 짧은 시간에 다양한 분야의 사람들이 협업함으로써 새롭고 유용한 결과물을 산출해 내는 것을 더 선호한다. 이른바 집단 창의성에 기반한 혁신이 가장 중요시되는 사회적 분위기에서 교육 현장의 교사들도 사회적 혁신의 주인공이 될 학생에게 어떻게 창의성 교육을 실시해야 할 것인가에 대해 많은 고민을 하고 있다. "창의성은 혁신 없이 발현될 수 있지만, 혁신은 창의성 없이 나타나지 않는다."라는 이 책의 저자 Treffinger 박사의 말은 창의성 및 혁신과 관련하여 무언가 의무감을 갖고 있는 사람들이 고민하던 문제, 즉 창의성과 혁신은 과연 같은 말인지, 아니면 어떻게 구분되는지에 대해 어느 정도 답을 주고 있다고 할 수 있다.

 이 책은 당신이 교육자이고, 당신이 담당한 사람들을 미래를 이끌어 가는 인재로 성장시키고 싶다면 차별화된 창의적 교수-학습 활동을 할 수 있는 다양한 창의적 사고 기술과 사고 도구를 당신 스스로 학습할 필요가 있다고 말한다. 그 후에 학생들이 효과적인 창의적 사고 방법에 기반한 유능하고 자신감 있는 문제해결자로 스스로 설 수 있도록, 문제해결 방법과 이를 위한 다양한 도구를 알고 사용할 수 있게 지도해야 한다. 이 책에는 학교 현장이나 기업 등에서 교육과 훈련을 담당하는 사람들이 창의성 및 혁신과 관련하여 맞닥뜨리게 되는 다양한 고민과 관련하여 학문적 이론에 근거하면서도 실제적인 실천 방안을 찾는 데에 유용한 지침을 제공하고 있다. "모든 사람은 창의적 능력을 가지고 있다."라는 저자의 믿음에 근거하여 학교나 기업의 소수 엘리트들만이 아닌 모든 학생, 모든 구성원을 대상으로 한 지침을 제공하고 있기에 '창의성이나 혁신은 소수의 뛰어난 사람들을 대상으로 하는 것이지 내가 담당하는 학생이나 직원들과는 관련 없는 일'이라고 생각할 필요가 없다. 또한 구체적인 지침들에 대해 알기 쉽게 설명하고 있어서 베테랑 교육자들이 아닌 학교나 기업에서 교육을 처음 담당하는 초심자들도 충분히 활용할 수 있다. 더불어 다양한 사례를 제시하여 학생들이 창의성과 혁신 능력을 기르기 위해 사고 과정을 배우고 적용할 수 있도록 안내하고 있다. 교사의 적절한 지도로 학생들은 자신감과 책임감을 갖고 창의적인 사고 과정을 수행할 수 있다는 확신을 갖게 해 줄 것이다.

이 책의 번역 작업은 (사)한국영재학회에서 Treffinger 박사를 한국에 초청하여 학회원들을 대상으로 특강을 실시한 것이 계기가 되었다. 동료들 가운데 이 책을 번역하자는 의견이 있었을 때 본 역자는 적극적으로 동조하지는 않았었다. 사실 '제대로 번역할 자신이 없으면 손대지 말라.'라는 것이 학술서 번역에 대한 기본적인 생각이었다. 왜냐하면 훌륭한 해외 학자들의 저서가 너무나 무성의한 번역으로 인해 국내의 독자들에게 제대로 전달될 기회가 없어지는 것을 흔하게 보아왔기 때문이다. 그러나 번역에 참여한 동료들의 열의가 생각 이상으로 높다는 것을 확인한 이후, 여전히 두려운 마음이었지만 용기를 가지고 이 책의 번역에 감히 착수하게 되었다. 번역진들은

Treffinger 박사의 지혜가 한국의 창의성 교육에 제대로 소개되는 일을 가로 막지 않기 위해 많은 시간과 노력을 기울였다. 초벌 번역은 이미 2018년 가을에 나왔지만, 출판을 서두르지 않고 다시 읽고 다시 고치기를 수도 없이 반복하며 다듬어 나갔다. 그 와중에 Treffinger 박사가 세상을 떠났다는 소식까지 전해 듣게 되었다. Treffinger 박사에게 출간된 한국어판 책을 보여 주지 못하게 되어 다들 무척이나 아쉬워했다. 코로나19로 인해 어쩔 수 없이 수차례의 온라인 회의를 통한 마지막 교정 작업을 거친 끝에 드디어 학지사를 통해 이 책을 한국의 독자들에게 내놓게 되었다. 감히 이야기하건대, 이 번역서를 한국 독자들에게 소개하며 번역진들은 전혀 부끄러움이 없다. 우리 번역진들은 독자에게 최고의 번역서를 내어놓기 위해 마땅히 할 만큼 이상의 정성과 노력을 기울였다고 자신할 수 있다. 이 책이 다양한 정보와 아이디어를 제공하는 기능을 넘어, 다양한 분야의 교육자들이 가지고 있는 창의성 교육과 혁신에 대한 신념에 긍정적인 변화를 불러올 수 있기를 기대한다. 더 나아가 그들이 하는 일에도 좋은 영향을 미치는 촉매제 역할을 할 수 있기를 바란다.

마지막으로, 이번 번역 작업에서 매우 중요했던 조무정 교수의 노고를 언급하지 않을 수 없다. Treffinger 박사의 원 저서 번역을 착수함에 있어서 가장 주도적인 역할을 했음은 물론이고, 여러 해에 걸친 지난한 번역 기간 동안 다른 공역자들이 지치지 않도록 끊임없이 동력을 불어넣어 준 것도 조무정 교수이다. 조무정 교수를 이 책의 제1역자로 표기하고자 끝까지 주장하였으나 많은 논의 끝에 결국 뜻을 굽히게 된 것에 무척 부끄러움을 느낀다.

아무쪼록 이 책을 접하는 한국의 모든 독자와 이들에게 잘 번역된 좋은 책을 전하기 위해 애쓴 공역자 모두에게 건강과 행복을 기원한다.

2021년 2월
변화와 혁신이 요동치는 시대에
역자들을 대표하여, 진석언 씀

차례

1부

창의성과 혁신에 대한 이해

들어가며

 이 책은 교육 행정가, 교육 전문가, 현직 교사나 예비 교사, 학부모, 기업의 인적자원개발 담당자, 지역사회의 리더 등 다양한 독자를 위한 것이다. 주로 학교 현장의 교사와 학생에게 초점을 맞추고 있지만, 다른 사람의 창의성을 길러주고자 하는 사람들은 물론 자신의 창의성에 대한 이해의 폭을 넓히고자 하는 사람들을 위한 것이기도 하다. 자기 자신이 이미 매우 창의적이라고 생각하는 사람들에게도 이 책은 창의성을 발휘하기 위한 유용한 도구와 자료들을 제공해 준다. 또한 자신이 창의적이지 않다고 생각하는 사람들도 훨씬 창의적인 사람이 될 수 있는 효과적인 방법이 있다는 것을 발견하게 될 것이다.

 초등학생이든 성인 학습자이든 학생들을 가르치는 사람들은 이 책을 활용하여 자신의 수업에 창의성을 접목시키는 방법을 알게 될 것이다. 예를 들면, 학생들의 창의적 특성과 강점을 찾아내는 방법, 학생들의 창의성을 길러주는 방법, 그리고 학생들의 창의적 작품을 평가하는 방법에 대해 알게 될 것이다.

 이제 세 명의 학생을 소개하고자 한다. 그들의 특징을 보며 어떠한 유사점과 차이점이 있는지, 그리고 그들에 대해 주변 어른들이 어떻게 반응하는지를 살펴보기 바란다. 창의성이 무엇인지에 대해서, 그리고 학교 현장에서의 창의성 교육이 어떻게 이루어져야 하는지를 설명하기 위하여 이 세 명의 학생들에 관한 사례가 이 책에서 반복적으로 언급될 것이다.

에릭

에릭(Eric)은 미국 중서부에 있는 작은 초등학교의 5학년 학생이다. 그는 잠시도 가만히 있지 못해서 선생님들이 힘들어하는 학생이다. 조용한 독서 시간에도 옆 친구와 계속 이야기를 하거나 끊임없이 장난을 치곤 한다. 수업시간에 소동이 발생할 때면, 그 소동의 중심에는 항상 에릭이 있다. 에릭의 담임교사는 잠재적 창의성을 가진 학생들에 관해 묻는 설문조사에서 에릭에 대해서는 특별한 언급을 하지 않았다. 담임교사의 에릭에 대한 의견은 이렇다.

에릭의 학교생활은 종잡을 수가 없어요. 토론에 참여하여 자신의 생각을 말하고, 적절한 대답을 하기도 하지만 자주 산만한 태도를 보여요. 다른 학생들과 그룹 활동에 함께 참여하지만, 프로젝트의 리더가 되려고 하지는 않아요. 에릭은 남자 아이들 사이에서 인기가 많고 어른들에게 공손해요. 꾸중을 들으면 곧장 잘못을 뉘우치고 잘못된 행동을 고치려고 노력해요. 개방형 과제를 할 때, 에릭의 결과물은 종종 창의적이에요. 그러나 내용의 깊이가 있지는 않아요. 교사가 관심을 기울이고 도움을 주면 그제야 자신의 답을 정교화시켜요. 창의성이 요구되는 그룹 과제에서 가끔씩 아이디어를 내기도 하지만 리더의 역할을 하지는 않아요. 도전적인 과제를 수행하려는 의지가 강하지도 않아요. 무언가 독창적인 아이디어를 내놓으려 할 때 머뭇거리는 편이고, 자신이 노력하고 있는 모습을 교사가 지켜보며 잘하고 있다고 확인해 주길 원해요.

에릭에 대한 담임교사의 평가는 같은 반 친구 지미(Jimmy)가 에릭이 남북전쟁에 대해 아는 것이 많다는 사실을 말해 주기 전까지는 바뀌지 않았다. 그런데 담임교사가 남북전쟁에 관한 단원을 시작하면서 관련 프로젝트에 대해 설명하려고 할 때, 에릭의 친구인 지미가 손을 들고는 "린치(Lynch) 선생님, 남북전쟁에 대해서 알고 싶으시면 에릭한테 물어보세요. 에릭은 남북전쟁에 대해 모르는 게 없어요."라고 말했다. 선생님은 "정말? 에릭, 넌 정말 남북전쟁에 대해 이미 알고 있니?"라고 물었다.

에릭은 고개를 끄덕였고, 남북전쟁의 원인, 주요 전투, 남부와 북부의 유명한 장군들에 대한 이야기뿐만 아니라 전쟁의 원인에 대해서도 잘 요약해서 이야기하였다. 사실 에릭의 삼촌은 남북전쟁의 재현 행사에 참여하는 전문가이고, 에릭은 취미로 2년 이상 삼촌과 함께 그 작업에 참여했었다. 에릭은 남북전쟁에 많은 관심을 갖고 있어서 관련 서적을 매우 열심히 읽었고, 최근에는 남북전쟁 재현 행사에서 북치는 소년 역할을 맡기도 했었다. 린치 선생님은 에릭의 그런 모습에 놀랐고, 에릭을 새로운 눈으로 보게 되었다. 선생님은 에릭이 학교 활동에 적극적으로 참여하고 긍정적인 방법으로 에너지를 발산시킬 수 있는 연결고리를 찾았고, 에릭이 창의적 잠재력을 표현할 수 있도록 도울 수 있는 방법도 찾았다.

린치 선생님은 에릭이 남북전쟁에 관한 수업에 주도적으로 참여하도록 하였다. 선생님은 에릭의 부모님과 삼촌에게도 도움을 청하였다. 에릭의 요청에 따라 친구 지미도 프로젝트에 함께 참가하였다. 프로젝트의 첫 번째 단계는 학급 학생들의 남북전쟁에 대한 이해를 돕기 위해 에릭과 지미가 조사한 내용을 PPT로 프레젠테이션하는 것이었다. 린치 선생님은 학급 학생들에게 문제해결을 위한 몇 가지 사고도구의 사용 방법을 가르쳐 주었다. 예를 들어, 포스트잇을 활용한 브레인스토밍 기법을 알려주었다. 이 방법을 사용하여 1860년에 미국이 직면하고 있던 국가적 문제들의 목록을 만들어 보도록 하였고, 그런 다음 오늘날 미국 사회가 직면하고 있는 문제들에 대한 목록도 만들어 보도록 하였다. 두 목록을 비교하면서 현재와 1860년에 고민했던 문제들을 비교하고 그중에서 오늘날에도 여전히 남아 있는 문제는 무엇인지 알아보도록 하였다. 학생들은 그러한 문제들 중에서 하나를 고르고 가능한 해결책을 찾아보도록 하는 그룹 활동을 하였다.

에릭과 지미는 PPT 발표를 위해 아이디어를 내기 시작하였다. 진행에 어려움이 있을 때는 린치 선생님께 조언을 구하였다. 선생님은 남북전쟁의 특징과 관련된 목록을 작성하도록 제안하였고, 그중에서 강조하고 싶은 내용과 그들이 주어진 기간 내에 할 수 있는 작업을 선택한 후, 이를 중심으로 프로젝트를 진행해 나갈 것을 제안하였다. 선생님은 그들의 작업을 단계별로 체크해 주었다. 그들은 이 프로젝트에 몰두하게 되었고, 학교에서 자유시간이 생길 때마다 그 작업을 하였으며, 저녁이나 주말에도 작업을 계속했다. 프레젠테이션은 성공적이었다. 그들 중 한 명은 북군, 다른 한 명은 남군의 복장을 하고 발표를 하였다. 그들이 발표한 PPT에는 역사책과 고지도(古地圖)도 함께 제시되었다. 린치 선생님은 매우 감명을 받아서 동 학년의 선생님들께 이 프레젠테이션에 대해 이야기하였고, 두 소년은 각 학급을 다니면서 발표를 하였다. 프레젠테이션 순회를 마친 후, 린치 선생님은 그들의 작업이 어떻게 이루어졌는지 설명해 보라고 하였고, 그들이 어떠한 방식으로 문제를 해결했고, 사용한 도구는 무엇이었으며, 다른 방법을 써 보았으면 하는 아쉬움이 남는 부분은 없는지 등을 물어보았다. 선생님은 각자의 경험에 대해 간단히 글을 써보라고 하였고, 이를 온라인 포트폴리오에 올리도록 하였다.

남북전쟁 프로젝트 후, 에릭은 수업에 적극적으로 참여하게 되었으며, 교실 활동에서 리더로서의 역할을 하기 시작하였다. 린치 선생님은 에릭에게 학교 신문에 실을 기사를 써 보도록 제안하였고 그는 남북전쟁에 관한 글을 쓰기로 결심했다. 린치 선생님이 그 글을 조금 더 다듬으면 지역신문에도 내 볼 수 있다고 하자 에릭은 선생님의 제안에 따라 더 정교한 작업에 들어갔다. 에릭은 지미와 함께 남북전쟁의 전후 재건에 관한 더 많은 정보를 모으고, 에릭의 삼촌과 삼촌의 동료들을 인터뷰하기로 결정했다. 이러한 과정을 통해 매우 많은 정보가 쌓였고 그 정보의 양은 그들이 다룰 수 있는 수준을 넘어섰다. 린치 선생님은 그들이 적절한 정보를 선택하는 것을 돕기 위해 몇 가지 수렴적 사고 도구를 사용하도록 제안했다. 기사의 초안을 작성하고 이를 몇 번 수정한 후, 지역신문에 실을 만한 수준의 기사가 준비되었고, 이를 간결하게 요약하여 학교 신문에도 실었다.

이러한 경험을 통해 에릭의 학교에서의 행동은 보다 긍정적이고 일관성 있는 모습으로 바뀌었다. 이제는 자발적으로 대답하는 학생이 되었고, 조별 활동에서 리더의 역할을 하였다. 에릭은 다른 역사적 사건에도 관심을 갖게 되었고, 이를 글로 표현하였다. 6

학년 때는 사회 선생님의 도움으로 고대 그리스에 관해 프레젠테이션을 하였다. 또한 페르시아 전쟁에도 관심을 갖게 되어 관련 프레젠테이션을 하였으며, 그 내용을 토대로 작성한 기사가 또 한 번 지역 신문에 실리게 되었다.

윌리엄

윌리엄(William)은 6년 동안 피아노 개인 레슨을 받았고, 5년 동안 학교에서 클라리넷을 배웠다. 고등학교 1학년이 되면서 교내 오케스트라 단원으로 선발되는 기쁨을 누리기도 하였다. 그는 음악에 관해 더 많이 알고자 음악 이론 수업을 수강하고 있다. 또한 피아노 레슨과 함께 화성법과 재즈 즉흥연주를 배우며 더 큰 흥미를 느끼게 되었고, 배운 것을 활용하여 독창적인 연주도 시도해 보며 많은 자신감이 생겼다.

이러한 음악적 기술과 자신감을 토대로 그는 음악이론 수업의 과제를 다양한 방식으로 수행할 수 있었다. 그는 색다른 음악적 아이디어로 곡의 패턴을 이해할 수 있었고, 다양한 음악 장르를 시도해 보는 가운데 학교 오케스트라를 위한 재미있는 편곡도 하였다. 윌리엄의 작품은 오케스트라 지휘자 트림블(Trimble) 선생님의 지도하에 학급친구들 앞에서 연주되기도 하였다. 트림블 선생님은 윌리엄에게 다가올 봄 콘서트에서 연주할 곡의 편곡 작업을 함께 하자고 제안하였다.

트림블 선생님은 윌리엄에게 학교 오케스트라를 위한 재즈 음악 작업도 해보라고 권유하였다. 음악 이론 수업을 들으면서 즉흥연주 실력도 향상되었고, 오케스트라 음악에 대한 기초적인 이해도 넓어졌다.

윌리엄은 다른 과목에서도 우수하여 대부분 A나 B학점을 받았다. 특히 과학과 수학 과목을 좋아하였는데, 중학교 때는 과학경시대회에서 최고상을 받기도 했다. 윌리엄은 교내 연극반의 가을 뮤지컬 공연을 보면서 그 분야에 흥미를 느끼게 되어, 겨울방학 후 친구들과 함께 학교에서 공연할 뮤지컬 작품을 구상 중이다.

수지

수지(Suzie)는 유치원 때부터 질문이 많은 아이였다. 현재 수지는 미국 북동부 지역의 고등학교 ?학년 학생이다. 그녀는 과학 분야의 다양한 탐구문제에 매료되어, 과학을 매우 좋아하게 되었다. 부모님은 딸의 과학에 대한 열정을 지속적으로 지지해 주었다. 초등학교 때, 수지의 아버지는 차고에 작은 실험실을 만들어 주기도 하였다. 중학교 때는 과학경시대회에서 여러 번 상을 탔는데, 처음에는 지역 대회에서 상을 탔고, 나중에는 주(state)에서 실시하는 대회에서도 수상했다. 최근 수지는 세계 여러 나라의 학생들이나 대학의 교수들과 정기적으로 서신을 주고받으며 자신의 실험 과정에 대한 피드백을 받고 아이디어를 나누고 있다. 그중 한 교수는 온라인상에서 수지의 멘토가 되어주고 있다.

수지는 모든 과목에서 우수하고, 학교 테니스 팀의 주장이기도 하다. 그녀는 친구들에게 인정받고 있다. 학교 안에 마음이 잘 통하는 친구들과의 모임도 있지만, 방과 후에는 혼자 책을 읽거나 실험을 하며 과학 관련 지식을 얻는 데 시간을 보낸다. 수지는 어른들과 함께 이야기하는 것을 좋아하고, 토론을 할 때 당당하게 자신의 주장을 내세운다. 특히 과학이나 기술과 관련된 주제가 나오면 더욱 자신 있게 의견을 말한다.

올해 수지는 생물학 AP(Advanced Placement) 강좌를 수강하고 있다. 수지는 모든 과제물을 열심히 하고 있으며, 그녀의 학업 태도는 함께 수업을 듣는 친구인 아이다(Ida)와 메리(Mary)에게도 긍정적인 영향을 주었다. 수지와 두 친구는 아이다의 할머니가 돌아가시기 전에 앓으셨던 특정 질병에 관심을 갖게 되었다. 그들은 생물학 수업을 들으면서 질병의 주요 증상을 조기에 진단할 수 있는 새로운 방법을 함께 개발하였다. 그 진단방법에 대한 보고서로 주(state) 대회에서 수상을 한 후, 전국 대회에도 참가하게 되었다. 그들은 또한 수지를 주 저자로 하여 이와 관련한 내용의 논문을 저명 학술지에 게재하기도 하였다.

수지는 운이 좋은 편이다. 부모님은 수지의 잠재력을 일찍 발견하였고 더 많은 질문을 하도록 격려하였을 뿐만 아니라 물리학, 생물학 분야에 대한 호기심과 열정을 키워나갈 수 있게 적극적으로 지원해 주었다. 학교 선생님들도 수지의 능력을 인정하여, 기회가 될 때마다 상급반 수업을 받을 수 있도록 배려해 주었다. AP 강좌 선생님은 학생들이 문제해결 방법을 잘 익힐 수 있도록 지도하였고, 이를 개방형 과제에 적용해 볼 수 있는 기회를 제공해 주었다. 친구들은 프로젝트의 리더로서 수지를 인정해 주었다. 졸업반이 되면, 수지는 영어, 사회, 중국어는 고등학교에서 수업을 듣고, 수학과 과학은 근처 대학에서 관련 과정을 수강하게 될 것이다. 바쁜 스케줄로 인해 아쉽게도 수지는 테니스 팀 주장 역할을 내려놓아야 할 것이다. 하지만 과학 분야의 창의적 연구와 학습에 매진하는 것이 우선이라 생각하기에 그러한 상황을 자연스럽게 받아들일 것이다.

이 책의 개관

이 책은 개인적인 삶과 직업 세계에서 창의성을 발휘하기 위한 지침서로서, 크게 5부로 나뉘고, 총 20장으로 구성되어 있다.

1부: 창의성과 혁신에 대한 이해

이 책의 1부는 1~4장으로 구성되어 있고, 교육에서의 창의성과 혁신을 이해하기 위한 기본적인 내용들을 다루고 있다. 1부에서는 이 책에서 다룰 주요 개념과 원리, 관련 용어들을 제시하고자 한다. 1장에는 이 책에서 자주 언급될 3명의 학생 사례가 제시되어 있다. 2장에서는 창의성에 대한 통념과 오해들에 대해 설명하고, 이들에 관한 올바른 이해를 돕는다. 3장에서는 창의성과 혁신을 설명하기 위해 사용해 왔던 다양한 정의들을 소개하며, 우리가이 책에서 사용할 창의성과 혁신의 개념을 제시한다. 4장에서는 교육에서 창의성과 혁신이 중요한 이유에 대해 논의해 본다.

2부: 창의성과 혁신의 이론

2부에서는 창의성 교육을 이해하는 체계적인 틀로서 COCO 모델을 제시한다. 2부는 5~9장으로 구성되어 있으며, 5장은 COCO 모델의 4가지 핵심 요인들을 설명한다. 6장에서는 창의적인 개인의 특성에 대해 다룬다. 7장에서는 창의성의 필수적 요소가 되는 사고 도구들에 대해 설명한다. 8장에서는 창의성을 길러주는 데 도움이 되는 교육환경에 대해 다루고, 9장에서는 창의성의 산출물에 대해 살펴본다.

3부: 창의성의 측정 및 평가

3부에서는 창의성의 평가와 측정에 관한 실제적 질문과 관련 도구에 대해 다루는 장들로 구성되어 있다. 이 주제에 관해 우리가 가장 많이 받는 질문들은 다음과 같다.

- 창의성 검사라는 것이 과연 존재하는가?
- 창의성 검사의 유용성을 어떻게 알 수 있는가?
- 우리가 창의성을 증진시키기 위해 기울인 노력의 효과를 어떻게 입증할 수 있는가?
- 학생들이 얼마나 창의적인지를 어떻게 확인할 수 있는가?

10장은 기본적인 교육측정에 관한 개념을 어떻게 창의성에 적용시킬 것인지에 대한 이해를 돕고, 교육적인 측정 및 평가 분야에서 범하기 쉬운 오류에 빠지지 않기 위한 기본적인 지침을 제공한다. 11장은 교육에서의 창의성 평가를 위해 필요한 기본 원칙과 과정을 설명하고, 적절한 평가도구를 선택하고 활용하는 방법을 알려준다. 12장은 교육 상황에서의 창의성 평가에 유용한 최신의 접근법에 대해 설명한다.

4부: 창의성의 개발

이 책은 체계적인 교육과 훈련을 통해 모든 연령대 사람들의 창의성을 키울 수 있다는 신념을 기반으로 한다. 4부는 이 책의 핵심이다. 13장은 창의성과 혁신을 증진시키기 위한 방법에 대해 안내할 것이다. 14장은 창의성과 혁신을 증진시키기 위한 8가지 기본 지침을 제시하고 있다. 15장은 교수-학습 상황에서 창의적 · 비판적 사고 증진을 위한 도구 사용과 관련한 실용적인 전략을 제공한다. 16장은 이러한 도구들에 대한 지식을 확장하고, 이를 활용하여 실제적 문제(realistic problem)와 구조화된 연습 과제를 해결하기 위한 방법들을 설명한다. 이 장에서는 몇 가지의 창의성 및 문제해결 모형들을 살펴보고 그들의 교육적 함의에 대해서도 살펴본다. 17장에서는 창의성 증진에 활용될 수 있는 국내외의 교육 프로그램들에 대해 소개한다. 18장에서는 창의성 교육의 마지막 단계인 실제 문제(real problems) 해결에 대해 다룬다. 19장에서는 오늘날 교육 현장에서 급속히 변화하는 창의성과 혁신의 역할에 대해 고민해 본다.

5부: 창의성 교육의 미래

이 책의 마지막 부분은 한 개의 장으로 구성되어 있다. 20장에서는 교육 분야에서의 창의성 연구와 당면한 주요 이슈 및 향후 전망에 대해 논한다.

창의성에 관한 오해

창의성에 관한 일반적인 통념과 오해

창의성이라는 주제를 둘러싼 많은 오해가 있다. 이러한 오해는 사람들이 일반적인 의미의 창의성에 대해 올바르게 이해하는 데 방해가 될 뿐만 아니라 자기 자신의 창의성을 이해하는 것도 어렵게 만든다. 예를 들어, 1장에서 살펴보았던 에릭(Eric)을 생각해 보자. 에릭이 초등학교 3학년이었을 때, 그는 집 주변이나 재활용 센터에서 찾아낸 폐품들을 모아 독특한 기계장치를 만들어 내는 재주를 보여 주었다. 반면, 에릭은 추운 겨울에 코트나 모자, 장갑과 같은 물건을 학교에 자주 두고 가곤 했다. 에릭은 딴 세상에서 사는 것처럼 보였고 자신의 주변에서 어떤 일이 일어나고 있는지 깨닫지 못하는 경우가 많았다. 또한 선생님은 에릭의 뜬금없는 질문이 매우 성가시게 느껴졌다. 선생님은 다른 주제로 넘어가기를 원했지만, 에릭은 항상 선생님이 난처하게 생각하는 질문이나 의견으로 선생님을 물변하게 하는 것처럼 보였다. 에릭의 이러한 독특한 행동은 창의성의 증거로 보기보다는 말썽을 일으키는 행동으로 여겨졌다. 왜냐하면 사람들은 에릭의 상상력과 발명에 대한 관심에 집중하기보다는 왜 에릭이 다른 아이들과 같은 행동을 하지 않는지에 대해 더 많이 집중했기 때문이다.

창의성에 대한 오해들은 교육현장에서 창의성을 중요하게 생각하고 학생들에게 창의성을 길러주려고 노력하는 교육자들의 태도와 신념, 행동 등에도 영향을 미친다. 창의성에 관한 많은 연구들은 일부 교사들이 창의성과 관련이 있는 성격 특성을 싫어하는 경향이 있다고 끊임없이 지적해 왔다. 이 연구에서 교사들은 창의성과 관련된 성격적 특성들을 '불쾌함' '비순종적' '권위에 대한 도전' 등과 관련한 것이라고 응답했다(Williams, 1968). 아마도 교사들은 창의적인 사람들이 보이는 긍정적인 특성을 무시하거나 간과할지도 모른다. 이 교사들은 창의성의 중요성을 알고 있고 교실에서 창의성을 발휘할 수 있는 다양한 방법과 전략을 제공한다고 말할지도 모른다. 그러나 그들이 실제로 창의적 행동을 제대로 인식하고 그것을 강화하고 있는지의 여부는 논란의 여지가 있다(Aljughaiman & Mowrer-Reynolds, 2005). 그럼 이제부터 창의성에 대한 9가지 오해에 대해 검토해 보고, 이를 통해 창의성에 대해 보다 정확하게 이해해 보도록 하자.

1. 창의성은 단지 소수 천재들의 전유물인가?

많은 사람들은 창의성을 피카소, 렘브란트, 퀴리, 모차르트, 에디슨 등과 같은 위인의 뛰어난 업적에서만 찾으려는 경향이 있다. 어떤 사람들은 창의성이 누군가는 가지고 태어나고 누군가는 그렇지 못하다고 여긴다. 예를 들

Marie Sklodowska-Curie

어, 1장에서 보았던 수지(Suzie)의 경우, 수지의 선생님들은 수지가 과학자가 되기 위해 얼마나 많은 노력을 했는지 또한 그 부모가 얼마나 많은 지원을 했는지를 알지 못한 채, 그저 '신비한 아이'라고 바라보았을 수도 있다. 이와 마찬가지로, 윌리엄(William)의 선생님들도 윌리엄이 음악적 재능을 가지고 있었다는 것을 알아채지 못했을지도 모른다. 만약 교사들이 창의성을 대부분의 학생들이 범접할 수 없는 희귀하고 특별한 재능으로만 여긴다면, 학생들의 잠재적인 재능을 깨닫지 못할 수도 있다.

이러한 오해에 빠진 교육자들은 '우리 반에는 그런 학생이 있을 것 같지 않다. 그래서 나는 창의성에 대해 걱정할 필요가 없다.'라고 말할지도 모른다. 또한 우리 모두가 일상생활이나 업무에서 창의성을 활용하는 다양한 방법들을 깨닫지 못하기 때문에 새로운 시도를 하려고 하지 않는다. 우리는 종종 '나는 그것을 절대 할 수 없다.' 또는 '나는 예술(음악, 연극 등)에 소질이 없다.'라고 말하곤 한다. 그러나 당신이 잘할 수 있는 것이 무엇인지 생각해 보자. 당신은 아마도 당신이 즐겨 하던 것, 많이 연습했던 것, 그리고 언제나 만족감을 느꼈던 것을 매우 잘할 것이다. 또한 이러한 활동이 당신에게 중요하다는 것을 알고 있는 사람들로부터 많은 지원을 받고 있을지도 모른다.

따라서 이러한 오해에 대한 보다 바람직한 관점은 모든 사람에게 창의적인 잠재능력이 있다는 것을 인정하는 것이다. 모든 사람은 자신의 상상력을 더 잘 사용하는 방법, 우리에게 매일 일어나는 변화를 성공적으로 관리하는 방법, 더 나은 아이디어를 생성하는 방법, 더 효과적으로 문제를 해결하는 방법 등을 배울 수 있다. 오히려 창의성을 어려운 주제로만 여길 것이 아니라 학생들에게 적절한 격려와 지원을 해준다면, 이들이 매우 새롭고 독특한 것을 만들어 낼 수 있다는 태도를 가져야 한다.

2. 창의적인 사람은 신비롭고 불가사의한 미치광이인가?

미치광이 과학자

창의적인 사람은 조금 미친 사람이라고 생각하는 사람도 있다. 대표적인 예로, 정신적으로 불안정했지만 매우 창의적이었던 반 고흐(Van Gogh) 같은 사람이다. 하지만 대부분의 사람들은 정신적으로 불안정하지 않고도 창의적으로 일을 잘할 수 있다. 또한 정신질환을 앓고 있는 창의적인 사람들에게 그 질병에 맞는 진단을 하고 적절한 치료를 한다면 더욱 일을 잘하게 될 것이다. 불안이나 우울 같은 정신질환이 창의적 사고활동에 필요한 인지적 · 정서적 과정을 실제로 방해한다는 연구결과도 있다(Bailey, 2003; Weisberg, 1986, 1994). 하지만 정신적인 장애를 가진 사람이 창의적인 작업을 지속하기 위해 얼마나 큰 용기가 필요한지에 대해서는 사람들이 별로 관심을 두지 않는다(Silvia & Kaufman, 2010).

창의적인 사람들의 정신건강에 대한 근거 없는 가설에 주의할 필요가 있다. 정신질환을 가진 창의적인 사람들에 대한 연구는 고도로 창의적이었던 어떤 특정 사례에 초점을 두는 경우가 많다. 또한 정신병을 가지고 있었던 것으로 이야기되는 고도로 창의적이었던 사람들의 대부분은 예술 분야의 인물인 경향이 있다(Silvia & Kaufman, 2010). 미치광이 엔지니어에 관한 연구는 거의 없다. 엔지니어, 역사가, 수학자, 조경 건축가들은 이러한 '미치광이 천재(mad genius)'의 고정관념과는 무관한 것처럼 보인다. 하지만 모든 분야에서 혁신적이고 창의적인 인물들이 많이 있다. 예를 들어, 조지 페리스(George Ferris)는 1893년 세계박람회에서 '대관람차(the wheel)'를 개발하여 전시했다. 사람들은 페리스의 창의성에 감탄하면서도 왜 그런 이상한 것을 만드는지 이해할 수 없었기 때문에 그가 미쳤다고 생각했다. 이전에는 아무도 대관람차 같은 것을 디자인하거나 만들려고 하지 않았다. 사람들은 에펠탑에 그랬던 것처럼 대관람차에 대해서도 흉물스러운 조형물이라고 생각했다. 그것은 결국 세인트루이스(St. Louis)로 옮겨졌고 그곳에서도 흉물스럽다고 하여 철거되었다. 비록 일반 대중들은 처음 페리스의 대관람차의 진가를 알아보지 못했지만, 그 이후 지금까지 다양한 크기와 모양으로 제작되어 많은 사람들에게 즐거움을 주고 있다. 오늘날 많은 사랑을 받고 있는 '런던 아이(London eye)'와 '싱가포르 플라이어(Singapore Flyer)'가 대관람차의 대표적인 예이다.

어떤 사람들은 창의적인 사람을 신비한 존재로 보기도 한다. 그들은 창의적인 사람은 자신의 무의식 세계를 넘나들고 종종 그들 스스로도 통제하지 못하는 신비한 능력을 발휘한다고 생각한다. 그리스 사람들은 창의적인 사람이란 신들이 아이디어를 불어넣어 준 사람이라고 믿었다. 오늘날도 자신이 어떻게 창의적인 아이디어를 얻게 되었는지를 설명할 때 어떤 신적인 존재나 환상적 경험에 대해 이야기하는 것을 들었을 것이다. 또 어떤 사람들은 어딘가에서 신비로운 창의성이 생겨 완성된 이야기나 산출물이 갑자기 나타나는 것이라고 믿는다. 예를 들어, 어떤 작가는 완성된 소설 속에서 튀어나온 것처럼 생생한 한 인물의 이야기가 불현듯 떠올랐던 경험에 대해 이야기하기도 하며, 어떤 작곡가는 이미 존재하는 곡을 옮겨 적는 것처럼 빨리 곡을 썼던 경험을 말하기도 한다. 하지만 이러한 결과물들은 갑자기 나타나는 것이 아니다. 이것들은 장기간의 준비와 지속적인 노력을 거듭해 결국 창의적인 결과물로 만들어질 수 있었다는 사실을 간과해서는 안 된다. 신비해 보이는 이러한 뛰어난 결과물들은 창의적인 사람들이 가진 민감성(sensitivity)에서 나온다. 민감성은 지속적인 집중과 관심, 노력이 요구되는 창의적인 사고의 의도적인 적용을 통해 나오는 것이다. 즉, 창의성은 의도적이고, 주도적이기도 하지만 다른 한편으로는 변덕스럽고, 규정하기 힘들고, 즉흥적이기도 하다.

3. 창의성은 학업부담을 덜어주는 기분전환용인가?

불행히도, 일부 교육자들은 창의성을 지루하고 반복적인 학습시간을 보완하기 위해 단지 즐거운 시간을 학생들에게 제공하는 것으로 생각하고 있다. 다음 상황은 창의성이 효과적인 탐구와 학습의 일환이라는 것을 인식하지 못하는 경우라고 할 수 있다.

> "오늘 아침 너무 열심히 공부를 해서 여러분들이 매우 피곤해 보이네요.
> 그래서 지금부터 몇 가지 창의적인 생각을 해볼 거예요."

최근 몇 년 동안 우리는 학생들이 얼마나 많이 알고 있는가보다는 알고 있는 것을 활용하여 무엇을 할 수 있는가에 더 많은 관심을 기울여 왔다. 창의성은 기억과 과거의 경험을 토대로 하는 것은 분명하지만 그것에 그쳐서는 안 된다. 적용, 종합, 실천 등의 미래지향적 특성에 중점을 두어야 한다. 학생들이 스스로 또는 팀 안에서 창의적 사고와 과제를 할 수 있게 되면, 그 자신감으로 인해 그들 스스로 배우고 창의적으로 생각하고 에너지와 열정으로 어려운 과제에 도전하게 된다. 창의성은 학업을 의미 있고 활기차게 만든다.

4. 창의성은 예술 분야만 해당되는가?

한 학생이 어떤 과제를 매우 완벽하게 잘 해냈음에도 불구하고 그 학생에 대해 '창의적이지 않다.'고 평한 교사가 있었다. 그 교사는 자신이 생각하는 창의성을 설명하면서 '허술하고 지저분해 보였지만 예술적 재능이 뛰어났던' 다른 학생의 사례를 예로 들었다. 그 교사가 경험한 대부분의 창의적인 학생들은 주의가 산만하여 집중을 못 했지만, 그들의 창의성을 예술적인 방식으로 표현해 내곤 했다.

창의성은 예술 분야에서 중요한 역할을 하는 것이 분명하나 글쓰기, 문학, 수학, 과학, 기술, 인성, 사회과학, 행동과학 등 모든 학문 분야에서도 필수적인 요소이다. 1장에서 소개되었던 음악적 재능을 가진 윌리엄은 이러한 오해에 부합하는 사례이기는 하지만, 에릭과 수지는 결코 이런 경우에 해당된다고 볼 수 없다. 사람들은 새로운 산출물을 개발하고, 테스트하고, 아이디어를 전달하고, 삶의 질을 높이기 위해 노력하는 등 모든 영역에서 창의성을 표현하고 적용할 수 있다.

5. 창의성은 '무제한적인 자유'를 의미하는가?

일부 학부모와 교육자들은 창의성이 어떤 경계나 제약 또는 규율 없이 표현하고 행동하는 제한 없는 자유를 의미한다고 믿는다. 극단적으로는 이전 세대의 히피문화를 창의적인 사람들의 생활 방식이라고 여기는 경우도 있다. 사람들은 높은 수준의 창의성을 발휘하기 위해서 그 어떤 한계도 없어야 한다고 생각하는 것 같다. 이런 생각은 창의적이기 위해 요구되는 자유로운 사고의 의미를 오해함으로써 비롯된 것으로 보인다. 창의적인 활동에 있어서 어떤 한계나 지침을 제공하는 것은 창의적인 사고를 제한하거나 억제하기도 하지만 창의적인 에너지를 집중하는 데 도움이 되기도 한다(Sapp, 1997).

어떤 사람들은 자신의 노력과 활동을 효율적으로 수행하기 위해 명확하고 세부적인 지침을 제공받기를 원하는 반면, 어떤 사람들은 최소한의 지침만을 제공받기를 원한다. 최종적인 산출물의 형식을 구체적으로 정해주거나 교사나 리더가 언제든 도움을 줄 수 있는 환경은 어떤 이들에게는 때때로 큰 도움이 될 수 있지만, 다른 이들에게는 오히려 의욕을 꺾는 일이 될 수 있다. 모든 종류의 지침이나 한계를 없애는 일이 창의성을 발휘하는 데 항상 모든 사람에게 꼭 필요한 것은 아니다.

이러한 오해에 대한 바람직한 관점은 창의성이 사유와 탐구의 자유로움을 포함할 뿐만 아니라 주어진 여건과 특정한 방향성을 고려해야 할 때 이에 적절한 방식으로 대체할 수 있는 환경을 조성하거나 유지하는 것도 포함한다. 단순히 모든 지침을 제거해 버린다거나 너무 엄격하게 적용함으로써 호기심과 탐구심을 저해하는 것도 바람직하지 않다. 우리의 과제는 과제 수행을 위한 형식과 한계를 지혜롭게 활용하는 것이지 완전히 제거해 버리는 것이 아니다.

6. 수업시간 중 일부를 할애해 소위 '창의성 활동'을 실시하는 것이 창의성 교육인가?

창의성 교육 경험이 부족한 교사들은 학생들의 창의성을 자극할 의지가 없는 아주 단순한 수업방법들을 반복적이고 기계적으로 적용하면서 그것이 창의성 교육의 방법이라고 착각하기도 한다. 이런 교사들은 수업 종료 마지막 몇 분 동안 진행되는 다음과 같은 활동이 창의성 교육이라고 여긴다. 수업 종이 울리기 5분 전 교사, 제이슨(Jason), 다런(Daren)이 나누는 대화를 살펴보자.

교사: 자~ 마지막으로 오늘의 창의성 활동으로 마무리할 거예요.

(학생들을 둘러보며) 제이슨, 앞으로 나와서 문제를 내볼까?

제이슨: (교실 앞으로 나오자마자 큰 소리로) 팝! 팝! 팝!

학생1: 거품!

제이슨: 틀렸어.

학생2: 풍선!

제이슨: 아니야~ 틀렸어.

학생3: 팝콘!!!

제이슨: 맞아~ 정답이야~ (제이슨은 자리로 돌아가서 앉는다.)

교사: 이번에는 다런이 앞으로 나와서 문제를 내보자~

다런: (교실 앞으로 천천히 걸어 나오며 잠시 생각한 후에) 팝! 팝! 팝!

학생일동: 야 그거 아까 했잖아!!! 그거 팝콘이잖아.

다런: (머리를 긁적이며 아무 말 없이 자리로 돌아간다.)

이와 같은 피상적인 활동들은 말장난과 의미 없는 대답만 하게 할 뿐 학생들의 창의적인 학습능력을 끌어내지 못한다. 최근 책이나 인터넷에는 '창의성 교육'이라고 이름 붙여진 다양한 학습 자료가 소개되어 있다. 그러나 그럴 듯한 이름이 붙여진 학습 자료들이 항상 학생들의 창의적인 사고를 자극하 거나 의미 있는 학습을 불러일으키는 것은 아니다. 어떤 학습 자료가 창의적 인 사고나 비판적인 사고를 길러줄 수 있는 가능성이 있다고 하더라도 적절 한 교육적 맥락을 무시하고 특정 시간대에 고립된 활동으로 반복적으로 문제 해결을 강요하는 것은 학생들의 창의적인 잠재력이나 비판적인 사고력을 자 극할 수 없다. 심지어 이런 식의 창의성 활동이 창의성 교육의 효과성에 대해 부정적인 생각을 갖게 만들고 창의성 교육을 정규 교육과정과 학교수업에서 분리시키게 된다.

이러한 오해에 대한 바람직한 관점은 창의성을 교육과정의 주요 개념 및 주제와 통합할 수 있는 방법을 강구함으로써 수업내용과 학습과정에 조화롭 게 녹아들게 하는 것이다.

7. 창의적인 학습보다 창의적인 수업이 더 중요한가?

많은 교사들은 창의성을 무언가 색다르고 매력적인 것이라고 생각한다. 여기서 색다르다는 것의 의미는 특이한 것을 의미한다(Smith & Smith, 2010).

학교 현장에서 창의성 교육 사례를 소개할 때 학교운영자는 종종 자신의 학교의 가장 창의적인 교사를 소개한다. 하지만 이럴 경우 학생들의 창의적 인 학습 장면보다는 단순히 특이한 상황과 연결시키는 경우가 많이 있다. 예 를 들어 초등학교의 경우, 교실 환경 미화를 화려하게 꾸미고 게시판을 효과 적으로 활용하는 것을 창의적인 교사와 연결시킨다. 즉, 학교 교실환경이 창 의적으로 보이면 그 교사는 창의적일 수 있다고 생각하는 것이다. 중·고등 학교의 경우는 교사가 고집스럽거나 괴짜처럼 행동하거나 매우 어수선하고 지저분하게 교과교실을 꾸미는 경우에 창의적인 교사라고 생각한다. 학생들 의 창의적인 노력이나 활동에 대한 근거는 거의 볼 수 없다. 다시 말해서 창 의적인 교사가 되려고 노력하는 흔적은 볼 수 있지만, 학생들의 창의적인 노력이나 활동에 대한 증거는 거의 볼 수 없다. 학생의 창의성을 자극하는 방법에 초점이 맞춰진 수업이 아니라면 그 수업은 창의성 교육을 하고 있다고 말할 수 없다.

이 오해에 대한 바람직한 관점은 학생들의 창의성과 혁신성을 인지하고 도전하고 안내하고 지원하는 것이 교사들의 가장 중요한 임무임을 상기시켜 주어야 한다는 것이다. 즉, 창의적인 교사의 행동과 아이디어를 단순히 교사 자신의 창의성을 뽐내는 것에 그쳐서는 안 되고 학생들에게 좋은 본보기가 될 수 있고 학생들의 창의성을 자극하는 기회를 제공하는 데 활용해야 한다. 이렇게 함으로써 학생들이 열정적으로 창의적인 학습에 참여하게 되고 창의성 교육자로서의 보람을 느낄 수도 있을 것이다.

8. 단지 '사고의 틀 깨기'가 창의성인가?

창의적인 사람이 되려면 '사고의 틀을 깨라(Thinking out of the box)'라는 말을 많이 들었을 것이다. 이것은 창의성과 관련하여 가장 많이 쓰이고 있는 표현이지만 부분적으로만 정확할 뿐 창의성에 대한 잘못된 오해 중에 하나라고 할 수 있다. 즉, '사고의 틀을 깨라' 는 문구는 창의성을 매우 터무니없고 괴상한 생각과 같은 것이라고 여기거나 브레인스토밍이 곧 창의성이나 혁신, 창의적 문제해결이라고 생각해 왔던 지난 수십 년간의 오해에서 유래된 것으로 보인다. 창의성과 관련된 이러한 표현은 이제 그만해야 한다. 왜냐하면 '틀 밖에서 하는 사고' '틀 안에서 더 효율적인 사고', 그리고 또 '다른 형태의 틀을 활용하여 할 수 있는 사고'가 모두 중요할 수 있기 때문이다.

창의적인 사람들 중에는 새로운 것만을 찾고 강조하는 사람이 있다. 그러나 창의적인 사람들 중에는 기존의 틀 안에서 기존의 틀을 늘리거나 변형시키거나 확장하여 이전보다 훨씬 더 나은 생각을 만들어 내는 사람들도 있다.

많은 학자들은 창의성에 대한 기존의 슬로건이나 유행을 넘어 모든 사람들의 창의적인 공헌을 존중하는 방법을 배워야 한다고 강조한다(Isaksen,

Dorval, & Treffinger, 2011; Treffinger, Selby, & Isaksen, 2008).

9. 창의적인 사람은 '우뇌형'인가?

정장 차림에 높은 구두를 신고 서류가방을 들고 있는 한 여성이 인근 지역의 한 대학에서 온 교수와 함께 학교 평가 업무를 수행하고 있다. 이런 경우 사람들은 그녀를 좌뇌형 인간일 것이라고 쉽게 판단하곤 한다. 이때 만약 그녀가 예술가라는 것을 알게 되는 경우 사람들은 매우 의아하게 생각할 것이다. 왜 이런 일이 생기는 걸까?

많은 사람들은 창의성이 두뇌의 우측에만 집중되어 있다고 오해하고 있다. 이런 오해는 뇌의 작동 방식과 창의성의 개념을 너무 단순하게 생각했기 때문이다. 학생들은 두뇌 전체를 활용하여 학습한다. 그러나 사람들은 창의적이거나 예술적인 특성을 가진 사람을 설명할 때는 '우뇌형', 논리적이고 순차적인 사고를 잘하는 사람들을 설명할 때는 '좌뇌형'이라고 말한다. 창의성을 지나치게 단순화하여 일부의 특정 속성만 강조하여 창의적인 사람은 우뇌형이라는 식의 표현은 매우 위험하다. 왜냐하면 사람들은 저마다 다른 방식으로 창의성을 발현하는데, 이때 두뇌의 특정 부위를 사용하는 방식이나 각자가 선호하는 사고양식이 다양하기 때문이다.

McGilchrist(2010)는 모든 일에는 두뇌의 양쪽 측면이 다 필요하다고 언급하였다. 거의 모든 뇌 기능에는 좌반구와 우반구가 모두 관여하고 다만 각 반구는 이러한 기능을 함에 있어서 다른 방식으로 관여하게 된다. 즉, 좌반구가 세부사항에 초점을 맞추는 반면, 우반구는 주변 환경에 대해 열린 관점을 갖도록 해준다. 그리고 이렇게 인간이 두 개의 반구를 가지고 있는 이유는 두 가지 관점이 모두 필요하기 때문이다.

이 오해에 대한 바람직한 관점은 사람은 누구나 창의적인 잠재성을 지니고 있을 가능성을 고려해야 한다는 것이다. 자신만의 독특한 방식으로 자신이 가진 두뇌와 능력 그리고 각자 선호하는 방식으로 창의성을 발휘할 수 있다.

창의성은 우리가 전혀 기대하지 않은 다른 방식으로도 나타날 수 있다.

창의성에 대한 우리의 입장

사람들은 각자 창의적인 잠재력을 가지고 있으며 자신만의 선호하는 방식으로 창의적이고 혁신적인 노력을 한다. 학생들의 사고능력을 키워주기 위한 다양한 사고방식을 가르침으로써 여러 교과의 교육과정을 풍성하게 해줄 뿐만 아니라 궁극적으로는 학생들의 삶의 질을 높여줄 수 있을 것이다. 창의적 사고 도구를 활용한 수업에 익숙해지면 어느 교과에서든 그런 도구의 활용을 통해 더욱 의미 있는 수업을 실시할 수 있고 이를 통해 학생들의 삶을 더욱 풍요롭게 하는 데도 도움을 줄 수 있다.

앞에서 언급했듯이, 창의성은 단지 설명하기 어렵고, 변덕스럽고, 애매하고, 저절로 나오는 것이 아니라 의도적이고 지속적이고 통제될 수 있는 사고과정이라고 할 수 있다.

당신이 끊임없이 창의적으로 사고하는 연습을 한다면 당신은 문제 해결자일 뿐만 아니라 문제의 발견자도 될 수 있다. 학생들은 학습자로서 그리고 문제 발견자와 해결자로서 더 큰 자신감을 갖게 될 것이다.

교사는 학생들이 교실에서 개별적 또는 협력적으로 생각하고 창의적으로 사고할 수 있도록 안내하고 도와주며 좋은 본보기로서의 역할을 수행해야 한다. 학생들은 창의적인 학습에 적극적으로 참여하고 이와 같은 학생들의 열정을 발견한 교사는 더욱 활력 넘치는 수업을 하게 될 것이다.

창의성은 예술뿐만 아니라 모든 학문 분야, 특히 학교에서 배우는 전 교과 영역에서 중요하다고 생각한다. 교육자로서 여러분은 모든 학생들이 자신의 창의성을 모든 교과 영역에서 시도해 볼 수 있는 방안을 찾아낼 수 있다.

과제의 구조와 수준은 사람들의 과제 수행에 어떤 영향을 끼치는지 이해하는 것이 중요하며, 그러한 과제의 구조와 수준을 적절히 지혜롭게 조절할 필요가 있다. 또한 틀 안에 있거나 밖에 있는 것이 중요한 게 아니라 두뇌의 모든 영역과 자신이 가진 능력, 그리고 자신만의 독특한 스타일을 활용하여 활동에 적극적으로 참여하는 것이 중요하다.

생각해 보기

○ 이 장을 통해 얻게 된 지식에 기초하여 창의성 및 창의성과 관련된 용어(예: 혁신)가 우리의 일상생활에 어떻게 쓰이고 있는지 살펴보자. 주의 깊게 보면, 우리가 어디서든 볼 수 있는 간판, TV 광고는 물론이고 우리의 일상 대화 속에서도 창의성 관련 개념을 발견할 수 있을 것이다.

○ 다음 질문에 대해 생각해 보자.

▶ 이 장에서 제시된 창의성의 9가지 오해에 대해 보거나 들은 적이 있는가? 이러한 오해는 우리가 창의성 또는 창의성의 영향에 대하여 받는 메시지에 어떤 영향을 주는가?

▶ 당신은 직장 동료 중 일부 사람들의 신념이나 행동에서 이런 오해가 반영된 것을 본 적이 있는가?

▶ 당신의 학급에 있는 학생들을 생각해 보라. 당신은 매우 창의적인 학생을 어떻게 알아보는가? 당신은 각 학생들의 독특한 능력과 스타일, 성격을 확인하기 위해 무엇을 할 수 있는가? 그리고 창의적인 성장을 촉진하기 위해 무엇을 사용하는가?

▶ 창의성과 우수성 그리고 엄밀함 등을 어떻게 조화롭게 작동할 수 있을까?

창의성과 혁신의 정의

이 장의 학습목표

- 창의성과 혁신이 무엇인지에 대해 자신만의 정의를 내릴 수 있다.
- 모든 사람이 창의적일 수 있다는 저자들의 믿음을 공유할 수 있다.
- 창의성 관련 여러 저서에서 흔히 볼 수 있는 용어(예: 창의, 비판, 혁신 등)의 다양한 개념을 비교하고 평가할 수 있다.
- 창의성과 비판적 사고의 중요성이나 확산적 사고 및 수렴적 사고의 개념에 대해 다른 사람들과 토론할 수 있다.

창의성 정의의 어려움

　창의성과 혁신을 논하기 전에 우리가 지금 무엇에 대해 이야기하고 있는지 충분한 시간을 고민해 볼 필요가 있다. 저자가 사용하는 PC용 사전에 따르면 '혁신(innovation)'이란 '혁신을 하는 과정(the process of innovating)'으로 정의되어 있다. 이런 정의는 전혀 도움이 되지 않는다. 그래서 '혁신하다

35

(innovate)'의 정의를 찾아보니 "주로 새로운 방법이나 아이디어 또는 생산품을 내놓음으로써 이미 규칙이나 질서가 확립된 무엇인가에 변화를 일으키다." 또는 "무언가 새로운 것(주로 새로운 생산품)을 내놓다."라고 되어 있었다. 『Creative Approaches to Problem Solving』(Isaksen et al., 2011)이라는 문헌에서는 혁신을 "새로운 아이디어의 상품화"라고 정의하였다. 혁신은 창의적인 행동의 한 부분 혹은 결과물인 것으로 보이므로, 우리는 창의성의 정의에 논의의 초점을 맞출 것이다. 『Funk and Wagnalls Standard Desk Dictionary』라는 사전에서는 단지 형용사 '창의적인(creative)'만을 정의하고 있다. 『Oxford English Dictionary』라는 사전에서는 명사 '창의성'을 "창의적인 힘 혹은 능력; 창조하는 능력" 등으로 정의하고 있다. 저자의 PC용 사전에서는 창의성을 "창의적인 것의 특성(the quality of being creativity)"이나 "특히 예술 분야에서, 상상력을 활용하여 새롭고 독창적인 아이디어 혹은 작품을 만들어 내는 능력"으로 정의한다.

창의성의 정의와 관련하여 발생하는 문제의 상당 부분은 창의성이라는 의미가 우리의 일상적인 대화나 상업적인 광고물 속에서 너무나도 다양한 의미로 쓰이고 있는 것에서 생긴다. 예를 들어, Northeastern 대학교 평생교육원은 "창의적 평생학습은 여기에서 시작됩니다."라는 광고문을 제작하였다. "창의적 평생학습"의 의미가 무엇인지에 대해서는 아무런 설명이 없지만, 'Creative Edge Contracting'이라는 리모델링 전문 건설회사의 광고에서 사용하는 '창의적'이라는 말과는 다른 의미를 담고 있을 것으로 미루어 짐작할 뿐이다.

지난 몇 년간, 대학원의 창의성 강좌에 참여한 교사들에게 '창의성(creativity)'을 무엇이라고 생각하는지 학생들을 대상으로 조사하여 제출하도록 했다. 유치원부터 중학교에 이르는 학생들에게 가장 많이 나온 답변은 예술이나 음악과 관련된 것들이었고, 상상력(imagination)도 그다음으로 많이 언급되었다. 그 외에 많이 나왔던 답변은 무언가를 발명하기, 무언가를 만들기, 남다른 과제를 하기, 많은 아이디어를 내놓기, 사고의 틀 깨기 등이었다.

창의성에 대해 반세기 이상 연구가 진행되었으나, 전문가들은 여전히 명확하고 일관된 정의를 내놓지 못하고 있으며, 창의성에 대한 연구문헌에는 100가지 이상의 정의가 발견된다. 예를 들어, Marcia Delcourt(1993)를 포함한 몇몇 연구자들은 창의성이 독창적인 산물의 생산과 관련된다고 믿는 반면, Eric Fromm(1959)은 창의성은 무언가가 산출되는지 여부와 상관없이 존재하는 어떤 태도라고 주장하였다. 한편, 전혀 다른 용어를 활용하여 전혀 다른 주장을 하는 이들도 있다. 예를 들어, Edward de Bono(1970)는 창의성보다 "병렬적 사고(lateral thinking)"의 중요성을 강조하였다. 또 '창의성(creativity)' 대신 '독창성(ingenuity)'(Flanagan, 1963)이라는 용어를 사용한 학자도 있고, 진술이나 상황을 정확하게 평가하는 능력으로서의 비판적 사고(critical thinking)에 초점을 맞추는 경우도 있다(Ennis, 1987).

명사로서의 창의성은 적절하고, 독창적이고, 질 높은 산출물을 생산하는 능력이다(Beghetto & Koufman, 2007). Fromm(1959)에게는 창의성이 "보고, 인식하고, 반응하는 능력"이다. 창의적 능력은 상상력과 연결되어 있는데, 상상력은 지각의 한계를 뛰어넘어 아이디어와 감성을 활용함으로써 새롭고 고유한 구조를 만들어 낸다(Khatena & Torrance, 1973). 저자의 PC용 사전을 다시 열어보면, 상상력은 이전에 인식하지 못했던 대상에 대한 새로운 아이디어, 이미지 또는 개념을 만들어 내는 것과 관련되어 있으며, "창의적이거나 풍부한 산출을 가능하게 하는 정신적 능력"이다. 상상력과 창의성은 수세기 동안 연구 주제가 되었던 인간의 능력이며, 혁신은 이 두 능력의 산출물로서 간주될 수 있다. 사람들이 혁신적이고 창조적인 잠재력을 성취하도록 돕기 위해 창의성을 더 잘 이해하려는 근래의 노력들은 Guilford가 1950년 미국심리학회에서 행한 연설에서 비롯되었다. 그는 이 연설에서 창의성의 이론과 연구, 그리고 실제에 적용될 수 있는 새롭고 보다 확장된 연구가 필요하다고 제안하였다.

✿
최근 연구 및 이론에 나타난 창의성의 정의

Guilford가 창의성의 중요성을 강조한 이후, 여러 학자들이 창의성의 다양한 측면에 대한 연구를 수행하였고 이들의 업적은 오늘날 우리가 창의성이라는 개념을 이해하는 데 큰 도움을 주었다. 비유하자면 창의성에 대한 연구는 호수가 담고 있는 물에 대해 연구하는 것과 같다. 우리가 알고 있는 것처럼 호수는 빗물, 지하수, 시냇물, 강과 같은 다양한 원천으로부터 모여든 물로 이루어져 있다(Treffinger, 1996). 당신이 그 호수 근처의 시냇가를 거니는 경우 빗물이나 강, 지하수 등은 물론 인근의 호수와 그 시냇물을 연관 지어 생각하게 되는 경우는 거의 없다. 아마 그 근처에 다른 시내나 호수가 있다는 것도 의식하지 못할 수 있다. 그러나 그 시냇물은 호수를 형성하고 그 호수의 물의 질을 결정하는 데 중요한 역할을 한다. 창의성에 대해 연구하는 사람들도 비슷한 상황에 놓여 있다. 연구자들은 창의성이라고 하는 매우 큰 개념의 일부 특성에 국한된 연구를 하고 있을지 모르나, 그럼에도 창의성이라고 하는 호수를 만들어 내는 주요 요소들에 대해 연구를 하고 있는 것이다.

창의성이라는 호수를 형성하는 중요한 원천 중 하나는 창의성을 정신건강이나 삶의 방식으로, 그리고 자기실현의 요소로 보았던 인본주의 심리학자들에 의해 제공되었다. 창의성 연구에서 인본주의 심리학자들의 기여 중 하나는 뛰어난 창의성을 지닌 사람들의 개인 특성과 유형에 관심을 기울였던 전통적인 성격이론 학자들의 창의성 연구에 새로운 시각을 제공해 주었다는 것이다. 또 다른 기여는 창의성의 사회적 요소, 즉 사회적 맥락이 어떻게 창의성을 촉진시키거나 저해하는지를 밝힌 것이다.

호수 주변을 거니는 것은 호수를 이루는 다른 원천들을 살펴볼 수 있게 해 준다. 예를 들면, 창의적 사고, 문제해결, 메타인지 등과 함께 시지각, 확산적 사고 등에 대한 연구를 통해 창의성 연구에 기여했던 인지주의 심리학자들도 있다. 또 창의성과 관련된 비이성적 개념들(예: 의식, 마음 확장, 심상, 명상, 영성, 뇌기능 등)의 정의에 대해 연구한 학자들도 있다.

호숫물의 구성에 대해 충분히 이해하기 위해서는 호수를 이루는 각각의 원천을 하나하나 연구할 필요가 있다. 그러나 호수 한가운데에서 떠낸 한 컵의 물은 이미 뒤섞여 있어서 각각의 원천을 구분하기 어려울 것이다. 이와 같은 이유로 다양한 관점에서 진행된 창의성 연구는 각각의 연구 관점에 따라 창의성에 대한 다양한 정의를 내리고 있는 것이다. 창의성이라는 개념의 복잡성 때문에 보편적으로 받아들일 수 있는 단일한 정의를 찾는다는 것은 쉽지 않은 일이다.

창의성에 대한 공식적, 비공식적 정의들을 나열했던 많은 연구들이 있었다(Aleinikov, Kackmeister, & Koening, 2000; Treffinger, 1996, 2011; Treffinger, Young, Selby, & Shepardson, 2002). 어떤 학자들이 창의성을 능력으로 보는 반면, 어떤 학자들은 창의적 행동의 산출물이나 그러한 산출물에 이르게 하는 창의적 과정으로 보았다. Prentky(1980)는 창의적 산출물의 특성을 서술하면서 산출 과정의 요소들을 그 특성에 포함하였다. 그는 창의적 산출물의 특성으로서 독창성, 기존의 아이디어나 경험의 종합 및 재구성, 혁신적 통찰을 이끌어 내는 부화과정, 사회적 맥락의 영향, 가치 및 보상적 특성, 지속적 변화 등이 포함된다고 보았다.

창의성을 산출물의 관점에서 보는 사람들은 창의성보다 혁신이라는 개념을 사용하곤 한다. 이때 혁신은 새롭고 고유한 아이디어를 상용화하는 것과 관련된 것으로서 창의성의 실용적 적용을 의미한다(Isaksen et al., 2011). 이러한 관점에서는 창의적 잠재성이 실현되지 않았거나 혹은 창의적 노력으로부터 이렇다 할 결과가 없다면 혁신이 없는 창의성도 있을 수 있다. 혁신은 창의적 사고로부터 나온 결과물이나 제품에 관한 것이다. Hennessey와 Amabile(1987)은 창의적이기 위해서는 산출물이 고유하고 적절해야 하며, 열린 문제에 대한 유용하고 가치 있는 답을 제공해야 한다고 주장하였다. 비슷한 관점에서 Wallace와 Gruber(1989)도 독창적이고, 유목적적이고, 인간의 필요와 가치에 적합한 결과물이 있을 때 창의적이라는 말을 사용해야 한다고 주장하였다.

일찍이 Amabile(1983)은 창의성을 3가지 요소의 상호작용으로 설명하였다. 즉, 영역 지식, 전문 기술 등을 포함하는 영역 관련 전문성, 업무 유형, 사고 유형 등을 포함하는 창의적 사고 기술, 그리고 특정 시기에 한 개인이 경험하는 깊은 관심과 필요로부터 유래하는 과업 동기 및 내적 동기가 그 3가지 요소이다. Amabile의 창의성 개념은 개인의 성격 특성의 측면에서 창의성에 접근하는 것으로 보인다. Rhodes(1961)는 이러한 어려움에 대해 언급하면서 "창의성은 어떤 단일 요소가 아무리 창의성의 발현에 결정적인 것이라 하더라도 그 한 요소의 측면에서 설명될 수는 없다."고 밝힌 바 있다(p. 306). 그는 우리가 창의성의 개념을 보다 잘 이해하는 데 도움이 될 수 있도록 4개의 요소를 제안하였다. 이 4개의 요소는 종종 '창의성의 4P'라고 불리곤 한다. 즉, 창의적인 사람들의 성격 특성을 말하는 '개인(Person)', 동기, 인지, 학습, 사고, 의사소통 등의 요소를 말하는 '과정(Process)', 아이디어가 실현된 결과물을 말하는 '산출물(Product)', 그리고 인간과 주변의 관계를 말하는 '환경(Press)' 등이다. 많은 창의성 연구들이 이들 요소 중 하나를 강조하거나 이들 요소가 마치 별개로 존재하는 것처럼 처리하지만, 이 요소들이 역동적으로 상호작용하고 있으며 창의적인 행동이란 이 4가지 요소들의 통합으로 나타난다는 것을 명심하는 것이 중요하다(Keller-Mahers & Murdock, 1999).

Treffinger(1988, 1991)도 창의성을 4가지 요소로 설명한 바 있다. 첫 번째 요소는 문제를 해결하거나 기존의 방식을 변화시켜야 하는 상황에 처한 '개인의 특성(Characteristics)'이다. 두 번째 요소는 한 개인이 수행하는 '사고 과정(Operations)'이다. 세 번째는 문제나 도전적 상황이 발생한 '환경(Context)'. 그리고 마지막 네 번째는 그 모든 것의 결과로 나타나는 '산출물(Outcomes)'이다. 이 4요소를 활용한 창의성 모형을 COCO 모형이라고 하는데, 이에 대해서는 5장에서 자세히 다룰 것이다.

Vernon(1989)은 창의성을 능력의 관점에서 보았다. Vernon의 관점에서 창의성이란 "전문가에 의해 과학적, 심미적, 사회적, 공학적 가치를 가진 것으로 받아들여지는 새롭고 독창적인 아이디어, 통찰, 재구성, 발명, 예술품 등을 생산해낼 수 있는 능력"이다(Vernon, 1989). 한 개인의 창의성은 그 사람의 산출물이 창의적이거나 혁신적인지에 대한 외부의 인정 여부에 달려 있다고 보는 생각은 창의성에 관한 여러 문헌에서 발견할 수 있다. 예를 들어, Gardner(1993a)는 창의적인 사람을 "특정 분야에서, 그리고 궁극적으로는 특정 문화권에서 고유한 것으로 인정되는 방식으로 문제를 해결해 내거나 산출물을 생산해 내고, 새로운 문제를 발견해 낼 수 있는 사람"으로 정의했다. Sternberg(2006)는 창의적인 아이디어는 처음에는 독창적인(novel) 것으로 여겨지다가 나중에는 일반적인 것으로 받아들여진다고 보았다. 그의 '투자이론'에서 말하는 새로운 아이디어는 "쌀 때 사서 비쌀 때 팔기(buy low and sell high)"라는 경제 원리로 잘 설명된다. 그의 투자이론에 따르면, 창의성은 서로 관련되어 있는 6가지, 즉 지적 능력, 지식, 사고양식, 성격, 동기, 환경이라는 자원에 의한 결과이다. 이 6가지 자원 중 환경을 제외하고 개인의 특성이라고 할 수 있는 5가지 자원들은 각각 다양한 수준의 프로파일을 갖고 있다.

　Rogers(1959)는 창의적인 사람이 보여 주는 3가지 주요한 내적 조건을 강조하였다. 다양한 경험을 통해 형성된 개방성 및 고정관념으로부터의 자유로움, 자신의 개인적 기준을 활용하여 상황을 평가할 수 있는 능력, 불안정한 상황을 감내하면서 다양한 가능성을 실험해 볼 수 있는 능력 등이다. Rogers는 개인의 창의성은 심리적 건강의 증거라고 믿었는데, 이와 비슷하게 Maslow(1976)도 창의성이 한 개인을 자아실현으로 이끌어 주는 길로 보았다. Maslow는 창의적인 사람들은 개인적 통합을 이룸으로써 두려움을 극복하고 사회적 압력으로부터 자유롭게 된다고 주장하였다. 창의적이고 자아실현을 이루는 사람들은 자신감, 용기, 자율성 등을 보여 준다고 설명하였다. Maslow의 관점에서 창의성은 뛰어난 산출물 이상의 것으로서 사람들이 하루하루를 살아가는 방식과 관련된 것이라고 할 수 있다.

　Mednick(1962)은 '창의성은 개인이 아이디어를 다루는 과정에 관한 것'이라고 주장하였다. 다시 말해, 개인이 이미 가지고 있는 아이디어를 활용하여 새로운 아이디어를 형성하는 고유한 방식에서 창의성을 찾아야 한다는 것이다. 창의적인 사람은 어떤 문제의 구조를 면밀히 살펴봄으로써 이미 드러나 있는 아이디어들의 관련성을 뛰어넘어 아주 새로운 관련성을 찾아내는 사람이다. 이러한 관련성으로부터 어떤 문제에 대한 독창적인 해결 방법이 고안되는 것이다. 비슷한 맥락에서 Torrance(1974, 1987)도 창의성을 다음과 같이 설명한 바 있다.

- 문제 상황에 민감하게 반응하기(문제, 결핍, 밝혀진 지식 간의 간극, 부족한 요소, 부조화 등)
- 어려움을 찾아내기
- 해결책 찾기, 추측하기, 가설 설정하기
- 가설의 검증, 가설의 수정 및 재검증
- 결과 제시하기

과거에는 창의적인 과정이 일부 천재들만 타고나는 천성이라고 여기는 경우가 많았다. 창의적인 과정은 대체로 어느 정도 시간에 걸친 부화 과정을 거침으로써 통찰에 이르게 되는 일반적 패턴을 보인다. Osborn(1953)은 그의 저서 『상상공학(Applied Imagination)』에서 창의적인 과정은 문제해결의 상황에서 의도적으로 활용될 수 있고, 또 그렇게 할 수 있도록 가르칠 수도 있다고 주장하였다. 그는 초창기에 창의적인 과정이 거치게 되는 3단계, 즉 사실 찾기, 아이디어 찾기, 해결책 찾기 등을 제시한 바 있다. 그는 창의적인 과정의 어느 단계를 막론하고 의도적인 노력과 창의적인 상상력이 요구된다고 주장하였다(Osborn, 1953). 오랜 시간에 걸쳐 그의 창의적인 과정에 대한 설명은 지속적인 재검증을 통해 수정되었다. 이와 같은 Osborn의 작업(Basadur, 1994; Isaksen et al., 2011)을 통해 여러 창의적 문제해결 모형이 나왔다. 창의성에 대한 과정 모형은 2가지의 주요한 사고 활동 유형을 다루고 있다. 즉, 발산적 사고와 수렴적 사고(Guilford의 접근), 창의적 사고와 비판적 사고(Torrance의 접근), 아이디어 생성하기와 아이디어 평가하기(generating & focusing, 현대적 접근) 등이다.

Treffinger 외(2006)와 Isaksen 외(2011)는 성공적인 문제해결 및 의사결정이 창의적 사고와 비판적 사고의 균형과 조화를 요구한다고 지적하였다. 창의적 사고는 "문제, 모순, 기회, 도전, 우려 등을 직시하고, 다양한 관점에서 나오는 다양하고 독창적인 아이디어들을 생성함으로써 새롭고 의미 있는 관련성을 찾아내는 것"이다. 반면, 비판적 사고는 "아이디어들을 조직하고 분석하여 가능성 있는 보다 정교한 아이디어로 다듬거나 아이디어들 간의 순위를 매기고 최종적인 선택을 할 수 있도록 주의 깊고 공정하게, 그리고 건설적으로 평가하는 것"을 말한다(Isaksen et al., 2011, pp. 36-37).

'Big C'와 평범한 창의성

오늘날 많은 학자들은 창의성을 더 이상 희귀한 천재들의 특성으로 보기보다는 훨씬 더 다양하고 넓은 의미로 해석하고 있다. 이러한 다양한 시각 중 몇몇 저자들(Gardner, 1993b; Simonton, 2010)은 창의성을 일반적으로 'Big c'와 'little c'의 2가지 형태로 구별하며, 이에 더하여 일부 학자들(Kaufman & Beghetto, 2009)은 창의성(C)의 수준을 혁신적 창의성(Big C), 전문적 창의성(pro c), 일상적 창의성(little c), 내재적 창의성(mini c)로 구분하기도 한다. 초창기 창의성에 관한 연구는 한 분야에서 뚜렷한 업적을 남긴 사람들에 대한 연구에 기반하고 있다. 이들의 창의성은 Big C 수준의 창의성으로 볼 수 있다. 일부 학자들은 적어도 이 정도 수준의 혁신과 창의성이 발휘될 때 비로소 연구의 가치가 있다고 생각하였기 때문이다. 이런 창의성에 대한 정의에서는 '누군가의 창의적 산출물을 대중들이 가치 있는 것으로 여기는 것'이 필수적인 요소이다(Goleman, Kaufman, & Ray, 1992). 한편, 또 다른 학자들은 사람들이 그들의 잠재성에 어떻게 도달하는지에 대해 더 잘 이해하기 위해 이러한 접근 방법을 사용하였다(Dacey, 1989). 'Big C' 수준의 창의성을 발휘하는 개인의 특성을 묘사하거나 그들이 어떻게 창의적인 사람들이 될 수 있었는지에 대한 논의는 독자들이 자기 자신의 창의성을 높이는 방법과 다른 사람의 창의적 잠재성을 실현시킬 수 있는 방법을 찾는 데 도움을 줄 수 있을 것이다. 그러나 이러한 관점의 단점은 'Big C' 수준의 창의성에 도달하지 못하면 자신들은 창의적이지 않고 창의적인 일은 전혀 할 수 없다고 믿게 되는 것이다.

바로 이런 이유 때문에 창의성을 연구하는 다른 학자들은 인간의 창의적 능력을 보다 넓은 의미로 해석하고자 하였다. Maslow(1958)는 다음과 같이 주장하였다.

> "나의 연구대상의 상당수는 'Big C'의 관점에서 바라볼 때는 뛰어나지도 않았고 대단한 재능이나 천재성을 갖지도 않았으며 시인이나 작곡가, 발명가, 예술가도 아니었다. … 평범한 예술품보다는 최고의 요리가 더 창의적일 수 있으며, 자녀를 돌보거나 집안을 돌보고 가꾸는 일에도 얼마든지 창의적일 수 있다." (p. 53)

Maslow는 여기에서 'little c' 내지 'mini c'라고 이야기하고 있는 창의성(Richards, 2007, 2010; Ripple, 1989)에 대해서 이야기하고 있는 것이다. 이 관점에 의하면, 창의성은 몇 명의 특별한 사람에게만 한정되는 것이 아니다. 사람들은 창의성을 발휘하기 위해 미친 천재가 될 필요가 없으며 신에게 마법 같은 재능을 받은 사람들도 아니다. 창의성은 복잡한 인간행동의 형태이며, 대부분의 사람들(약 68%)은 평균 수준의 창의성의 잠재력을 갖고 있다. 아이들을 포함한 대부분의 건강한 사람들은 창의적인 기능을 발휘할 수 있는 능력이 있다(Runco, 2003b).

심리학자 Richard Ripple(1989)은 이를 '평범한 창의성'이라고 불렀다: "일상적인 삶 속에서 일어나는 현실적 문제를 해결하는 데 필요한 평범한 창의성은 더 좋은 하루를 만드는 데 도움이 된다"(p.190). Richards(2010)는 일상적인 창의성은 "직장생활이나 여가생활 중에 매일 일어나는 다양한 활동들을 통해 나타나는 개인의 독창성"과 연관하여 정의하였고, 이는 "인간의 생존을 위해 필수적인 것으로서 모든 사람에게 발견된다."(p.190)라고 보았다.

창의적인 잠재력이 거의 없는 사람도 극소수이지만, 역사를 변화시킬 만큼 대단히 창의적인 능력을 가진 사람도 매우 극소수이다. 대부분의 창의적이거나 혁신적인 활동들은 평범한 다수의 사람들에게 일어난다. 그래서 평범하고 일상적인 창의성(little c)도 가치가 있는 것이다. 인류의 발전은 패러다임 전환과 같은 엄청난 창의성에 의한 것이 아니라 현재의 지식, 생활방식, 물건 등에 대한 지극히 소소한 개선이 누적된 결과로 일어난 것이다. 이러한 작은 개선에 기여한 대부분의 혁신가들은 역사에 의해 전혀 기억되지 않지만 그들의 작은 기여가 쌓여서 인류 문명의 기반을 만든 것이다. 1장에서 언급된 세 학생을 'little c'로서의 창의성을 가진 사례로 볼 수 있다. 물론 그들의 잠재성이 어느 정도인지 알 수는 없지만, 그들이 모두 창의적인 잠재성을 가지고 있다는 것만은 알 수 있다.

창의성에 대한 우리의 입장

우리는 창의성의 개념이 아무리 복잡하더라도 명확히 정의될 필요가 있다고 생각한다. 창의성이 달리기 능력과 마찬가지로 인간이 가진 선천적인 생존 특성이라는 것이다. 창의성에 대해 우리가 가지고 있는 가장 기본적인 신념은, 대다수의 사람들이 올림픽 육상선수는 아니지만 어느 정도는 뛸 수 있고 훈련, 연습, 자기 이해를 통해 더 잘 달릴 수 있다. 이와 마찬가지로 Martha Graham이나 Albert Einstein 수준의 창의적 잠재력을 가지고 있지는 않지만 적절한 훈련, 연습, 자기 이해를 통해 창의적 잠재력을 개발할 수 있고, 더 효과적인 창의적 사고를 통해 문제를 해결하는 혁신가도 될 수 있다. 창의성 및 창의적 문제해결과 관련된 기술(skill)과 행동들을 배울 수 있다는 믿음은 다양한 영역에서 오랫동안 창의성을 연구한 수많은 전문가들에 의해 지지받고 있다.

창의성이 문제와 도전을 맞닥뜨렸을 때 독창적이고 적절한 산출물을 생산해 내는 것이라면, 혁신은 이러한 창의적 노력이 실생활에 성공적으로 적용되어 얻어지는 변화나 산물을 의미한다. 창의적 능력은 개인마다 다른 수준으로 나타난다. 어떤 사람들의 창의적 능력은 막 드러나는 단계에 있다. 이러한 단계에 있는 사람들은 개인적인 문제나 직장에서의 업무를 해결하기 위해 때때로 독특하면서도 적절하고 혁신적인 방법을 사용하기도 한다. 또 어떤 사람들은 비슷한 상황에서 창의성이 좀 더 능숙하게 발휘되기도 한다. 오직 소수의 사람들만이 탁월한 수준의 창의적 능력을 가진다. 이들의 산출물은 특정 영역의 전문가들에 의해 뛰어난 혁신성을 가진 것으로 널리 인정을 받기도 한다.

창의적이고 혁신적인 산출물은 문제와 도전, 기회에 대한 참신하고 적절한 결과물이다. 창의적 과정은 창의적 산출물을 얻기 위해 자신의 창의적 능력을 발휘할 때 따라야 할 경로이다. 이러한 과정은 혁신적 창의성뿐만 아니라 일상적 창의성에도 적용된다. 참신하고 적절한 결과물을 만들 수 있는 능력은 누구나 타고나는 것이지만, 우리는 이 능력을 사용할 수도 있고 그렇지 않을 수도 있다. 또 이러한 창의적 능력을 최대한으로 개발시키는 노력을 할 수도 있지만, 소멸되도록 방치할 수도 있다.

생각해 보기

○ 지금 당신은 창의성에 대한 다양한 정의를 살펴보았다. 학생들과 당신의 동료들에게 창의성과 혁신의 정의를 어떻게 생각하는지, 창의적인 것의 의미가 무엇인지 물어보자. 그리고 창의적이고 혁신적이라고 생각하는 산출물 혹은 발명품의 목록도 만들어 보자.

○ 당신 자신이 생각하는 창의성의 정의는 무엇인가? 혁신의 정의는 어떠하다고 생각하는가? 창의적, 비판적, 상상, 혁신이라는 단어 사이에는 어떤 관련성이 있는가? 어떤 면에서 이 단어들이 같고, 어떤 점에서 다른가? 당신이 창의성에 관해 전문성이 있다고 생각하는 사람들에게 이 단어들을 정의 내려 보도록 하자. 그들의 정의와 당신의 정의, 그리고 이 장에서 논의되었던 내용들을 비교, 대조해 보자.

○ 당신과 다른 직종의 적어도 4명의 사람들에게 창의성과 혁신을 어떻게 정의하는지 물어보자. 당신이 생각하는 창의성의 정의를 다른 사람과 공유하고 그들의 반응을 살펴보자. 그렇게 함으로써, 당신 자신의 정의에 대해 확신을 가져 보자.

창의성과 혁신의 중요성

• 창의성 교육의 중요성을 설명할 수 있다.

• 21세기 필요 기술인 창의적 문제해결과 혁신에 대해 논할 수 있다.

• 창의성 교육과 재능 개발과의 관계를 이해할 수 있다.

• 학생들의 창의성을 최상으로 끌어내는 교육적 책무의 중요성을 알 수 있다.

• 사회적 변화를 위한 창의성과 혁신의 역할에 대해 논할 수 있다.

• 교사들이 창의성과 창의적 교수법을 학교 현장에 적용하는 것이 자신들의 책무라는 것을 인식할 수 있다.

21세기 인재의 역량

만약 누군가가 '21세기의 역량'에 대해 말하는 것을 아직 들어본 적이 없다면, 무인도에 살고 있든지 아니면 관심이 없든지 둘 중 하나일 것이다. 그리고 학업성취도검사나 학업성취기준, 아동낙오방지법(No Child Left Behind)과 같은 것에 대해 전혀 들어본 적이 없다면 이 또한 마찬가지이다.

교육의 초점이 학생들의 성적을 책임지는 것이라고 할지라도, 그 궁극적인 목표는 학생들이 역동적이고 생산적인 사고를 통해 능숙하게 문제를 해결하기 위해 필요한 21세기 역량들과 관련되어 있다. 다시 말하면, 시험 성적을 통해 교육의 책무성을 입증하는 것이 교육의 초점인 것처럼 보일 수도 있지만, 21세기 역량의 관점에서 본 교육의 목표는 다양한 테크놀로지에 익숙한 문제해결자들을 장기간에 걸쳐 길러내는 것이어야 한다. 그러나 이러한 교육목표는 현행 교육 정책의 우선순위에서 상당히 밀려나 있다. 시험 성적을 중심으로 한 단기적인 교육목표는 '백만장자 퀴즈쇼(Who Wants to Be a Millionaire)'에서 성공할 수 있는 인재들을 길러내는 데에는 적합할 수 있으나 국가와 인류가 직면하고 있는 장기적 문제를 해결하기 위해 자신의 창의성을 발휘하여 헌신할 수 있는 젊은 인재를 길러내는 데에는 적합하지 않다.

지난 30여 년간 발표된 보고서들을 예로 들어 보자. 우리는 읽기, 쓰기, 셈하기 등이 교육의 기초라는 것을 당연하게 생각해 왔다. 이것 외에 달리 무엇이 기초일 수 있겠는가.

미국국립과학기술교육위원회에서 발간한 '21세기를 위한 미국 교육(Educating Americans for the 21 Century)'이라는 보고서의 일부를 인용하면 다음과 같다.

> 우리는 기초로 돌아가야 한다. 그러나 21세기의 기초는 읽기, 쓰기, 셈하기가 아니다. 우리가 살고 있는 테크놀로지 사회를 이해하기 위해서는 의사소통 능력, 문제해결 능력, 과학기술 역량 등이 '그 기초'에 포함되어야 한다.

위 인용글의 놀라운 점은 이 보고서가 30여 년 전인 1983년에 발표되었다는 것이다. 비슷한 시기에 발표된 문헌에서 제안하고 있는 '미래의 기초'는 "평가 및 분석 능력, 비판적 사고력, 문제해결전략, 종합력, 적용력, 창의성, 의사결정 능력, 의사소통 능력 등"을 포함하고 있다(Gisi & Forbes, 1982, p. 6).

1990년대 초 미국 노동성에 제출된 한 보고서는 기업에서 요구하는 인재들이 갖추어야 할 필수적인 역량에 대해 다루었다(Carnevale, Gainer, & Meltzer, 1990). 그 역량들은 학습 능력, 독해력, 읽기, 쓰기, 계산력, 의사소통 능력, 창의적 사고력, 문제해결력, 자기관리 능력(자존감, 목표설정, 동기 등), 대인관계 능력, 협력, 팀워크, 리더십 등과 같은 것이었다.

1990년대 미국 노동성에서 발간한 핵심역량 자문위원회 보고서에서도 비슷한 의견을 제시하고 있다. 이 보고서에서는 기업주들이 직원들에게 다음과 같은 기술들을 익히기를 제안하고 있다.

- 창의적 사고(새로운 아이디어 생성하기)
- 의사결정 능력(목표 설정하기, 대안 생성하기, 위험 감수하기, 평가하기, 최선의 대안 선택하기)
- 문제해결(문제 인식하기, 아이디어 고안하기, 실행 계획 고안 및 실행하기, 시각화하기(기호, 그림, 그래프 등으로 처리하기)
- 학습 전략(새로운 지식과 기술을 습득하고 적용하기 위해 효과적인 학습 방법 사용하기)
- 추론(규칙이나 원리를 발견하고 문제해결에 적용하기)

20여 년이 지난 지금도 학교는 학생들이 창의력, 혁신 및 변화에 대처할 수 있도록 더욱더 잘 교육해야 한다는 요구가 지속되고 있다. 미국 정부와 기업의 리더들로 꾸려진 21세기역량위원회(The Partnership for 21st Century Skills, 2009)에서는 새로이 다가오는 지구촌 시대에 생존하기 위한 기술들을 가르쳐야 할 필요성을 강조하였다. 그러한 기술들은 창의성과 혁신(창의적 사고, 다른 사람들과 함께 창의적으로 일하기, 혁신을 실행하기), 비판적 사고와 문제해결하기(효과적으로 추론하기, 사고 체계 사용하기, 판단하고 결정하기, 문제해결하기), 소통과 협력(명확하게 소통하기, 다른 사람들과 협력하기) 등이다.

지금이 21세기임에도 불구하고 1982년에 우리가 기대했던 것과 비교하면 실제로 진전된 것이 미비한 것이 현실이다. 그래서 비록 '그 새로운 기본 역량'의 중요성을 재차 확인해 왔다 할지라도 그것들은 큰 변화가 없었다. 언제쯤이면 '새로운 기본 역량'이 과거의 역량으로 인식되는 때가 올 수 있을지 모르겠나.

우리의 교육이 시험 점수를 최우선으로 고려하는 교육이라면, 1982년에 이야기했던 '21세기'는 결코 오지 않을 것이다. 그런 교육하에서는 창의성, 혁신, 비판적 사고, 그리고 문제해결 능력 등의 가치는 제대로 인정받을 수 없고 중요한 기본 역량으로 가르쳐지지도 않을 것이다. 실제로 학교나 지역교육청 담당자들에게 "우리는 고차원적 사고력, 특히 창의성과 문제해결이 중요하다는 것을 알고 있지만, 그러한 유형의 교육을 지원할 만한 여력이 없다."라는 이야기를 종종 들을 수 있다. 그들은 시험 점수를 올리고 유지하는 것을 더 중요하게 생각하고 창의성, 혁신 및 변화 관리 역량에 대한 교육이 시험 준비를 하는 데 드는 시간을 빼앗아갈까 봐 걱정한다.

1장에서 소개했던 3명의 학생들의 열정과 잠재력을 키우기 위해서 단순한 시험 준비 이상의 교육적 경험이 필요했다는 것을 그들의 선생님이 인식하고 있지 못했다면 이 학생들에게 무슨 일이 발생했을지 생각해 볼 필요가 있다. 만약에 에릭의 선생님이 학급의 시험 성적에 대해 걱정한 나머지 에릭의 친구들의 이야기를 무시하고 에릭에게 특별한 발표 기회를 허락하지 않은 채 교과서 중심의 수업만 했다면 어떻게 되었을까? 그 교사의 입장에서 에릭은 수업시간에 지루해 하는 학생이었을 뿐이고, 그 교사에게 에릭은 문제아로 남았을 것이다. 만약 윌리엄의 학교가 음악 프로그램을 없애 버리고 그 예산을 졸업시험을 준비하는 프로그램을 운영하는 데 사용했다면 어떻게 되었을까? 즉흥적으로 작곡을 하는 윌리엄의 재능이 발견되었을까? 수지의 과학에 대한 관심과 성공은 지속적으로 학교의 지원이 뒷받침되었다. 수지는 산출물을 통해 그녀의 지식과 능력을 보여줄 수 있었다. 수지의 지식을 충분히 측정할 수 있는 표준화검사가 있을까? 다행스럽게도, 학교와 선생님은 수지를 이해해 주었고, 수지가 능력을 키워나가는 데 시간을 더 효율적으로 사용하도록 해 주었다. 너무나 많은 학교에서 이들과 같이 재능을 가지고 있던 많은 학생들이 가시화된 목표와 함께 표준화된 문제에 표준화된 답을 하도록 하는 반복적인 훈련을 하는 동안 그들의 열정은 점점 메말라 갔을 것이다.

창의성과 문제해결력이 가르쳐지고 길러지도록 하려면 수많은 난관이 있는 것이 사실이지만 결코 불가능한 일은 아니다. 이러한 교육 목표를 성공적으로 달성하기 위해 필요한 지식과 도구 그리고 자원들은 이미 존재한다. 창의적 문제해결을 위한 기술과 절차, 도구, 기법들을 충분히 가르쳐 줄 수 있다(Treffinger et al., 2006). 이러한 수업 방식은 국가에서 요구하는 학업 성취 수준을 충족하는 동시에 고등사고능력을 증진시키고자 하는 우리의 노력에도 도움이 될 수 있다. 저자가 운영하고 있는 창의성교육센터의 웹사이트(http://www.creativelearning.com)에는 교과 내용과 창의적ㆍ비판적 사고력을 통합시키는 방식을 담고 있는 80여 가지의 구체적인 수업 자료들을 제공해 주고 있다.

21세기는 더 이상 먼 미래가 아닌 바로 지금이다. 지금이 바로 21세기의 역량이 교육 전반에 걸쳐 다루어져야 할 시기이다.

교육 현장에서 창의성이 중요한 이유

당신이 창의성과 혁신이 중요하다는 것을 알고 있을 뿐만 아니라 왜 중요한지에 대해서 나름의 생각을 가지고 있을 것으로 기대한다. 모든 교육 현장에서 창의성과 혁신이 중요한 이유 5가지를 제시하고자 한다. 이러한 이유들은 왜 중요한지를 더 잘 이해하고 다른 사람에게 그것을 설명하는 데 도움이 될 수 있을 것이다. 또 이전에 생각하지 못했던 창의성과 혁신에 대한 새로운 관점도 제공해 줄 것이다. 창의성과 혁신의 중요한 이유가 이 5가지만은 아니겠지만, 이에 대한 논의를 시작하기 위한 유용한 출발점이 될 수 있을 것이다.

1. 창의성과 혁신은 지속적이고 빠르게 변하며 예측이 불가능한 현대의 삶을 효과적으로 살도록 도와준다.

오늘날의 청소년들이 성인이 되었을 때, 아무도 경험해 보지 못했고 현재로서는 예측하기도 어려운 새로운 기회와 도전을 감당하기 위해서는 창의적인 사고 능력과 창의적인 성향이 필요할 것이다. 어느 세대든 변화를 겪기 마련이지만 그 변화의 속도가 갈수록 빨라지고 있다. 오늘날 청소년들이 당연시하는 혁신적 기술은 그들의 부모의 청소년기에는 판타지나 과학 소설에서도 보기 힘들었던 낯선 것들이다. 창의성의 기법과 도구를 학생들에게 주는 것은 변화를 좀 더 효과적으로 다룰 수 있도록 돕는 것이며 빠른 속도로 변화하고 있는 세상에서 일하고 살아가야 할 일원이 되도록 준비시키는 것이다. 더 좋아지든지 더 나빠지든지 결국 변화는 피할 수 없는 현실이다. 이러한 변화는 가까운 미래의 어느 시기에 갑자기 멈추거나 끝나지는 않을 것이다. 우리 삶의 한 부분으로 항상 받아들이고 대처해야 한다. 이러한 변화에 우리 자신이 이리저리 던져지는 수동적이고 무기력한 존재가 되어야 한다는 것을 의미하는 것은 아니다. 창의성은 우리 주변의 변화에 효과적으로 대처할 수 있는 기술과 도구들을 제공해 준다. 그러한 기술과 도구들은 우리를 대신해 일을 해 주기도 하고 때로는 우리 삶의 질을 향상시키기 위한 변화를 만들어 낼 수도 있게 해 준다. 창의성이 중요한 이유는 단지 그 참신성 때문만이 아니라 그 창의성이 가져다주는 효과성 및 유용성 때문이기도 하다. 창의성은 변화의 참신성을 건설적이고 가치 있는 방향으로 활용할 수 있게 해 준다. 어린 학생들을 변화의 지배자, 즉 생각하는 사람, 혁신자, 문제해결자로 만들어 주기 위해 창의성이 필요하다.

오늘날의 급격한 변화는 우리가 해답을 갖고 있지 못하다는 것뿐만 아니라 우리가 어떤 질문에 답해야 하는지조차 잘 모르고 있다는 것을 거듭 깨닫게 해 준다. 옛날에는 우리가 학생들에게 "만약 여러분이 우리가 나누어 준 지혜를 단지 배우고 기억만 한다면, 여러분은 인생에서 성공할 수 있도록 만들어 주는 생각과 정보를 가지게 되는 것이다."라고 말하는 것이 가능했었다. 아마도 '옛날'이라는 말로 시작하는 이야기가 다 그러하듯이 이런 말은 더 이상 사실이 아니다. 변화는 미래의 도전에 대해 새로운 질문을 만들고 또 그 질문에 대한 새로운 답을 찾기 위해 필요한 기술과 도구를 제공해 줄 것이기 때문에 우리에게 창의성은 중요하다.

2. 창의성과 혁신은 학생들이 당면할 수많은 복잡한 기회와 도전에 효과적으로 대처할 수 있도록 도와준다.

William Easum(1995)에 의하면, "과거의 그 어떤 것도 우리가 현재의 문제를 해결하는 데 도움을 주지 못한다. … 과거에 하던 방식을 더 빨리 하거나 과거의 방식을 더 복잡한 상황에 적용하는 것으로는 더 이상 오늘날의 문제를 해결하는 데 도움이 되지 않는다"(p. 21).

학생들이 창의적으로, 비판적으로 그리고 효과적으로 문제를 해결할 수 있도록 해 주는 가르침은 사람들이 성공적으로 다룰 수 있는 상황과 목표와 도전들의 범위를 넓혀 주고 있다. 그것은 각 개인이 많은 다른 사람들과 상황 속에서 효과적이고 자주적이고 자신감을 갖도록 도와준다. 창의적인 학습은 학생들이 새로운 생각을 생성하고 분석하기 위해 기법과 도구들을 요구하는 상황과 전략에 맞닥뜨렸을 때 자기 스스로 언제나 사용할 수 있는 특별한 도구와 전략을 제공해 준다. 오늘날 이러한 상황을 가장 잘 설명해 줄 수 있는 용어가 바로 임파워먼트(empowerment)이다. 임파워먼트란 사람들 스스로 사고하고 행동할 수 있는 능력을 깨닫고 수행할 수 있도록 돕는 것을 말한다.

우리는 급속도로 글로벌화되고 있는 사회와 경제 시스템 속에 살고 있으며 테크놀로지가 우리 삶 속에 깊이 침투해 있고 손가락만 까딱하면 즉각적으로 엄청난 정보가 쏟아지는 세상 속에서 살고 있다. 그러나 학교의 교육과정은 그 속도를 맞추지 못하고 있고 20여 년 전에 세웠던 야심찬 목표와 기대들은 여전히 달성되지 않았다(Wagner, 2007).

과거의 그 기초가 여전히 새로운 것처럼 논의되고 있고 그 어느 때보다 시급한 과제로 다루어지고 있다. 우리는 학생들이 정보를 발견하고 처리하고 창의적으로 생산하며 비판적으로 분석하는 능력을 키울 수 있도록 해 주는 교육과정과 교수-학습방법을 필요로 한다. 새로운 직업이 생겨나고 새로운 분야가 끊임없이 생겨나는 등 직업의 개념이 변화하고 있는 것을 목도하고 있다.

교과 내용이 중요하다는 것은 사실이다. 우리 학생들이 어떤 학문이나 분야에서 미래 사회의 시민으로 기여할 수 있도록 하기 위해서는 학생들이 역사, 과학, 문학, 수학, 경제학을 알아야 한다. 타인과의 훨씬 더 인간적인 관계성이 요청되고 있는 세상에서 예술과 언어가 소홀히 되어서는 안 된다(Hersh, 2009, p. 52). 교과 내용을 강조하는 것은 오직 큰 그림의 일부분일 뿐이다. 결국 언젠가 우리 학생들은 크고 넓은 세상으로 나아가게 될 것이며, 학습하고 문제를 해결하고 그들이 보고 듣는 것에 대한 의미와 중요한 판단을 내릴 때 도움이 될 수 있는 도구를 필요로 하게 될 것이다. 학생들에게는 상상력을 자극해 주고, 의미 있게 구성해 나가는 방법을 가르치고, 혁신적인 방식으로 정보를 활용할 수 있게 해 주는 교육이 필요하다. 창의성 교육이 효과적으로 이루어지기 위해서는 부모, 교사, 교육 행정가들의 헌신이 필요하다. 창의성 교육은 학생들에게 교과 내용에 대한 주도권을 갖도록 해 주고 그들 자신의 장점, 재능, 흥미 등을 발견하고 열정적으로 추구할 수 있도록 도와주어야 한다. 간단히 말해서, 창의성, 혁신, 유목적적인 반성, 효과적인 의사결정 등을 촉진시키고, 성공으로 이끌어 주는 학습의 열정을 끌어낼 수 있는 교육과정을 제공할 필요가 있다.

사고를 위한 적절한 도구와 창의적 문제해결을 위해 잘 설계된 절차와 함께 교육을 현시대에 적합한 것으로 발전시켜 나가는 일을 시작해 볼 수 있다. 사고 도구를 사용하여 학생들은 새로운 복잡한 아이디어와 개념을 배우고 정교하면서도 참신한 아이디어를 제시할 수 있다. 또래 친구들과 교사에 의한 피드백과 평가는 긍정적이고, 건설적이며, 의미 있을 뿐만 아니라 혁신적이고 세련된 아이디어를 만들어 내는 데 큰 도움이 될 수 있다.

3. 창의적 학습은 학생들이 미래의 직업을 준비할 때 긍정적인 영향을 준다.

창의성과 혁신의 중요성에 대해 비즈니스 세계가 동의하고 있다는 것은 명백한 사실이다. 예를 들어, 인적자원관리학회의 학회장이었던 Susan R. Meisinger는 어떤 조직이 미래사회에서 성공을 거두기 위해서는 의사소통 능력과 비판적 사고 기술을 갖춘 인재가 필요하다고 언급하였다(eSchool News Staff, 2006). Boeing사의 임원인 Bob Watt는 다음과 같이 주장한 바 있다. "창의성과 혁신은 모두 Boeing사에서 필수적으로 요구하고 있는 직무능력이다. Boeing사의 직원들은 예전에 존재하지 않았던 것들을 상상함으로써 생계를 유지하고 있는 셈이다. 그래서 창의성은 곧 Boeing사가 하고 있는 일의 핵심이라고 할 수 있다."(Associated Press, 2007)

우리의 교육 시스템이 창의성을 단순한 구호로 여기지 않고 21세기의 기초 역량을 학습할 수 있는 기회를 모든 학생에게 제공하고자 한다면 교육 전문가와 학부모, 지역사회의 리더들이 모두 협력해서 노력해야 한다. 세계 여러 나라의 비즈니스 리더들은 그들 기업의 성공은 물론 단순한 생존을 위해서도 구성원들의 창의성에 전적으로 의존하고 있다는 것을 깨닫고 있다. 그래서 비즈니스 리더들은 개별 직원 한 명 한 명은 물론이고 팀이나 부서와 같은 다양한 수준의 조직 차원에서도 창의성의 가치를 중요시하게 되었다.

최근 전국 여론 조사에 의하면 조사 응답자 99%가 비판적 사고, 문제해결력, IT 기술, 의사소통 능력 등의 다양한 21세기 역량들을 학교에서 가르치는 것이 시급한 과제라는 것에 동의하는 것으로 나타났다(Partnership for 21st Century Skills, 2007). 기업들 또한 그 어느 때보다 복잡하고 급변하는 글로벌 시장에서 경쟁하는 가운데 창의성, 문제해결력, 혁신 등의 교육이 절실하다는 것을 인식하게 되었다(Eger, 2004). 왜냐하면 창의적인 직원들과 혁신적인 리더 없이는 더 이상 기업이 생존할 수 없기 때문이다. 신입직원들의 팀워크, 비판적 사고력 등의 영향에 대해 어떻게 생각하는지 400여 명의 고용주들을 대상으로 조사한 연구에 따르면, 거의 3/4에 이르는 고용주들은 고졸 신입직원들의 비판적 사고력이 부족하다고 응답하였고, 창의성과 혁신을 신입직원들에게 기대하는 가장 중요한 5가지 역량 가운데 일부로 선정하였다. 비즈니스의 리더들은 고차원적인 능력을 갖춘 직원을 채용하기를 원한다. 그들이 말하는 고차원적인 능력은 의사소통 능력, 추리력, 문제해결 능력, 의사결정력, 협업 능력, 리더십 등을 포함한다(Adams, 2005; Coy, 2000). 창의성과 비판적 사고력은 이러한 능력과 밀접한 관련이 있다.

4. 창의적 학습은 개인의 성장과 잠재능력 발달을 위해 풍부하고 다양한 기회를 제공한다.

사람들은 자신들이 경험해 본 적이 있는 가장 확실한 학습 경험은 창의적인 학습이었을 때라고 말한다. 자신의 창의성을 발견하고 사용할 때 더 건전하고 더 행복하고 더 생산적인 다양한 방법들을 찾는다. 또한 학습자로서 열정과 최선을 다해 창의성을 발견하고 발전시킬 수 있는 도전들을 받아들인다. 간단히 말하자면, 창의성과 혁신은 교사와 부모뿐만 아니라 학생 자신의 잠재능력과 영재성을 인식하고, 개발하고 적용하기 때문에 교육에 매우 중요하다.

전통적인 영재교육은 영재를 판별하고, 명명하고, 학력검사에서 높은 점수를 받거나 실적을 쌓은 학생들이 모여 있는 동질한 집단을 구분하는 것에 맞추어져 왔다. 그렇게 판별된 학생들은 창의성 심화 프로그램 혹은 대체 가능하고 규칙이 적용되는 내용 또는 심화된 주제에 초점을 맞춘 일반적인 영재 프로그램에 참여해 왔다.

학생들이 도전적인 문제를 해결하기 위해 다양한 방법을 활용할 수 있는 것처럼, 우리는 그 학생들의 강점과 잠재력과 흥미를 키워주는 방법 또한 무한에 가까울 만큼 다양할 수 있다는 것을 인식할 필요가 있다. 우리가 모든 학생들을 위한 최선의 교육 효과를 얻고자 한다면 끊임없이 새로운 재능개발 프로그램을 개발하기 위한 수고를 기꺼이 받아들여야 한다(Treffinger, Young, Nassab, Selby, & Wittig, 2008; Treffinger, Young, Nassab, & Wittig, 2004). 특정 분야의 재능에 치우친 전통적인 영재교육 프로그램을 지양하고, 다양한 재능을 고려한 재능개발 교육 프로그램을 제공하고자 한다면 창의성은 매우 중요한 요소가 된다.

5. 창의적 학습은 항상 쉬운 것은 아니지만 굉장한 만족감과 보상을 준다. 이런 학습은 다소 어려울 수 있지만 그 이상의 성취감을 준다.

재미라는 말은 창의성에 대해 토론할 때 나오곤 한다. 유감스럽게도, 창의성에 대한 몇 가지 오해를 설명한 2장을 보면, 그러한 오해 중의 하나가 창의성은 장난스럽고 별 의미가 없다고 여기는 것이다. 우리는 창의성을 재미로만 설명하는 것을 피해 왔다. 왜냐하면 이로 인해 창의성의 중요성이 간과될 수 있기 때문이다. Sidney J. Parnes는 "창의성은 종종 재미있을 수도 있지만 재미를 위한 것이 아니다."라고 말하곤 했다. 그의 말을 잘 되짚어보면, 창의성은 재미보다 우리의 삶과 직업에서 훨씬 더 가치 있는 것들, 예를 들면 의미, 통합, 만족 등과 깊은 관련이 있다.

오랜 시간에 걸쳐 창의성이 요구되는 업무를 끝낸 이후에 사람들이 다음과 같이 이야기하는 것을 흔히 들을 수 있다. "진짜 지쳤다. 생각하는 일이 이렇게 힘들 줄은 몰랐어. 하지만 보람은 있는 걸." 사람들은 상반된 감정을 느끼게 된다. 그들은 임무를 완수하기 위해 고도의 집중과 노력을 기울임으로써 '완전히 진이 빠졌다.'라는 것이다. 그러나 동시에 그들은 일의 결과를 보면서 다시 에너지를 얻고 흥미로워한다. 그리고 그 사람들은 자신들의 활동 계획이 실행되기를 간절히 바라거나 업무에 새로운 아이디어를 적용하기를 원한다. 새로운 아이디어나 산출물, 복잡한 문제의 해결책 혹은 독창적인 표현을 서로 공유하면서 기쁨과 흥미를 느낀다. 창의적인 활동의 참여는 고도의 집중과 몰입을 가져오는데 어떤 심리학자들은 이것을 플로우(flow)라고 표현하기도 한다. 교육 현장에서 창의성과 혁신을 경험하는 기회를 통해 어린 학생들은 물론 성인학습자들도 이와 같은 성장이 기회를 얻을 수 있다고 믿는다.

○ 당신의 삶에서 창의성과 혁신이 하는 역할을 생각해 보자. 당신은 열린 과제에 대해 도전해 볼 수 있는 기회가 얼마나 자주 있는가? 당신의 삶 속에 큰 변화가 닥쳐왔을 때 어떻게 대처하는가? 혁신이 당신의 삶을 얼마나 향상시켜 왔는가?

○ 창의적인 젊은이들이 세상에 큰 영향을 끼쳤던 사례를 조사해 보자. 학생들에게 그 사람이 25세 이전에 이루었던 창의적인 기여에 대해 조사하고 발표해 보도록 하자.

○ 2장에 나오는 창의성에 대한 오해, 3장에 나오는 창의성의 정의, 그리고 이 장에서 말한 창의성의 중요성에 대해 다시 한번 검토해 보자. 이와 관련하여 당신이 현재 어떤 신념을 가지고 있고 어떻게 실천하고 있는지 정리해 보자. 동료들과 당신의 신념을 공유해 보고 이에 대한 동료들의 반응도 기록해 보자. 당신은 교육 현장에서 창의성과 혁신을 의도적으로 교육해야 할 필요성에 대해 설득력 있게 주장할 수 있는가?

2부

창의성과 혁신의 이론

창의성의 4요소: COCO 모델

- 창의성에 대한 개념을 재정의할 수 있다.
- 창의성에 기여하는 4가지 핵심 요소, 즉 창의적인 사람들의 개인 특성, 사고 과정, 환경, 산출물 등을 정의하고 이들의 영향력을 설명할 수 있다.

창의성의 4가지 핵심 요소

우리는 앞선 장들을 통해 창의성의 개념이 우리 각자에 의해 어떻게 다르게 정의되고 표현될 수 있는지 살펴본 바 있다. 우리가 처한 도전들에 대해 우리가 생성할 수 있는 아이디어와 해결책의 다양성도 우리의 복잡성과 개성에서 나오는 것이다. [그림 1]에서 볼 수 있는 바와 같이 창의성은 사람들의 개인 특성(Characteristic)과 그들이 수행하는 사고 과정(Operations)의 함수이고, 그 결과로서 나오는 것이 산출물(Outcomes)인데, 이 모든 과정은 그들이 처한 개인적 또는 사회적 환경(Context) 속에서 이루어진다. 이것이 바로

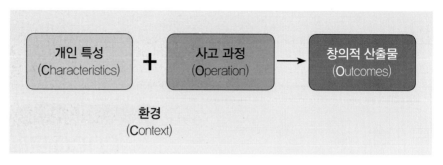

[그림1] COCO 모델(Treffinger, 1988, 1991)

'COCO' 모델이다.

Rhodes(1961)의 4P 이론(사람, 과정, 환경, 산물)에서부터 보다 최근의 Law(2007)의 창의성 이론에 이르기까지, 특정한 유형의 개인이나 특정한 유형의 사고 과정이 곧 창의성은 아니라고 오랫동안 받아들여져 왔다.

Law(2007)는 창의성에 대한 관점을 다음과 같이 요약하였다. 창의성은 과정적 창의성과 결과적 창의성, 개인적 창의성과 사회적 창의성, 영역 특수적 창의성과 영역 일반적 창의성 등의 다차원적 모델로 이해되어야 한다. 창의성의 다양한 요소들은 복잡성과 지속성을 가지고 상호작용을 한다. 이러한 상호작용 과정은 인간 본연의 특성으로 인해 더욱 복잡한 양상을 띠게 된다.

지금 우리가 교실에서 이 아이디어를 적용해 보자. 개개의 학생들은 그들의 개인적 성향과 문화적 특성을 가지고 있다. 이러한 성향과 특성 중 일부는 학습을 하는 데 도움이 되고, 또 다른 일부는 장애물이 될 것이다.

개인 특성

COCO 모델의 첫 번째 요소인 'C'는 사람들의 '개인 특성(Characteristics)'을 나타낸다. 우리가 어떤 과제나 상황을 처리하기 위해 창의성을 활용하고자 할 때, 개인의 성격, 선호, 기술, 능력, 흥미에 영향을 받게 된다. 다음은 개인 특성의 몇 가지 예이다.

- 창의적인 사고 기술과 능력
- 성격적 특성 혹은 성향
- 선호하는 학습 양식과 문제해결 유형
- 특정 분야의 지식과 역량
- 호기심과 지속적인 흥미

오랫동안 연구자들은 창의성이 전적으로 개인적 특성에 의해 결정되며, 높은 수준의 창의성은 그러한 개인적 특성을 타고난 극소수의 천재들에게만 나타난다고 믿었다. 이런 관점 때문에 창의적인 사람과 그렇지 않은 사람으로 구분하는 이분법적 사고가 만연해 있었다. 보다 최근의 연구들은 창의적인 특성에 대해 다른 관점을 보여 주고 있는데, 모든 사람이 다양한 창의적 특성을 그들이 수행하는 과제와 그들이 처한 상황에 따라 저마다 다양한 수준과 방식으로 드러낸다는 것이다.

교육 또는 훈련의 대상이 되는 개인이나 집단이 누구냐에 따라 창의성을 효과적으로 증진시키기 위해 필요한 일련의 특성들은 달라져야 한다. 모든 이들에게 적용할 수 있는 창의적 특성의 처방은 불가능하다. 관찰력이 있는 선생님들은 창의적인 학생이 누구인지 알고 있다. 그러나 학생들은 저마다 다른 방식의 창의성을 드러낸다. 어떤 학생들은 조용하고 사색적인 성향을 보이는가 하면, 또 어떤 학생들은 외향적 성향을 보이기도 한다. 앞서 언급되었던 미국 남북전쟁 전문가인 에릭(Eric)처럼 너무나도 외향적이어서 다른 사람들의 집중을 방해하기도 한다. 윌리엄(William)과 같은 학생들은 자신의 창의성을 자연스럽게 글이나 그림, 영화, 음악 혹은 이 모든 것을 조합시킨 결과물로 표현한다. 수지(Suzie)와 같은 학생들은 과학에 상상력을 더하거나 아이디어를 탐색하여 적용하는 것을 좋아한다. 그들은 무언가에 열정을 쏟다 보면 다른 관심사들을 포기하기도 한다. 창의성은 무한한 방식으로 표현될 수 있기 때문에 너무나도 다양한 방식으로 나타나는 창의적인 노력에 대해 이해하기보다는 사람들의 성격, 흥미, 사고방식이 어떻게 창의성에 기여하는

지를 이해하려는 연구를 더 선호하는 경향이 있다.

사고 과정

COCO 모델의 두 번째 요소인 'O'는 '사고 과정(Operations)'을 나타낸다. 사고 과정이란 창의적으로 생각하거나 일하기 위해 배워서 활용하는 특정한 방법, 도구, 전략 등을 말한다. 다음은 사고 과정의 몇 가지 예이다.

- 발산적 사고 도구
- 수렴적 사고 도구
- 문제를 정의하고 해결하기 위해 구조화된 접근
- 초인지(탁월한) 전략

유능한 문제해결자들도 일반적인 탐구 전략(분야 혹은 영역 내의 연구 방법 및 도구들), 의사소통 및 생산성 기술(시간관리, 일정 계획, 발표 기술), 전문 분야의 내용을 기반으로 하는 구체적인 방법과 전략을 알고 활용한다.

4학년 교실에서 경험했던 일이다. 학생들이 예시 문제를 풀고 있었는데, 자신들이 가진 통찰력으로 우리를 놀라게 했다. 그 예시 문제는 '마녀의 마법으로 왕자가 개구리로 변했고, 예쁜 공주가 개구리로 변한 왕자에게 와서 키스를 해 줄 때까지 백합 연못에 살아야 한다.'는 내용이다. 지난 몇 해 동안 그 어느 공주도 연못을 방문해 준 적이 없었다. 학생들은 문제를 이해하기 위해 개구리 왕자 역할놀이를 했다.

학생: 백합 연못에 어떤 공주님이 올 수 있을까?

학생들은 많은 아이디어를 낼 수가 없었다. 선생님은 어떻게 하면 빠르게 아이디어를 나오게 하는지 알았지만 학생들은 언제, 무엇을 어떻게 해야 할지 몰라 어리둥절한 것으로 보였다.

> 교사: 여러분, 벼룩시장에서 중고 물품을 팔아 본 적 있나요?
>
> 학생들: 예~
>
> 교사: 사람들이 많이 왔나요? 만약에 아무도 오지 않았다면 어떤 기분이었을까요?
>
> 학생들: 기분이 안 좋았을 거예요~
>
> 교사: 그렇지요, 최악이지요. 그럼, 많은 사람들이 온다는 것을 확신하려면 우리가 무엇을 했어야 할까요?

저자는 많은 생각들이 빠르게 지나갔다. 저자는 문제를 다시 읽어야 한다고 생각했다. 그때 캐시(Kathy)라는 한 학생이 미친 듯이 손을 흔들면서 말했다.

> 캐시: 아하~ 그래. 사람들이 벼룩시장에 많이 오도록 하기 위해 우리가 했던 행동 중 몇 가지 방법은 가능할 수 있겠어. 백합 연못에 공주가 오도록 하기 위해 개구리 왕자가 할 일이 있어.

학생들이 문제를 해결하기 위해 각자 자리로 되돌아가려고 했을 때 교실은 흥미진진함으로 가득했다. 이때 캐시는 말을 이어 갔다.

> 캐시: 근데 말이야. 너무 멋지지 않니? 우리가 어려운 문제를 해결하지 못하고 막혀 있을 때 선생님이 주신 힌트 덕분에 우리는 문제를 쉽게 풀 수 있었어. 우리는 쉬운 문제에서 아이디어를 얻어 어려운 문제에 그것을 적용할 수 있었지.

이 예시에서 캐시는 창의적인 문제해결 방식을 너무나도 잘 설명하고 있다.

이 책의 7장에서는 '사고 과정'에 대해 더욱 자세히 살펴보고, 다양한 과정에서 사용하는 도구 및 전략과 자원에 대해 좀 더 광범위한 정보와 자료를 제공할 것이다.

환경

COCO 모델의 세 번째 요소인 'C'는 '환경(Context)'을 나타낸다. 여기에서의 환경이란 창의성을 생각하거나 다룰 때, 스스로 만들어 내는 개인적 또는 내적 상황과 사람들의 행동이 일상적으로 일어나는 외적 혹은 사회적 환경 모두를 포함한다. 환경의 요소는 창의성을 장려하고 지지할 수도 있고, 창의성을 억압할 수도 있다. 다음은 환경의 몇 가지 예시이다.

환경의 내적, 개인적 차원
- 습관에 얽매인 생각
- 개인적인 장애물이나 장벽
- 동기 혹은 이해관계
- 태도, 성향, 자신감

환경의 외적, 사회적 차원
- 소속 집단의 장애와 규제
- 소속 집단의 문화와 풍토
- 집단 내 협력 기술
- 리더십 유형 및 특성
- 팀워크

우리는 자신만의 환경 속에서 모든 것을 해석한다. 환경적 요소들은 창의성과 혁신을 향상시키거나 억제할 수 있다. 교실에서 많은 교사들은 학생들이 창의적으로 학습할 수 있도록 도전, 흥미, 기회, 시간 및 자원을 제공하는 환경을 조성하는 데 특히 힘쓰고 있다. 그러나 일부 교사들은 학생들이 창의성을 학습하는 것에 별다른 도움을 주지 않을 수도 있다. 개인적 요소 또한 환경에 영향을 미친다. 몇몇 연구자들은 학생들이 초등학교 고학년만 되어도 독특한 답을 더 이상 원하지 않고 정확한 답을 알고 싶어 하는 경향이 있다는 '4학년 슬럼프'에 대해 이야기한 바 있다. 학교에 오는 학생 중 일부는 가정에서 창의성에 대한 지지와 격려를 받고 있지만, 또 어떤 학생은 가정과 개인적인 관계 속에서 오히려 창의성을 저해하는 환경에 처해 있을 수도 있다. 서로 다른 상황에 처한 다음의 타이론(Tyrone)과 프란신(Francine)의 사례를 통해 통찰력을 얻어 보자.

타이론은 도시의 슬럼 지역에 있는 학교에서 영재 프로그램 수업을 듣고 있는 학생이다. 그는 할머니와 함께 살았고, 할머니는 타이론과 그의 형제들을 키우기 위해 정부의 지원을 받고 있다. 타이론은 부모님에게 무슨 일이 일어났는지 결코 말한 적이 없었다. 작은 아파트에서 여러 형제들과 비좁게 살고 있다가 나이가 들면서 그는 많은 책임을 져야 했다. TV도 없고 학문적 자극을 전혀 받을 수 없는 가난한 환경이었다. 어느 날 중학교 담임 선생님은 타이론에게서 무언가 특별함을 발견하고 그에게 영재 프로그램에 참여할 것을 추천하였다. 그는 학교에 걸어서 가야 했는데, 혹시 있을 위험을 피하여 안전하게 도착하기 위해, 1마일 정도를 걸어서 가곤 했다. 만약에 그가 지름길로 갔다면 불량배들의 괴롭힘에 시달렸을 것이다. 이렇게 돌아서 가다 보니 종종 지각도 하게 되었다.

타이론이 고등학교 1학년이 되었을 때쯤에는 세상물정에는 밝았지만 학문적으로는 그저 그랬다. 그는 쉽게 산만해졌고 교과과정을 따라가지 못했다. 처음으로 그는 쉽게 반감을 가졌고, 공격적이었으며, 그룹 활동을 어려워했다. 이와 동시에 독립심도 부족했다. 타이론은 어떤 새로운 것을 시도하기 전에 인정받는 것이 필요했다. 그는 위험을 감수하지 않았으며 자신감도 부족했다. 1학년 동안 사회적으로도 학문적으로도 동급생들을 좇아가는 데 시간을 보냈다. 교사들의 집중적인 도움 덕분에 학업적으로 따라갈 수 있게 되었으나, 여전히 상급학년 말까지 사회적인 관계는 뒤처졌다. 그는 열심히 일하면서 공부를 하여 몇몇 장학금을 받을 수 있었고, MIT 컴퓨터사이언스과에 입학 허가 서를 받을 수 있었다.

프란신은 타이론과 같은 도시에 살았다. 그녀는 외동이었고 할머니가 키우고 있었다. 두 문 보누 내학 쏠넙생이었년 그녀의 부모님은 교통사고를 딩해 힘께 돌아가셨다. 프란신은 자신의 방이 있었고 집에는 책과 클래식 음악이 가득했다. 그녀는 13세에 1년 일찍 영재고등학교에 갔는데 버스로 학교에 가거나 할머니가 차로 데려다 주었다.

학교에서 프란신은 인기가 있었고 자신감도 있었다. 그녀는 합창단에서 노래도 불렀고 현악 앙상블에서 비올라를 연주했다. 프란신은 리더십이 있었으며 모든 학교 행사에 참여했다. 게다가 아이디어를 추가하고 세부 사항을 해결하는 데 도움을 주었다. 그녀의 4년간의 고등학교 경력을 통해 우수한 학생들 중에서 가장 어리긴 했지만 상위 5등 안에 들었다.

그녀는 음악뿐만 아니라 글쓰기도 좋아했다. 또한 영재 프로그램의 뉴스레터 창간을 주도하였고 편집자가 되었다. 그리고 문학 대회에 참가해서 두 번이나 대상을 받았다. 그녀가 무슨 노력을 하더라도 그녀의 할머니는 그녀를 지지해 주었다. 프란신의 할머니는 각종 행사와 학교 활동에 적극 참여를 했고 심지어 학부모위원회에도 참여했다. 할머니는 프란신이 의과대학에 들어갔을 때 그녀를 무척 자랑스러워했다.

8장에서는 창의성과 혁신의 환경에 대해 몇 가지 중요한 관점을 좀 더 자세히 살펴볼 것이다.

산출물

COCO 모델의 네 번째 요소 'O'인 '산출물(Outcomes)'은 창의성이 제3자가 그것을 어떻게 보느냐에 달려 있음을 상기시켜 준다. 우리가 얻은 산출물은 가끔 우리가 한 일의 창의성을 평가하는 데 사용될 수 있다. '결과는 좋지 않았지만 내가 했던 그 과정만큼은 정말 창의적이었다.'라는 말을 종종 들을 수 있을 것이다. 특히 학습 상황에서는 과정에 대한 강조가 결과물의 평가에 우선할 수 있으며 중요하고 가치 있을 수도 있다. 그러나 교사가 "나는 여러분이 과제를 수행하거나 맡은 일을 진행할 때 정말 창의적으로 어떤 것을 할 수 있기를 기대합니다."라고 말하는 경우라 하더라도 그 결과에 대해 아무런 기대가 없다는 것을 의미하는 것은 아니다. 물론, 이 문제는 평가 대상의 연령과 경험 수준에 따라 달라질 것이다.

초등학교의 한 심사위원은 다른 심사위원이 훌륭하다고 생각했던 어느 유치원생의 발명 아이디어에 대해 부정적인 평가를 내렸다. "죄송하지만, 내 생각에 그 아이디어는 너무 독창성이 없어요. 나는 최근에 기계공학 전문학술지에서 매우 유사한 아이디어를 읽은 적이 있어요." 그 심사위원은 대부분의 초등학생들이 기계공학 분야 전문학술지를 읽지 않는다는 것을 깨닫지 못했던 것 같다. 우리는 창의성 혹은 혁신의 기준과 창의적인 산출물의 평가를 위한 기준에서 이론과 연구를 통해 배울 수 있는 교훈들도 고려할 필요가 있다. 산출물에 대해서는 9장에서 더 세밀하게 알아볼 것이다.

이어지는 4개의 장에서 이러한 요소들을 하나씩 살펴볼 것이지만, 이 4가지 요소들에 대한 종합적 이해를 돕기 위해 간단히 살펴보았다. 창의성과 혁신에서 4가지 요소는 끊임없이 서로 상호작용하고 있다. 이는 창의성과 혁신이라는 역동적인 체계의 필수적인 요소들이다.

생각해 보기

○ COCO 모델의 4가지 요소는 당신의 삶에 얼마나 신선한 충격을 주는가? 그리고 당신은 창의적으로 생각하고, 혁신하고, 문제를 해결하고, 변화를 관리하기 위해 얼마나 노력하고 있는가? 당신이 가장 창의적인 결과물을 만들어 냈을 때를 생각해 보자. 창의성을 강화시켜 주는 것과 억압시키는 것들의 목록을 만들어 보자. 창의적인 결과물을 얻어냈을 때, 당신은 그 목록의 각 요소들이 얼마나 창의성을 방해하거나 혹은 도움이 되었는지 생각해 보자.

○ 학생들이 COCO 모델의 4가지 요소들을 정의해 보고, 서로 간의 관계에 대해 토론하게 해 보자. 그들이 경험했던 4가지 요소들이 창의성을 발휘함에 있어 각각 어떠한 역할을 했는지 질문해 보자.

○ 당신이 속한 조직을 창의성의 4가지 요소 차원에서 분석해 보자. 창의성의 4가지 요소에 대한 당신의 지식은 조직 내에서 더 창의적이고 효과적인 일원이 되는 데 어떻게 도움이 될 수 있는가? COCO 모델의 4가지 요소에 대해 동료들과 토론해 보자.

창의적인 사람의 특성

- 최신 연구에 근거한 창의성 및 혁신과 관련된 개인 특성에 대해 설명할 수 있으며, 4가지 주요 범주를 정의하고 각 범주의 개인 특성에 대한 사례를 제시할 수 있다.
- 교육활동에 어떤 영향을 미치는지에 대한 관점에서 창의성의 수준과 스타일의 개념을 비교하고 대조할 수 있다.
- 창의성의 문제해결 스타일의 3가지 주요 차원을 정의하고 각 차원에서 2가지 스타일을 설명할 수 있다.

창의적인 학생의 사례

먼저 개인이 지닌 창의성의 특징이 어떻게 다양한 방식으로 표현되는지를 보여 주는 루시(Lucy), 마이클(Michael), 쉐릴(Cheryl)의 사례를 살펴보자.

루시, 마이클, 쉐릴은 영화에 관심이 높고 글쓰기 능력이 뛰어나 연극 대본을 작업하는 극작가 동아리에 신입회원으로 선발되어 참여하게 되었다. 이들 모두는 창의적 잠재력을 보였지만, 독창적인 극본을 쓰는 일과 공동 작업을 수행하는 복합적인 도전과제에 대해 각자 다른 방식으로 접근하였다. 하나의 과제에 대해 이 학생들이 보여 준 반응은 이러한 다양성의 좋은 사례이다. 이들은 몇 주 동안 함께 작업을 하면서, 처음에는 스토리에 대한 수백 가지 아이디어를 생성한 다음 이를 수렴하고, 재편성하고, 재조정하는 과정을 통해 최종적인 이야기 주제를 합의하였다. 이후 일주일 동안 각자 스토리 구성에 대한 아이디어를 개발하고 캐릭터 설명을 작성한 후 다음 모임에서 플롯 개요와 캐릭터에 대한 설명을 차례대로 발표하였다.

쉐릴의 작품은 깔끔하게 정돈되고 질서정연했다. 그녀는 완벽한 개요를 작성해 왔다. 쉐릴의 캐릭터는 개요에 맞게 논리적으로는 적합했지만, 눈에 띄지는 않았고 현재의 영화와 TV 프로그램에서 대부분 가져온 것 같았다.

루시의 차례가 되었을 때, 그녀는 타이핑한 종이 뭉치를 꺼내들고 완성된 대본을 쓰느라 일주일을 보냈다며 자랑스럽게 발표했다. 루시는 줄거리와 캐릭터에 대한 아이디어를 요약한 후 더 이상 작업할 필요가 없다고 강조했다. 다른 학생들은 이러한 발표에 당황했고, 루시의 대본이 다른 멤버들의 피드백 없이 채택될까 봐 걱정했다. 루시는 다른 멤버들의 피드백은 필요하지 않다는 것을 다시 한번 강조하면서 대본은 이미 완성됐고 더 작업을 하는 것은 의미가 없고 시간낭비일 뿐이라고 말했다. 루시는 평소에 자신의 아이디어를 거리낌 없이 말하는 편인데 이 상황도 예외는 아니었다. 교사는 갈등을 막기 위해 아직은 모든 구성원의 발표를 듣지 않았으며 모든 학생의 발표를 다 듣기 전까지는 어떤 결정을 내리지 않는 것이 좋겠다고 했다. 루시는 마지못해 동의했고 다른 학생들은 발표를 이어갔다.

마이클이 자신의 생각을 발표할 시간이 되었을 때, 그는 청바지에서 아무렇게나 휘갈겨 쓴 메모가 있는 구겨진 종이 한 장을 꺼냈다. 이전 회의에서 그는 합의된 내용과 완전히 다른 캐릭터를 가지고 완전히 새로운 이야기의 개요를 설명하기 시작했다. 멤버들은 루시의 주도로 반발하였다. 루시는 "많은 토론을 통해 다함께 결정했던 것을 어떻게 바꿀 생각을 할 수 있어?"라며 언성을 높였고, 이에 대해 마이클은 "뭐야? 이게 더 좋은 아이디어야. 사람들은 이걸 더 좋아할 거야."라고 대답했다.

교사가 모든 학생들의 발표가 끝난 후 자유로운 토론을 진행시키자, 루시의 의견에 동조하는 학생들과 마이클의 의견에 동조하는 학생들로 나뉘어 열띤 토론이 진행되었다. 쉐릴은 잠시 동안 이러한 결론 없는 논쟁을 조용히 지켜보다가 마이클의 의견도 우리가 결정한 스토리에 영향을 줄 수 있는 몇 가지 좋은 아이디어가 있다고 말했다. 그녀는 또한 루시가 작성한 대본의 구조를 사용하면 많은 작업시간을 절약하고 우리가 아이디어에 집중하는 것을 도와줄 수 있을 것이라고 제안했다. 그리고 더 좋은 스토리를 만들기 위해서는 구성원 모두의 좋은 아이디어들을 반영할 것을 강조했다. 이러한 토론이 어느 정도 진행된 후 학생들은 쉐릴의 제안을 채택하였다. 모든 학생들이 만족했던 것은 아니지만 루시와 마이클 모두 그 제안에 함께하기로 하면서 첫 번째 작업에 착수하게 되었다.

이 세 명의 학생들은 모두 그룹의 전반적인 노력에 각자의 고유한 방식으로 긍정적인 기여를 하였다. 이들 모두 작가로서 그리고 잠재적인 문제해결사로서 그들의 능력을 탐구하기 시작했다. 이들은 각각 교사에게 글쓰기 능력을 보여 주었고 학교의 연극 프로그램에 대한 진정한 관심과 헌신을 보여 주었다. 그러나 작업을 하는 데 있어 접근 방식과 상호작용하는 방식이 매우 달랐다. 각 학생들은 그룹의 창의적인 노력에 참여함에 있어서 매우 다른 개인적 특성을 나타냈다.

창의성의 수준과 스타일

당신은 자신이 얼마나 창의적이라고 생각하는가? [그림2]에 제시된 0~9(전혀 창의적이지 않음~창의적 천재)까지의 숫자에 대해 생각해 보자. 자

```
9  피카소, 올컷, 퀴리 부인, 에디슨, 아인슈타인, 모차르트
8
7
0
5
4
3
2
1
0  암석
```

[그림 2] 창의성 숫자

신의 창의성 수준은 어디에 해당되는가?

이러한 질문에 대부분의 사람들은 중간 혹은 중간보다 낮은 정도라고 대답한다. 이 질문은 창의성의 수준과 관련이 있다. 즉, 높은 수준부터 낮은 수준까지 등급을 매기는 것이다. 수준에 있어서 극작가 그룹 12명 모두 평균 이상의 글쓰기 역량을 보여 주었다. 이 프로젝트가 진행되는 동안 그들은 자신의 창의적 잠재력을 깨닫기 시작했다. 우리는 건강한 모든 사람들은 창의적 산출물을 만들어 낼 수 있는 가능성이 있다고 믿는다. 그 가능성이 아직 발견되지 않은 사람도 있고, 상당히 광범위하게 실현된 사람도 있다. 달리기와 마찬가지로 어떤 사람은 참가하는 거의 모든 경기에서 우승할 잠재적 가능성이 있는 반면, 어떤 사람은 단지 완주하는 것에 만족한다.

창의성 수준에 있어서의 차이점에 관한 연구는 창의성 개념에 대한 연구만큼이나 매우 다양하고 복잡하다. 초기의 관점은 창의성을 신이 주신 선물로 보았다. 이러한 관점은 2장에서 다루었던 창의성에 대한 오해를 형성했다. 일반적으로 이러한 관점은 우리가 창의성을 가지고 있거나 혹은 그렇지 않거나 둘 중 하나라는 것이다. 빅토리아 시대의 서양문화에서는 창의성에 대해 비관적 견해가 지배적이었다. 예를 들어, Freud(1908~1959)는 창의적 충동

(creative impulse)을 상상과 현실 사이의 갈등을 해결하거나 승화시키기 위해 고군분투하는 무의식적인 마음의 산물로 설명하였다. 즉, 창의적인 사람의 기본 특성은 내면의 혼란(inner turmoil)이라는 것이다.

Freud 이후에 일부 학자들은 창의적 충동을 좀 더 긍정적으로 보았다 (Selby, Shaw, & Houtz, 2005). 창의성을 자연스럽고 긍정적으로 보는 관점은 창의적인 사람을 정의하는 긍정적인 특성에 대한 더 깊은 연구를 가능하게 하였다. Rogers(1954)는 창의적인 사람은 개방적이고 자신감이 있다고 언급 하면서 창의성에 대한 긍정적인 견해를 제시하였다. 창의적인 생산성을 보 이는 사람은 동기, 활력, 강렬함, 헌신, 책무의 수준에 있어서 다른 사람들과 구별된다(Abra, 1997; Amabile, 1989; Renzulli; 1977b; Torrance, 1987, 1995). 예 를 들어, 루시와 마이클은 둘 다 Rogers가 설명한 자신감을 가지고 있었지만, 적절한 중재가 없었다면 그들의 의견 충돌로 그 일을 망칠 수 있었다.

"당신은 얼마나 창의적인가?"라는 간단한 질문에 답하려고 하면 우리는 자 연스럽게 높은 수준의 창의성과 관련되는 여러 개인 특성을 찾으려 할 것이 다. 만약 창의성이 높은 사람을 판별할 수 있다면, 적절한 교육과 자원을 제 공할 수 있을 것이다. 그런데 문제는 창의적인 사람의 특성으로 일컬어지는 것들 가운데에는 서로 모순된 것이 있다. 뿐만 아니라 한 개인은 다른 상황에 처하게 되면 서로 상반된 특징을 드러내 보이기도 한다(Selby et al., 2005). 일 부 연구자들은 우리가 잘못된 질문을 하고 있었던 것은 아닌지 의문을 갖기 시작했다.

모든 사람들이 서로 다른 수준과 특성의 창의적인 잠재력을 가지고 있다 면, "당신은 얼마나 창의적인가?"라고 질문하기보다는 "당신은 어떻게 창의 적인가?"라고 질문함으로써 우리의 창의적 능력을 더 잘 이해하고 활용할 수 있다. 즉, 후자의 질문을 했을 때, 모든 사람들이 창의적 잠재력을 가지고 있 다는 가정하에, 행동하고, 교육하고, 연구를 수행할 수 있게 될 것이다. 창의 적 특성에 대한 탐색은 창의성 수준을 기준으로 사람들을 구분하고 순위를 정하고 나누는 것 이상의 의미를 지닌다. 이 대안적 접근법은 사람들이 그들의 창의성을 독특하고 다양한 방법으로 표현하고 사용하는 방법을 생각할 수 있게 해 준다. 즉, 창의적 생산성을 촉진하거나 저해할 수 있는 저마다의 창의성 표출 방식을 고려하게 된다. 1970년대 중반부터 시작된 학습 및 사고 스타일에 관한 연구문헌이 늘어나고 있으며 이는 창의성 및 혁신과 관련한 개인 특성에 대한 이해에 기여하였다.

창의적 특성의 범주

지난 수백 년 동안 사람들은 고도의 높은 창의성을 가진 사람들을 연구하고 그 성격 특성의 목록을 작성해 왔다. 수백 가지 특성을 포함하는 목록과 체크리스트 및 평가척도가 사용되었다. Davis(2005)는 설문조사를 통해 200개 이상의 특성을 분류하고 이를 다음과 같이 16가지 범주로 요약하였다.

창의성에 대한 인식 (Aware of Creativeness)	근본성 (Original)	독립성 (Independent)	위험 감수 (Risk Taking)
높은 열정 (High Energy)	호기심 (Curious)	유머감각 (Sense of Humor)	상상력 (Capacity for Fantasy)
복합성 (Attracted to Complexity)	애매모호함 (Ambiguity)	예술성 (Artistic)	개방성 (Open-Minded)
완벽함 (Thorough)	혼자 있는 시간에 대한 요구 (Needs Alone Time)	통찰력 (Perceptive)	감수성(Emotional) 윤리성(Ethical)

Treffinger 등(2002)은 창의적 사람들의 특성을 검토한 후 인지적 특성, 성격 특성, 전기적 사건 등의 3가지 주요 영역으로 구분해 보았다.

어떤 특성이 이 3가지 영역 중 하나에만 딱 맞아떨어지는 것은 아니다. 특성은 사람과 분야에 따라 다르다. 어느 누구도 모든 특징을 갖는 사람은 없으며 항상 그 특성을 보여 주는 사람도 없다. … 이러한 특성 중 많은 부분이 교육을 통해 길러질 수 있지만, 어떤 학생이 창의적으로 생산적인 성인이 될지는 예측하기 어렵다(Treffinger et al., 2002).

잠재적 창의성을 판별하고 교실활동에 정보를 제공하는 데 있어 이러한 특성들이 어떻게 도움이 될 수 있을지를 고려하여 Treffinger 등(2002)은 300가지가 넘는 광범위한 특성을 4개의 범주로 재구성했다([그림 3] 참조). 그들은 개인과 집단이 많은 아이디어를 만들어 내고, 그 아이디어를 더 깊이 파고들고, 자신의 내면의 목소리를 기꺼이 들으며, 새롭고 특이한 아이디어를 탐구할 동기, 개방성, 용기를 가졌을 때 창의성과 혁신이 발현될 수 있다고 결론지었다.

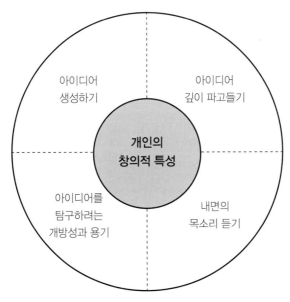

[그림 3] 개인 창의성의 4가지 범주(Treffinger et al., 2002)

범주 1. 아이디어 생성하기

아이디어의 생성은 유창성, 유연성, 독창성, 정교성 및 은유적 사고와 관련된 특성을 포함한다. 독창적인 아이디어를 많이 낼 수 있는 능력은 앞의 사례에서 마이클이 그룹에 영향을 준 강점과 관련이 있다. 마이클은 스스로 많은 아이디어를 만들어 냄으로써 그룹의 분위기를 이끌었고, 많은 참신한 아이디어가 만들어지도록 다른 동료들을 자극하였다. 그룹의 초기 아이디어는 그들의 기존 생각과 접근 방식에 기반을 둔 경향이 있었다. 더 많은 아이디어가 만들어지면서 더 독창적이고 특이한 아이디어가 되었다. 참신한 아이디어들은 예상치 못한 시각과 방식으로 문제를 바라보고 다른 관점에서 문제를 볼 수 있게 해줌으로써 문제해결의 새로운 가능성을 열어주었다. 마이클은 자신도 모르게 은유적인 사고방식도 사용했다. 은유적 사고는 다른 것들이 어떻게 비슷한지 이해하고 기대하지 않았던 연관성을 새로운 가능성으로 구축하는 데 유용하다. 쉐릴의 주도로 12명의 각 멤버들이 각자 제출한 작품을 좀 더 면밀히 살펴보기 시작했으며, 각각의 아이디어 중에서 가장 좋은 아이디어를 선택하고 그것을 기존의 스토리와 결합했다. 이런 방식으로 생각이 확장되면서 기존의 스토리는 더 풍부하고 디테일하면서 흥미롭게 되었다.

범주 2. 아이디어 깊이 파고들기

아이디어를 더 깊이 파고들 때 이른바 수렴적 사고 또는 비판적 사고를 수행하게 되며, 이 범주에 해당하는 행동으로는 아이디어를 분석, 종합, 재구성, 재정의, 평가하고 아이디어 간의 관련성을 발견하는 것들이 포함된다. 창의적 사고는 창의적 생산성에 필요한 사고의 50%에 불과하다는 것을 명심해야 한다. 비판적이고 수렴적인 사고와 아이디어를 분석하는 능력도 필요하다. 이것은 루시의 강점 영역이다. 루시는 애매함을 해결하고, 복잡한 것을 단순하게 만들고, 무질서 속에서 질서를 찾아내는 등 아이디어를 깊이 파고드는 것과 관련된 특성을 나타냈다.

범주 3. 아이디어를 탐구하려는 개방성과 용기

아이디어를 탐구하려는 개방성과 용기는 문제에 대한 민감성, 호기심, 유머감각, 장난기, 상상력과 관련이 있다. 또한 이 범주에는 경험에 대한 개방성, 모호함에 대한 참을성, 위험 감수, 끈기, 민감성, 직관력, 적응성 그리고 성장하려는 의지가 포함된다. 극작가 동아리의 구성원들은 이러한 특성을 어느 정도 즐겼다. 모호함과 위험 감수에 대한 마이클의 무한한 인내력과 같이 그들의 호기심과 유머감각은 끝이 없어 보였다. 탐구하려는 용기는 이유와 방법에 대한 의문을 가지고 권위적인 주장에 대해 비판적으로 검토하는 것을 포함한다. 가끔은 권위적인 사람들의 주장뿐만 아니라 자신의 주장에도 의문을 가질 수 있어야 한다. 이러한 개방성과 용기는 자신의 성격 안에서 양분되거나 모순된 성격을 통합할 필요도 있다. 다시 말해, 아이디어의 질과 과제 완료에 관심이 있는 사람인 동시에 끊임없이 새로운 아이디어를 쏟아내기 위해 노력하는 사람이기도 해야 한다. 창의적 생산성과 성공적인 혁신을 얻어내려면, 그러한 모순된 긴장 사이에서 균형을 찾을 수 있는 능력이 필요하다.

범주 4. 내면의 목소리 듣기

마지막으로, 내면의 목소리를 듣는 것은 개인의 동기, 자아 존중감, 끈기의 수준과 관련이 있다. 이는 극작가 동아리에서 공동 작업을 수행하는 동안 많은 학생들이 보여 준 특성이다. 혁신적이고 창의적 생산성을 보여 주는 사람들은 창작하고자 하는 강한 욕구를 갖고 있고 스스로 창의적이라고 믿는다. 그들의 자아 존중감, 자아 효능감, 목적 의식, 열정은 그들을 앞으로 나아가게 한다. 그들은 자신의 강점을 이해하고 자신의 목표가 가치 있다는 확신을 가지고 열심히 일하며, 잡념 없이 시간과 공간, 개인적인 불편함, 다른 사람의 사회적 시선에 개의치 않고 문제나 주제에 집중한다. 마이클이 자신의 글씨체나 과제 발표 방법 등 그가 하찮다고 느꼈던 세부사항에 대한 관심이 부족하였던 반면, 루시는 세부적인 것에 많은 관심을 가지고 완벽을 추구하였다.

〈표 1〉 창의적 특성의 4가지 범주

아이디어 생성하기	아이디어 깊이 파고들기	아이디어를 탐구하려는 개방성과 용기	내면의 목소리 듣기
• 유창성 • 유연성 • 독창성 • 정교성 • 은유적 생각	• 분석력 • 종합력 • 재조직화 • 재정의 • 애매모호함을 해결하려는 욕구 • 평가 • 관계 발견 • 무질서를 정돈하기 위한 욕구 • 복잡성 선호 • 복잡성 이해	• 문제의 민감성 • 심미적 감수성 • 심미적 흥미 • 높은 호기심 • 유머감각 • 유머를 만들어 내는 기술 • 장난기 • 환상·상상력 • 위험 감수(스릴 추구) • 모호함에 대한 인내 • 끈기, 개방적인, 자발적 의사표현 • 느낌과 감정의 개방 • 정서적 감수성 • 현실에 적용 • 직관성 • 성장에 대한 의지 • 전문가 의견에 대한 비판적 검토 • 모순적 성격 특성의 통합(이기적/이타적, 내성적/외향적)	• 자신을 창의적이라고 인식 • 목적의식 • 자신감 • 끈기 • 자율적 욕구 • 자기훈련/자기주도 • 사고의 독립성 • 과제지향성 • 독립적인 판단/행동 • 용기 / 관행을 따르지 않음 • 다름, 주장, 고집, 비협조적, 비전통적 • 혼자 있는 시간에 대한 요구 / 사려 깊은 생각 • 고정관념 거부 • 낮은 수준의 사교성, 사회적 기술 • 열정 • 기꺼이 열심히 일함 • 몰입

출처: Treffinger et al. (2002).

지식, 지능, 메타인지

개인의 창의적 생산 능력에 영향을 미치는 특징 중에는 지식, 지능 및 메타인지 능력이 있다. 지식이란 수업이나 경험을 통해 습득된 자신의 기억에 남아 있는 내용, 이해, 정보 및 기술을 의미한다. 지능은 지식을 습득하고 조직하고 적용하기 위한 적성이나 잠재력을 포함한다. 메타인지는 생각을 모니터링하고 조절하고 수정하는 능동적이고 지속적인 과정이다. 즉, '생각하는 동안 생각하는 것' 또는 자신의 인지적 노력을 지속적으로 관리하고 방향성을 갖게 하는 절차이다.

우리는 지능이 고정되어 있지 않으며 창의적인 산출이나 인생의 성공 수준을 직접적으로 결정하지 않는다는 것을 기억할 필요가 있다. 지능은 뇌 발달, 영역, 가족 배경, 교육 경험, 사회적 환경 및 삶의 경험과 같은 요소에 의해 영향을 받는다(Woolfolk, 2010). 지능이 도움이 되기는 하지만, 동기나 과제 집착력과 같은 다른 요소들만큼 중요하지는 않다.

지식, 지능, 메타인지는 모두 창의적인 성취와 혁신에 중요한 역할을 한다. 풍부한 지식은 사람들이 새로운 상황과 기회와 도전에 직면했을 때 다양한 가능성을 제공한다.

- 지능은 생각을 연결하고 조직하고 적용할 수 있게 해 준다.
- 지능은 패턴과 관계를 인식하고 형성할 수 있게 해 준다.
- 지능은 가능한 행동의 결과를 이해하거나 예측할 수 있게 해 준다.
- 지능은 새로운 질문과 연결을 통해 당면한 기회 또는 과제를 파악할 수 있게 해 준다.

Gardner(1993a)는 고도로 창의적인 7명의 인물을 살펴본 연구에서 다음과 같은 결론을 지었다. 그들은 서로의 커리어를 차별화하는 특징을 가지고 있었지만, 배경에 있어서 몇 가지 유사한 특징을 보여 주었다. 즉, 10년의 경험과 배움, 관심 분야에서의 훈련이 그들의 창의적 돌파구를 만들어 나가는 데 반드시 필요한 요소였다는 것이다.

다시 말하지만, 이들은 매우 창의적이고 생산적이며 혁신적으로 자신의 영역에서 패러다임을 바꾼 사람들이다. 모든 사람이 그 정도 수준의 창의성을 발휘할 수 있는 것은 아니다. 하지만 그들의 결과물도 그들이 처한 맥락에서 보면 충분히 훌륭한 것일 수 있다. 극작가 그룹에서 학생들은 패러다임을 바꿀 만한 경험이나 지식을 가지고 있지는 않았지만, 스토리를 어떻게 쓰고, 이해하고, 궁극적으로 청중이 즐기는 독특한 작품으로 만드는 데 필요한 지능을 가지고 있었다.

또한 개인이 이전에 알고 있던 것과 일치하지 않는 새로운 정보나 상황에 당면하면, 지식과 지능은 창의성의 장애물이 될 수 있다. 개방성, 탐구 의지, 심지어 자신의 주장에도 의문을 제기하려는 의지는 지식 및 지능과 함께 사람들이 새로운 상황을 다루는 방식으로 개방적이고 유연하고 역동적으로 될 수 있게 해 주는 창의성의 특성이다.

혁신적이고 생산적으로 되기 위해서는 개인이 자신의 생각을 관리하고 자신의 목표를 향해 나아가며 실제적인 피드백을 기반으로 판단할 수 있어야 한다. 절차적 지식과 자기 규제적 지식을 적용하는 메타인지는 메타인지 사고전략 도구를 활용한 의도적인 훈련과 연습을 통해 향상될 수 있다. 즉, 주변의 단서와 정보를 선택하여 그것을 흥미롭고 유용한 방법으로 장기기억에서 도출된 아이디어들과 결합시키면 메타인지가 향상될 수 있다(Runco, 2003a; Woolfolk, 2010). Costa(1984)는 메타인지를 효과적이고 강력한 사고의 필수 요소로 보았다. Isaksen(2011)은 변화 관리와 문제의 창의적 해결에 있어 메타인지의 중요성을 강조했다. 즉, 문제를 해결하는 사람이 사고하는 동안, 그들의 생각을 기록하고, 선택사항을 관리하고, 그들의 결과를 최적화하기 위해 필요한 접근 방식을 수정할 필요성을 설명한 것이다. 이러한 맥락에서 창의성과 혁신을 위한 메타인지는 당면 과제나 도전을 평가함에 있어서 다음과 같은 것을 고려해야 한다.

- 수행할 과제에 대한 의무, 제약 조건 등
- 과제 수행에 참여하게 될 사람
- 방법과 사고 도구의 신중한 선택

스타일: 창의적인 자아 발견하기

이제 스타일에 대한 질문으로 넘어가자. 특히 창의성에 대한 자신의 접근법과 함께 일하고 있는 다른 사람의 접근법을 이해하는 측면에서 생각해 보자. 사람들은 문제에 부딪혔을 때 문제해결 방식에 있어 서로 다르게 행동할수 있다고 생각한다. 그 결과 개인이 다른 선택을 하도록 유도하는 다양한 행동과 경험으로 이어진다. 앞에서 살펴본, 쉐릴, 마이클, 루시의 경우, 그들은 멤버들과 시나리오를 쓰는 과정에서 서로 다른 스타일을 가졌다는 것을 알수 있다.

스타일에 대한 대부분의 연구는 Jung(1923, 1971)의 연구를 기반으로 하고 있다. 그는 사람들이 세상과 어떻게 상호작용하는 것을 선호하는가에 대하여 내향성(introversion)과 외향성(extraversion)의 두 가지 반대 기능으로 정의하였다. 감각과 직관이라는 두 가지 다른 기능은 통찰력과 정보수집방법과 관련이 있다. 또한 두 가지 판단 기능은 의사결정에 영향을 미친다. Myers는 Jung의 이론을 확장하여 판단과 지각이라는 2가지 기능을 포함하는 차원을 추가했다(Martin, 1997). 그들은 각 개인의 차이점, 강점, 잠재적 성장의 영역을 이해하는 것이 중요하다는 것을 강조했다. 즉, 그들이 다른 사람들과 어떻게 다른지 그리고 이러한 차이점으로 인한 장점을 어떻게 극대화시킬 것인지를 강조했다(Lawrence, 1997, 2009).

특정 수준의 지식이 창의적 생산성의 필수 요소라는 점에서 학습 스타일은 중요한 고려사항이다. 학습 스타일에 대한 많은 학자들(Dunn & Dunn, 1978; Gregorc, 1985; Hilgersom-Volk, 1987; Kolb, 1981)의 정의를 종합해 보면, 학습 스타일은 개인이 정보를 인식하고, 받아들이고, 처리하고, 적용하는 독특한 방법이라고 할 수 있다. Rita와 Dunn(1978)은 환경적, 정서적, 사회적, 신체적, 심리적 스타일 등의 5가지 범주와 21가지 요소를 포함하는 학습 스타일 모형을 개발했다. 게다가, Dunns는 빛의 양, 소리의 유무 및 구조와 권위 존재여부 외에도 운동감각, 시각, 청각, 촉각을 선호하는 학습과 분석적/포괄적, 사색적/충동적 행동과 같은 다른 모델에서 쓰고 있는 요소들을 추가하여 논의했다. 이들의 모형에서 중요한 것은, 각 요소가 각기 다른 수준의 강도로 다른 학습자들에게 영향을 미친다는 것이다. 예를 들면, 어떤 학생은 구조에 영향을 받지 않는다. 즉, 구조가 있건 없건 간에 학습의 효과성이나 효율성은 거의 같은 수준이다. 이 학생에게 구조는 영향을 주지 않는다. 반면, 다른 학생의 경우 구조 없이 학습은 가능하지만, 구조가 있을 경우 더 효과적으로 학습할 수 있다면, 그 학생은 구조가 필요하다고 말할 수 있다. 이렇게 구조의 존재 여부가 학습에 영향을 미친다면 구조는 그들의 학습 스타일 요소라고 말할 수 있다. 마이클에게 있어서 구조와 틀은 골칫거리였다. 그는 가능하면 구조를 무시할 것이며 어쩔 수 없는 상황이 정해진 구조를 따라야 한다면, 최소한의 관심만 줄 것이다. 반면에 루시는 자신의 노력을 이끌어 가는 데 구조가 중요하다. 그녀는 각각의 도전이 어떤 구조를 포함할 것이라고 예상했고 구조가 없다면 진행하기 전에 자신의 구조를 개발할 것이다.

　Selby, Treffinger와 Isaksen(2007a, 2007b)은 학습 스타일 및 인지 스타일 분야의 연구(Cattell, Eber, & Tatsuoka, 1970; Guilford, 1980, 1986; Kirton, 1961, 1976, 1987; Martinsen & Kaufmann, 1999; Witkin & Goodenough, 1981)와 창의성과 창의적 문제해결 분야의 연구(Guilford, 1986; Isaksen, 1987a; Schoonover, 1996; Selby, 1997; Sternberg & Lubart, 1995)를 폭넓게 수행한 경험에 근거하여 문제해결 스타일 모형을 개발하였다. 이 모형은 문제해결 스타일을 3가지 차원으로 구분하였다. 각 차원은 변화 지향성, 문제처리 방식, 의사결정 방식

등으로 문제를 해결할 때나 변화를 관리할 때 개인이 어떻게 행동하는지에 영향을 미친다. 각 차원은 2가지 스타일을 포함하고 있는데, 각각의 스타일에 따라 문제 상황의 이해, 자료의 수집 및 선택, 아이디어 생성, 평가하기, 해결방안 선택 및 실천 등과 같이 활동을 계획하고 수행하는 방법에 있어서 차이를 보이게 된다(Treffinger, Selby, Isaksen, & Crumel, 2007). 〈표 2〉는 이 모형과 관련된 문제해결의 6가지 스타일이다. 각각의 스타일은 문제해결 과정에 기여할 수 있는 강점도 있고 취약점도 있다. 개인이 자신의 스타일 특성을 더 잘 알고 있을수록, 개인활동이든 집단활동이든지, 문제를 해결하거나 변화를 관리하는 데 더 효과적이다.

〈표 2〉를 보면서 3명의 학생과 극작가 그룹에 대해 생각해 보자. 마이클은 항상 새로움을 추구했고 많은 독창적인 아이디어를 만들어 냈다. 하지만 때론 이미 합의된 결정을 무시하여 다른 사람들을 짜증나게 했다. 그는 대본 마감 기한을 맞춰야 하는 것보다 새로운 생각으로 재미를 찾는 것을 더 중요하게 여겼다. 또한 자신의 아이디어를 멤버들과 공유하고 싶어 했고 왜 멤버들이 새로운 도전에 대한 자신의 접근방식을 보지 못하는지는 이해하지 못했다. 루시는 또한 그녀의 생각을 기꺼이 공유했고 그룹에서 가장 사회적인 멤버로 인식되었다. 그녀는 모든 프로젝트에서 체계적이고 효율적으로 결론에 도달했다. 마이클처럼 그녀는 왜 다른 사람들이 자신의 구조의 논리와 도전에 대한 해결책을 보지 못하는지 이해할 수 없었다. 쉐릴은 잠시 동안 내내 조용히 이야기를 듣고 나서 마이클의 아이디어와 루시의 구조를 다른 강력한 제안들과 결합시켜 사용할 것을 제안했다. 합의점에 도달하고 그룹이 다시 작업을 진행할 수 있게 되었을 때 그녀는 매우 기뻐하였다.

〈표 2〉 문제해결의 3가지 차원과 6가지 스타일

차원	변화 지향		처리 방식		의사결정 방식	
스타일	탐험가	개발자	외향	내향	사람 중심	과제 중심
요소	• 새로운 것을 탐색 • 다양하고 새로운 독창적인 의견 생성 • 자발적 • 큰 그림 상상 • 개인주의적 • 자신의 판단 신뢰 • 수범을 통한 발산 선호 • 관습에 얽매이지 않음 • 현실에 국극 선호 • 규정 및 마감일에 무관심	• 점진적 변화 추구 • 실행 가능한 옵션 생성 • 체계적 • 세부사항 이해 • 명확한 구조 선호 • 주의 깊고 정확함 • 권위적인 지침에의 순함 • 수렴활동을 선호 • 효율적으로 보임 • 위험 최소화 • 체계적인 업무를 위한 규칙 및 마감일을 기억하고, 수용하고 적용함	• 아이디어 공유로 에너지 확보 • 정보의 사회적 처리 선호 • 외적인 환경과 연계 • 다양한 방법과 설정으로 하습에 참여 • 다른 사람의 아이디어를 활용하는 것을 즐김 • 조기의 생각과 아이디어를 공유 • 빠른 행동 추진 • 마감 전에 많은 정보 탐색	• 성찰로 에너지를 얻음 • 정보의 개인적 처리 선호 • 내적 사건과 아이디어에 몰두 • 한 번에 하나의 하습에 참여 • 생각과 의견을 정리한 후 공유 • 한 번에 하나의 과제에 관여 • 이견을 신중하고 철저하게 따져봄 • 철저한 분석 및 고려 후 행동	• 조화와 관계에 대한 우려를 먼저 확인 • 문제를 도전인 인체에 미치는 영향을 우선 고려 • 아이디어에 대한 개인의 반응에 세심한 개 주의를 기울임 • 비공식적인 하습 환경 경선호 • 옳다고 생각하면 행동함 • 이사결정의 개인적 영향 고려 • 단체 간 갈등 해소를 위해 노력함	• 결과 또는 결과의 품질을 먼저 확인 • 정체도와 객관적인 분석 우선 고려 • 사람과 사람의 아이디어를 분리하여 개인이 아닌 아이디어에 대응 • 공식적인 하습 환경 선호 • 무엇이 부족하거나 개선이 필요한지 먼 저 확인 • 사실과 합리성에 기반 의사결정 • 긴박한 상황에서 다른 사람의 감정 무시

출처: Treffinger et al. (2007).

교육 현장을 위한 시사점

창의성 및 혁신과 관련된 다양한 개인적 특성은 교육과 훈련을 통해 향상될 수 있으며 자기분석과 이해를 통해 다듬어질 수 있다. 지난 60년 동안 아이디어의 확장과 수렴이 가능한 많은 도구들이 개발되어 왔다. 이러한 도구들은 15장에서 더 깊이 논의할 것이다. 창의적인 문제해결에 필요한 창의적, 분석적인 기술과 관련된 도구나 과정을 훈련하면 학생과 성인, 개인과 그룹 모두 창의적 생산성이 향상될 수 있다(Sternberg & Lubart, 1995; Sternberg, Jarvin, & Grigorenko, 2009; Torrance, 1987, 1995; Treffinger & Selby, 1993). 스타일의 요소들은 더 안정적이어서 교육에 덜 영향을 받을 수 있지만, 특정 상황을 충족시키기 위해 행동을 수정할 수 있다. 이것은 자기 자신의 스타일과 주변 사람들의 선호도를 정확하게 인식했을 때 더 효과적이며 스트레스도 덜 받는다. 창의적인 수업을 계획할 때 교사는 학생들의 수준과 스타일을 기반으로 다음과 같이 차별화된 수업을 준비할 수 있다. 먼저 창의적인 특성이 아직 발견되지 않은 학생들의 수업은 관심 분야의 지식을 쌓는 것과 함께 창의적인 방법과 절차에 대한 기본적인 이해를 구축하는 데 중점을 두어야 한다. 그리고 잠재력이 나타나기 시작하는 학생들에게는 창의적 도구와 프로세스의 적용을 연습할 기회를 제공하고 그것을 사용하고 적용함에 있어 자신감과 경쟁력을 쌓도록 하는 것이 필요하다. 어떤 학생들은 실제 생활에 더 밀접한 도전을 해결하기 위해 창의적인 감정을 표현하고 적용할 수 있기 때문에 더욱 진보된 기회가 필요하다. 4개의 범주에서 모두 관찰 가능한 강점을 발휘하는 매우 창의적인 소수의 학생들은 창의적이고, 생산적이고, 자기 주도적이고 자기 규제적인 성향을 보일 것으로 기대된다.

○ 당신이 알고 있는 가장 창의적인 사람을 생각해 보자. 혁신적이고 창의적인 산출물을 만들어 냄에 있어 다른 사람과 차별화시키는 특성은 무엇인가? 문제를 해결하거나 변화를 관리할 때 효율성을 높이기 위한 동일한 행동을 개발하고 연마하기 위해 당신은 무엇을 할 수 있는가? 또한 자신의 스타일에 대해 생각해 보자. 문제를 해결할 때 가장 효과적인 방법은 무엇인가? 당신이 아동기 또는 청소년기일 때, 교사나 부모와 같은 누군가와 창의성에 대해 대화해 본 적이 있는가? 당신은 스스로 창의적이라고 생각하는가?

○ 이 장에서 제시된 정보를 활용하여 학생들의 특성을 생각해 보자. 그들의 창의성 수준과 관련된 특징은 무엇인가? 그들이 더 선호하는 스타일은 무엇인가? 학생들과 함께 그들 자신의 특성과 선호도 이해를 위해 토론해 보자. 당신은 수업에 대하여 어떤 통찰력을 얻었는가? 이러한 통찰력을 통해 학생들의 창의적인 잠재력을 인식하고 향상시킬 수 있도록 당신은 어떤 노력을 할 수 있는지 생각해 보자. 학생들이 혁신적으로 된다는 것은 어떤 의미일까? 혁신은 성인의 행동이라고 생각하는가?

○ 이 장에서 제시된 개념에 대해서 가족이나 동료 등 주변 사람들과 논의해 보자. 그들에게 창의성 및 혁신과 관련된 개인적 특성에 대한 의견을 물어보자. 창의적인 사람의 특성에 대한 의견은 사람마다 다른가? 학습이나 선호하는 스타일과 같은 이슈가 어떻게 이해에 부합하는가? 당신이 일하는 집단의 창의적 생산성을 키우기 위해 이런 통찰을 어떻게 활용하는지 생각해 보자.

창의적 사고 과정

- 사고 과정의 중요성과 특성에 대해 설명할 수 있다.
  - 사고 과정(operation): 창의적으로 일(예: 업무, 숙제)을 처리하거나 문제해결(예: 개방형 기회 또는 도전)을 할 때 사용할 수 있는 적절한 방법, 도구, 전략, 기술 등의 활용
- 다양한 사고 과정을 배우고 적용할 수 있도록 돕는 체계적인 교수–학습 모형을 설명할 수 있다.

사고 과정의 학습 및 적용

창의성 및 혁신을 키워주는 사고 과정을 학생들에게 가르치는 이유는 다음의 3가지 목표 때문이다. Connell(1991)은 이것을 '3C'로 명명했다.

- **역량**(Competence): 학습자가 아이디어 분석, 일반화, 문제해결, 의사결정 등을 하기 위해 특별한 전략이나 방법을 알고 사용할 수 있는 능력

- **확신**(Confidence): 자신의 창의성과 성공 가능성에 대한 믿음
- **헌신**(Commitment): 창의성이 요구되는 도전적인 과제를 기꺼이 받아들이고 자신의 창의적 기술을 적용할 수 있는 기회를 능동적으로 찾아 나서려는 태도

사고 과정은 창의적으로 작업을 하기 위해 도구를 선택, 적용, 운영하는 것을 포함한다. 이는 문제를 발견하고 정의를 내리고 해결하는 구조화된 방법뿐만 아니라 발산적 사고, 수렴적 사고, 의사결정 등을 위한 도구를 포함한다. 다양한 창의적 아이디어를 도출하는 것은 매우 바람직하기는 하지만, 창의적 아이디어만으로 생산성이 담보되는 것은 아니다. 비판적 사고를 사용하여 다양한 아이디어 중에서 적합한 것을 분류하고, 분석하고 선택하는 과정이 반드시 필요하다. COCO 모델에서의 사고 과정 구성요소는 CPS(Creative Problem Solving; Isaksen et al., 2011; Treffinger et al., 2006)와 같이 혁신 또는 문제해결을 위한 복잡한 절차를 사용하는 능력을 포함한다.

사고 과정의 요소 중에는 메타인지 기술이 포함되어 있다. 이러한 기술은 사고 도구의 용어와 활용 방법에 대해 이해하고, 자신의 창의적인 노력을 점검하며, 자신의 생각을 다른 사람과 나눌 수 있는 능력 등을 포함한다. 이는 어떠한 문제와 씨름하고, 가능한 방법과 도구를 찾아보고, 무엇이 적합한 도구인지 결정하고, 필요에 따라 문제해결 방식을 바꿔야 하는 상황에서, 진행 과정과 필요성에 대한 자기 점검을 포함한다. 메타인지 기술은 초보자에서 벗어나 자신감 있게 행동할 수 있는 전문가로 발전해 나가는 데 도움을 주는 중요한 기술이다.

COCO 모델에서의 사고 과정 요소는 창의성 및 혁신과 관련하여 당신이 어떤 사람이고, 또 당신의 특성과 능력 수준이 어느 정도인지뿐만 아니라 당신이 실제로 무언가 해 낼 수 있는 방법도 알 수 있게 해 준다.

[그림 4]는 창의적 교수-학습에 대한 생각을 조직화한 모형이다. 모형의 바깥 영역은 우리가 이미 논의했던 3가지 중요한 주제인 '맥락 또는 환경' '메

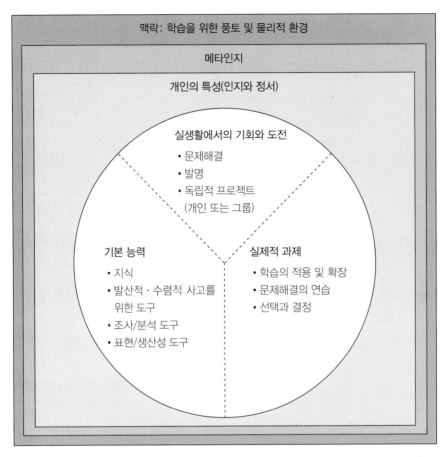

[그림 4] 생산적 사고를 위한 교수-학습 모형
(Treffinger & Feldhusen, 1988; Treffinger et al., 2006)

타인지 기술' '개인적 특성'을 강조하고 있다. 이 모형 중심부의 원에서는 창의성을 위한 교수-학습의 3가지 핵심인 '기본 능력' '실제적 과제' '실생활에서의 기회와 도전'을 볼 수 있다.

　이 모형을 실행할 때, 특별히 정해진 순서가 있는 것이 아니므로 원형으로 구성하였다. 예를 들면, 어떤 상황에서는 기본 도구로 시작하고, 샘플 작업으로 이를 연습해 본 후, 이를 실제 생활에 적용해 볼 수 있다. 그러나 다른 상황에서는 실제 삶의 문제에서 실행해 보니 새로운 기본 능력, 도구, 기술이 필요함이 분명해지기도 한다. 또는 팀이 함께 연습문제를 풀어 봄으로써 이것이 실제 삶의 도전과제로 이어지거나 새로운 도구를 배워야 하는 필요성으로 이어지기도 한다. 그러나 프레젠테이션의 단순화를 위해, 기본 능력 차원부터 먼저 설명하고자 한다.

기본 능력

창의적 교수를 위한 기본 능력(foundation)은 발산적 또는 수렴적 사고나 사고 과정 관리를 위한 다양한 기본 도구들을 사용하고 배우는 것을 포함한다.

도구(tool)란 무엇인가? 일상생활에서의 도구는 망치, 톱, 컴퓨터, 재봉틀, 믹서 등이 포함될 것이다. 이러한 기본 개념을 염두에 두고, 다음의 질문들에 대해 생각해 보고, 자신의 답을 적어 보자.

- 사람들은 왜 도구가 필요하고 그 도구를 사용하는가?
- 우리는 무슨 도구를 갖고 있고, 어떠한 방식으로 그 도구를 유용하게 사용할 것인가?

이 질문들에 대한 일반적인 대답은 다음과 같다.

- 일을 보다 쉽고 효율적으로 하기 위해
- 우리의 물리적 능력을 확장시키기 위해
- 그 도구를 사용하지 않으면 할 수 없었던 어떠한 일을 가능하게 하기 위해

우리가 이 책에서 강조하며 사용하고자 하는 도구는 '정신 활동을 위한 도구' 또는 사고를 돕기 위한 도구이다.

사람들이 흔히 도구(tool), 전략(strategy), 기술(technique)과 같은 용어를 동의어로 여기며 혼동해서 사용한다. 그러나 이 세 단어는 서로 다른 의미와 함축을 담고 있다 (Treffinger, 1997). 전략은 어떠한 도구를 선택하거나 적용하기 위한 결정 또는 사려 깊은 계획을 의미한다. 당신의 전략은 다음과 같은 질문들을 포함한다.

- 이러한 과제를 수행하기 위해서는 어떠한 도구가 도움이 될 것인가? 왜 그러한가?
- 내가 선택한 도구를 어떠한 순서에 따라 사용할 것인가? 왜 그러한가?
- 도구가 기대한 만큼 효과적이지 않을 경우, 내가 선택해서 사용할 다른 도구는 무엇인가? 왜 그러한가?

기술은 선택한 도구를 어떻게 수정하거나 개별화할 것인지 또는 해당 도구를 그룹 단위에서 어떻게 활용할 것인지 등에 관하여 계획하거나 의사결정하는 것을 의미한다. 예를 들면, 우리는 다음과 같은 것을 고민한다.

- 이 과제를 수행하기 위해, 내가 이 도구를 혼자서 사용해야 하는가, 아니면 그룹으로 사용해야 하는가?
- 이 도구를 사용하는 가장 재미있고 생산적인 방법은 무엇인가? (예를 들어, 그룹으로 하는 브레인스토밍 방법을 사용하기로 했을 경우, 모든 사람들의 의견을 큰 종이에 적거나 포스트잇에 적는 방법이 있다. 또는 브레인라이팅(Brainwriting)을 하는 방법도 있다. 이 책을 계속 읽다 보면 더 다양한 방법들을 알게 될 것이다.)

이 책에서 보여 주는 기본 도구들은 다양한 방법으로 사용될 수 있다. 그동안 사고기술을 직접적으로 가르칠 것인지 교과 속에서 가르칠 것인지에 관한 많은 논쟁이 있어 왔다(Beyer, 1985; Costa, 1991; de Bono, 1983; Nickerson, Perkins, & Smith, 1985; Swartz & Parks, 1994). 두 가지 교수방법 모두 가치 있다. 평범한 일상의 경험을 이용한 체계적인 연습을 통해 쉽게 이러한 도구들을 배울 수 있다. 이러한 직접 교수법은 한 개인이 도구를 사용하고 적용할 때 해야 할 실제적 맥락을 담아내기가 힘들다. 그러나 이러한 직접 교수법은 도구가 다른 맥락에서 다양하게 적용될 수 있다는 것을 알도록 하는 데는 유용하다. 직접 교수법은 맥락 기반 도구를 활용하는 연습을 하기 위해 반드시 필요한 작업이다. 창의적 사고 교육을 위해 개발된 많은 프로그램과 자료들은 기본적인 도구(이에 대해서는 16~18장에서 다양하게 다룰 것이다)에 대한 직접적인 교수-학습 활동을 통해 다루어질 것이다. 우리 모형에서 제시하고 있는 창의적 사고와 비판적 사고를 위한 도구들은 당신이 학생들과 함께하는 다양한 활동 속에서 이미 다루고 있을 것이다.

A교육청은 초등학교 학생들에게 기초적인 사고 도구를 가르치기 위해 인형극을 활용한 비디오 클립을 개발하기로 하였다. 이 프로젝트에 보다 재미를 더하기 위해 개발 팀은 '복면 악당(Masked Marauder)' 캐릭터를 개발했다. '복면 악당'은 학급에 방문하여 사고 도구들에 관한 비디오를 보여 주고, 학급 교사가 보는 앞에서 학생과 놀아주고 각종 질문에 답해 주기도 하였다. 학생들에게 사고 도구를 보여 주고 교사들에게 전문 연수를 실시해 주는 것은 매우 참신한 방법이었다.

〈표 3〉과 〈표 4〉는 학급에서 창의적이고 비판적인 생각을 할 수 있도록 하는 교수-학습 목표에서 사용되는 단어와 문구를 정리한 것이다. 이러한 단어와 문구는 학생들이 창의적이고 비판적으로 생각할 수 있도록 도전의식을 주는 개방형 질문을 만들고 구성할 때 도움이 될 것이다.

〈표 5〉는 창의적 사고를 돕기 위한 기본적 도구상자를 구성하는 10가지의 도구들을 요약한 것이다. 우리는 이 도구들을 5개의 발산적 사고를 위한 도구와 5개의 수렴적 사고를 위한 도구로 나누어 이야기할 것이다(자세한 내용은 15장에서 다룰 것이다).

창의성에 대해 인터넷 검색을 해 보면, 현재 이러한 도구에 대한 다양한 웹사이트를 찾아볼 수 있을 것이다. 풍부한 정보가 주어지고 나면, 이를 가지고 어떻게 다른 접근을 해 보고, 어떠한 독특하고 중요한 것을 만들어 내야 할지 고민이 될 것이다. 〈표 6〉은 그러한 질문들에 대한 6가지 주요 포인트를 알려주고 있다.

〈표 3〉 창의적 사고를 표현하는 교수-학습 목표

- ~에 관한 3개 이상의 가능한 아이디어를 만들어 본다.
- ~으로 인해 가능한 변화를 확인한다.
- ~을 변형시킨다.
- ~을 예측한다.
- ~을 가정해 본다.
- ~사이의 관계 및 상관을 안다.
- ~의 가능한 원인을 기술한다.
- ~의 가능한 결론을 말한다.
- 다양한 방식으로 [어떤 개념]을 표현한다.
- 만약 ~하다면, 무슨 일이 발생할지를 묘사한다.
- ~사이에서 독특한 연결 고리를 확인한다.
- ~의 원형을 디자인한다.
- ~을 각색하거나 수정한다.
- ~을 자세히 말하거나 세부적인 내용을 덧붙인다.
- ~의 변화하는 법을 확인한다.
- ~의 효과성과 효율성을 높이기 위한 방안을 찾아본다.
- ~의 독창적인 모형이나 표상을 만든다.
- ~을 단순화하기, 삭제하기, 거꾸로 해 보기, 재배열하기의 방법에 대해 설명한다.
- ~을 병합하거나 종합하는 새로운 방법을 제안한다.
- ~을 다른 방식으로 해 보거나 다른 것으로 대응해 본다.

실제적 과제

우리 모형의 실제적 차원에서의 주요 목표는 문제해결 및 창의적-비판적 사고 기술을 활용하여 문제를 해결하기 위한 체계적인 접근 방식을 학습하고

〈표 4〉 비판적 사고의 교수-학습 목표

- ~을 분석한다(~의 중요한 내용을 확인한다).
- ~을 서로 비교한다.
- ~의 차이점을 찾아낸다.
- ~을 (내재적, 외재적 준거에 의해) 정당화하거나 평가한다.
- ~의 몇 가지 선택사항 중에서 순서를 정하거나 우선사항을 정한다.
- ~의 다양한 선택사항들을 묶는다.
- ~에 관한 자료를 정리하고 분석한다.
- ~의 장단점을 확인한다.
- ~을 개선하고 발전시킨다.
- ~을 구체화시키거나 증거를 제시한다.
- ~을 구조화한다.
- ~을 타당화한다.
- ~을 연역적으로 추론한다.
- ~을 추론하거나 추론의 결과를 정당화한다.
- ~중에서 구별한다.
- ~을 평가한다.
- ~의 결론을 내리고 정당화한다.
- ~에 관한 분류 체계를 설명한다.
- ~의 고유한 특징을 설명한다.
- ~을 요약한다.
- ~의 오류, 결함, 허위 사항을 인지한다.

연습해 보는 것이다(Isaksen et al., 2011; Treffinger et al., 2006). 잘 짜여진 연습문제와 같은 실제적 경험은 기본 도구를 확장하고 구축하는 데 도움이 된다.

실제적 차원은 때로는 CPS(창의적 문제해결) 구성요소나 일부 단계를 실행해 보기, 부자연스러운 연습문제 풀어보기 등을 포함한다. 이는 시뮬레이션, 상황학습, 비디오 클립, 간단한 시나리오 찍어 보기, 시험지 문제 풀이 등의 형태를 취한다. 실제적인 연습문제는 그것이 개개인에게 중요한 것은 아니더라도 학생이 흥미를 유발할 수 있는 내용을 다루는 경향이 있다. 연습문제를 제시하는 것은 학생들이 문제 풀이를 하면서 CPS 도구가 어렵다고 느끼게 하기 위한 것이 아니라 그룹에 참가하고자 하는 동기유발을 하기 위한 목적

〈표 5〉 창의적 문제해결자의 기초적 도구 상자

발산적 사고를 위한 도구	수렴적 사고를 위한 도구
브레인스토밍과 그 변형 개방형 과제나 질문들을 위해 많은 수의 다양한 그리고 일반적이지 않은 대안들을 만들어 내는 것	**힛츠 앤 핫 스팟(Hits and Hot Spots)** '힛츠(Hits)'는 유망하고 흥미를 끌 만한 가능성이 있는 것들을 선택하는 것, '핫 스팟(Hot Spots)'은 그것들을 의미 있게 묶거나 분류하거나 조직하거나 압축하는 것을 의미함
강제결합법 그 과제나 질문과 관련 없어 보이는 사물이나 단어들을 사용하기. 또는 새로운 가능성이나 연결을 만들어 내기 위해 상호 간에 관련지어 보기	**ALoU** 대안들을 강화시키거나 개선시키기 위하여 신중하고 건설적인 방법을 사용하기. 이를 위해 장점이나 제한점 그리고 독특한 특징을 생각해 보기
속성열거법 과제나 도전의 특징이나 핵심 속성을 새로운 방향이나 발전을 만들어 내기 위한 발판으로 사용하기	**쌍비교분석법(PCA)** 모든 가능한 결합들을 체계적으로 분석함으로써 우선순위나 순서를 정하기
스캠퍼(SCAMPER) 기법 행동 단어나 문구('아이디어 유발 질문')의 체크리스트를 새롭고 다양한 가능성을 만들어 내기 위한 용도로 활용하기	**계열화(Sequencing) 기법** 기간별 활동들을 생각함으로써 대안들을 조직화하거나 평가하기
형태분석법 과제의 핵심 매개변수를 알기 위한 분석적인 도구, 각 매개변수를 위한 가능성을 생성하기 그리고 가능한 결합을 찾아보기(혼합과 매칭)	**평가행렬법** 몇 가지 대안이나 가능성을 평가함으로써 체계적인 방법을 통해 특별한 범주(criteria)를 사용하기. 이는 판단이나 옵션의 선택을 돕기 위한 것임

출처: Treffinger et al. (2006); Treffinger & Nassab (2011a, 2011b).

이다. 연습문제들은 상상으로 만들어진 것이기 때문에 아무도 이를 풀기 위해 만들어진 해법을 갖고 실제로 무엇인가에 활용할 것이라고 기대하는 사람은 없다. 따라서 우리는 이를 실제 문제(real problems)라 하기보다는 실제적 문제(realistic problems)라고 하는 것이 낫다.

몇몇의 책에 실린 연습문제는 전통적인 교실 안에서 재미있고 매력적인 맥

〈표 6〉 기본적 사고 도구 상자의 주요 특징

조직적이고 균형 잡힌 구조
- 발산적 사고와 수렴적 사고를 조화롭게 사용하는 것 강조하기
- 정의와 가이드라인을 통합하기
- 창의적 사고 도구와 비판적 사고 도구의 관련성 및 독자성

교수 목적과의 관련성
- 도구의 선택 및 활용을 돕기 위한 개별 도구의 유용성 명료화
- 사고 도구 선정 시 고려해야 할 사고 양식의 이해
- 서로 관련성 없는 재미난 학습자료 세트가 아님
- 의도적 과정을 통한 의사결정을 도와주는 도구 세트

다양한 분야에 적용 가능함
- 모든 나이와 문화 그리고 다양한 플랫폼(사업, 교육, 비영리 활동)에 적합함
- 다양한 콘텐츠와 커리큘럼 영역에 적합함
- 다양한 관련 자료의 제공

문제해결의 체계적 통합
- 개인, 짝, 팀 또는 큰 그룹 형태의 문제해결자들이 사용할 것임
- CPS의 각 구성 요소 및 단계별 발산 및 수렴적 사고 활동에 활용

연구에 기반함
- 역사적 맥락과 정확성을 갖기
- 광범위한 연구결과에 기반함
- 관련 연구문헌들이 최종 사용자에게 제공되지는 않더라도 매우 중요함
- 정확하고 간결하며 일관성 있게 언어를 사용하도록 노력하기(예: 브레인스토밍은 도구인가, 기술인가, 전략인가, 방법인가, 과정인가?)

쉽게 배우고, 숙달할 수 있고, 적용할 수 있음
- 좌절하거나 실망할 정도로 어렵지 않음
- 피상적이거나 무의미한 재미를 추구하지 않음
- 도전적이지만 보람이 있음
- 발달 단계상 다양하지만 적절한 방법으로 적용할 수 있음

락의 CPS 방법과 도구를 학생들이 적용해 볼 수 있는 상황을 제공하고 있다. CPS 방법과 도구를 배우고 적용시키기 위해 광범위한 경험을 해 보게 하는 다양한 프로그램이 있다. 이는 초등학교부터 대학에 이르기까지 다양한 수준과 여러 연령대의 학생들을 위한 국가적, 국제적 프로그램들이다. 이에 관해서는 17장에서 다루게 될 것이다.

실생활에서의 기회 및 도전

그 누구도 단지 흥미로운 학문적 활동을 하거나 선생님이나 워크숍 리더들이 인위적으로 만든 연습문제를 풀어보는 기회를 갖기 위해 CPS를 배우지는 않는다. 1장에서 소개되었던 각 학생들은 마침내 실제 생활에서의 기회와 도전을 경험할 수 있었다. 윌리엄은 처음에는 음악 이론에 관해 잘 알게 되는 것을 첫 번째 도전으로 여겼고 그 다음에는 음악 지식을 기반으로 대중 앞에서 연주될 흥미로운 편곡을 하는 것이 그의 또 다른 도전이었다고 말했다. 수지의 선생님은 수지의 팀이 조사 프로젝트를 시작하기 전에 학생들에게 문제해결 과정과 도구를 익히게 하였다. 이러한 방법은 학생들이 개방적인 도전을 받아들이고 해결하는 과정을 통해 새로운 의학적 진단법을 고안해 낼 수 있도록 하였다. 에릭과 지미는 문제를 해결하고 발산적·수렴적 사고의 도구를 사용하는 과정에서 교사의 많은 지도를 필요로 했다. 이러한 도구들을 배우고 적용함으로써 의미 있는 과업을 수행해 냈고 그러한 기술을 다음 단계에 잘 적용시켰다. 결국 발표를 성공적으로 했으며, 그들이 조사한 내용이 지역신문 기사에 실릴 수 있었다.

사람들이 CPS를 배우려는 가장 큰 이유는 그들의 실제 삶과 일의 중요한 상황에서 생산적(즉, 창의적이고 비판적)으로 생각하는 능력을 향상시키기 위해서이다. 인위적인 연습문제가 때때로 실제적 차원에 위치한 것과는 다르게, 실제 문제는 실생활에서 사람들이 맞닥뜨리게 되는 기회이고 도전이고 관심거리이다. 실제 문제는 당신이 정말로 걱정하는 상황이고, 절실함을 느끼고 있는 상황이며, 그것을 해결하기를 진심으로 바라는 상황이다. 당신은 당연히 그것들을 해결하고 결과를 내고자 할 것이다. 실제 문제를 해결하려고 하는 것이 CPS를 배우고 익히는 근본적인 이유이다.

생각해 보기

○ 비행기 조종사가 익혀야 할 복잡한 기술에 대해 생각해 보자. 이 장에서 이야기한 모형은 복잡한 기술을 익히는 데 어떻게 적용될 수 있을까? 당신이 조종사가 되고자 한다고 가정해 보자. 비행기 조종실에서 필요한 '실제 능력'이 있다고 할 때, 비행사가 실제로 비행기를 조종해 보기 전에 경험해야 할 실제적 과제는 무엇일까? 당신에게 필요한 기본적 기술은 무엇인가?

수준	예
실생활에서의 기회와 도전	실제 비행기를 조종하기
실제적 과제	
기본 능력	

○ 당신이 능숙하게 잘하는 복잡한 기술들을 나열해 보자. 그 기술들을 이 모형의 3가지 수준에서 어떻게 표현할 수 있는가?

○ 모든 학생들이 배울 것으로 기대되는 필수적 기술들에 대해 생각해 보자. 교사가 모든 학생을 대상으로 가르쳐야 하는 가장 기본적인 학문적 기술은 무엇인가? 어떻게 우리는 학생들이 그러한 기술을 훈련을 통해 익숙하게 할 수 있는 기회를 제공할 수 있는가? 우리는 교실에서 어떠한 종류의 활동이나 경험을 해 볼 수 있는가?

창의성과 환경

환경이란?

당신이 도전이나 기회에 직면하여 최고의 창의성을 발휘했을 때, 그 최고의 아이디어는 어디에서 왔고 또 그때 당신은 어디에 있었는지 생각해 보자. 직장, 학교, 체육관, 아니면 다른 장소에 있었는가? 운전을 하고 있었는가? 집에서 낮잠을 자거나 청소를 하고 있었는가? 이제 당신의 좋은 아이디어의 생성을 방해하거나 혹은 촉진하는 요인이 무엇이었는지 떠올려 보자. 좋은 아이디어의 생성을 방해하는 요인에 대해 물어보면 대부분의 사람들은 심한 압

박감, 생각할 시간의 부족, 부족한 지원, 순응해야 한다는 임의의 압력 등이
라고 답한다. 부정적인 환경에서는 더 이상 그 어떤 좋은 아이디어도 떠올릴
수 없다. 하지만 불행하게도 우리는 이런 부정적 환경에 자주 부딪힌다. 반
면, 좋은 아이디어를 촉진하는 환경을 떠올려 보면 개방적이고 협조적인 교
육 풍토, 즐거운 분위기 등을 떠올릴 수 있다.

환경(Context)이라는 것은 사람, 과정, 절차, 장소를 포함한다. 환경은 집
과 직장에서 우리를 둘러싸고 우리의 감정과 태도, 행동에 영향을 미친다.
환경은 창의성을 북돋아주거나 차단하는 내부 및 외부의 요인이 포함된다
(Isaksen, 2007). 학교에서의 내부 요인에는 내재적 동기부여, 자신감의 수준,
신뢰와 개방성 수준, 집단 구성원이 서로 간 또는 학교에 대해 가질 수 있는
감정뿐만 아니라 동료들이 얼마나 가치 있는지에 대한 인식이 포함된다. 외
부 요인에는 지역, 주 및 국가 정부, 정치사회제도, 주변 공동체 사람들과 조
직들, 다양한 기술이 포함될 수 있다. 교실 안에서의 환경은 교사, 학생, 물리
적인 설비와 장비 그리고 다양한 외부 요인들을 포함한다. 예를 들어, 부모,
관리자, 지역사회의 자원봉사자 및 그룹, 지역의 관심 및 지원, 공식적인 정
부의 지원과 기대 등이 있다.

학자들은 문화와 풍토의 의미를 다음과 같이 구분한다.

- **문화**(culture): 우리가 만들어 놓은 틀 안에서 우리를 안내하고 방향을 제
  시하는 안정적이고 오래된 가치관, 신념, 절차, 생활양식
- **풍토**(Climate): 사람들이 스스로 처한 상황에 대해 인식하고 반응하는
  방식

이 장에서는 환경에 영향을 미치는 몇 가지 중요한 요인, 특히 창의성 및
혁신을 가치 있게 하고 육성하는 데 바람직한 풍토에 대해 살펴볼 것이다.

학교에서의 창의적 풍토

몇몇 학자들은 학교 풍토가 많은 학생들과 그들의 학습 효율성에 영향을 줄 수 있다고 하였다. 예를 들어, Kupermine, Leadbeater, Emmons와 Blatt(1997)은 긍정적인 학교 풍토가 학생들의 행동적·정서적 문제를 감소시키는 경향이 있다고 보고하였다. 학교 풍토에 대한 다른 연구에서는 긍정적인 학교 풍토가 고위험 도시환경에 처한 학생의 성공에 중요한 영향을 미칠 수 있으며(Haynes & Comer, 1993), 긍정적인 사회적 상호작용, 건강한 정서발달의 촉진, 반사회적 행동의 예방 및 감소로 연결될 수 있다는 것을 보여주었다(Haynes, 1998; Kuperminc et al., 1997; Marshall, 2004). 학교 풍토에 관한 최근의 많은 연구들은 집단 따돌림이나 청소년 성문제와의 관계에 초점을 맞추고 있지만, 이 장에서는 창의성과 교육혁신의 풍토에 대해 중점적으로 살펴볼 것이다. 창의성과 교육혁신의 풍토와는 직접적인 관련이 없지만, 위기에 처한 청소년들의 문제해결 및 재능 개발(McCluskey, 2000), 혁신적이고 효과적인 학교를 위한 교육리더십 강화(McCluskey, 2008), 미국과 캐나다(Treffinger, Isaksen, & Dorval, 2011)뿐만 아니라 그 외 다른 나라(Klimovience, Urboniene, & Barzdziukiene, 2010; McLellan & Nicholl, 2008)에서의 학생 창의성을 위한 교실 풍토 등과 관련된 연구가 수행된 바 있다.

스웨덴의 산업심리학자 Goran Ekvall(1983)은 창의성에 영향을 미치는 풍토지수에 대한 초기 연구를 수행하였다. 그는 각 조직들의 업무환경에서의 차이점이 아이디어 생성에 미치는 영향을 관찰하여 10개의 창의성 요인에 따라 조직의 풍토를 평가하는 도구를 개발하였다. 이후 Isaksen 등은 기존 10개 요인을 9개 요인으로 수정하여 조직의 9가지 특정 차원을 평가하는 도구인 Situational Outlook Questionnaire(SOQ; Isaksen, 2007; Isaksen & Ekvall, 2007; Lauer, 1994)를 개발하였다. 또한 Treffinger 등(2011)은 교육환경에 대한 잠재적 확장 및 적용과 관련하여 이러한 9가지 요인들을 구체적으로 논의하였다. 그들은 SOQ를 일부 교육 환경에 적용하였고 어떤 형태로든 모든 교실에서 9가지 일반적 요인이 작용하고 있다고 가정하는 것이 합리적이라고 보았다.

당신은 이후 제시되는 창의적 풍토의 9가지 요인에 대해 읽으면서 좋은 아이디어를 생성하는 데 도움이 되거나 또는 방해가 되는 요인들의 목록을 작성해 보자. 그 목록에는 9가지 요인 중 몇 개를 분명히 포함하고 있을 것이다. 긍정적인 업무 환경에 영향을 미치는 주요 요인은 창의력과 교육혁신에도 마찬가지로 중요할 수 있다. 교육에서는 2가지 수준의 풍토(Climate)를 고려할 수 있다. 즉, 학교 또는 학군의 풍토를 볼 수 있는 거시적 수준과 개별 교실의 풍토와 학생과 교사의 상호작용에 미치는 영향을 살펴볼 수 있는 미시적 수준이다. McLellan과 Nicholl(2008)은 동일한 학교라도 개별 학급들이 각각 다른 풍토를 가질 수 있고 서로 다른 학습 환경을 가질 수 있다고 하였다. 학습 환경에 대한 논의에서는 교사학습공동체에 대한 교사들의 협력을 포함할 것이다. 이러한 교사들의 전문적인 학습공동체는 교실 풍토에 매우 중요한 영향을 미칠 수 있으며 학생들의 학습을 향상시키는 가장 효과적인 방법 중 하나이다(Honawar, 2008).

창의적 풍토에 대한 이해

학교의 문화와 풍토에 영향을 미치는 많은 요인들이 있다. 즉, 다양한 수준의 정부 시스템과 요구사항, 지역적 영향(교육위원회 정책 등), 학교 수준의 영향(행정 정책 및 결정, 부모의 영향 등) 등의 모든 영향들은 결국 직·간접적으로 교실에 영향을 미친다.

교실의 환경은 많은 사람들과 시스템의 영향을 포함한다. 한 개인이 학교의 이러한 영향들을 쉽게 바꿀 수는 없지만, 교실 내의 풍토는 학생과 학습뿐만 아니라 교사 스스로 도움이 될 수 있도록 조절할 수 있다. 동료 교사들과 함께 학생들의 학습 능력을 향상시키는 새로운 아이디어를 고안해 내기 위해 머리를 맞대고 고민하고 있다면, 당신은 더 이상 외롭게 일하지 않을 것이다. 교사학습공동체(PLC)의 일원으로서 학생들을 잘 가르치는 데 많은 도움을 받을 수 있을 것이다. 9가지 요인에 대해 읽으면서 이 책에서 소개한 학생들의 사례를 생각해 보도록 하라. 그 학생들의 교사와 학교는 과연 어떤 방법을 통해 그들이 학교생활에 편안함을 느끼는 가운데 자신의 관심사를 추구하고 잠재력을 개발할 수 있도록 해 주었는가? 과연 당신의 교실이나 교육과정에서는 이런 요인들이 얼마나 효과적으로 다루어졌는지 자문해 보자.

동료 교사들과 협력하면 당신의 교실에 이러한 요소들을 적용시키는 데 도움이 될 수 있다. 아이러니하게도 교사들은 학생들이 협력하여 활동할 것을 기대하지만, 대부분의 교사들은 고립되어 일한다. 이것은 21세기 환경에서 이루어지고 있는 매우 19세기적인 발상이다. 교실은 이미 학생들에게 가장 좋은 학습경험의 본보기가 될 수 있다. 그러나 McLellan과 Nicholl(2008)은 영국에서 많은 교사들과 인터뷰를 해 본 결과, 창의성에 도움이 되는 교실 풍토를 수립하고 유지하는 것과 관련한 교사로서의 역할에 대한 인식이 매우 제한적이라는 사실을 발견했다.

교사들은 종종 학생들의 작품에서 창의성이 잘 드러나지 않는 것을 발견하게 된다. 이는 학생들이 새로운 도전을 통해 굳이 불편한 상황을 만들고 싶지 않다는 기본적인 욕구에서 비롯된 것이다. 그들이 인터뷰한 몇몇 소수의 교사들만이 학생들의 선택과 결정 그리고 학생들과의 상호작용이 창의성에 큰 영향을 미친다는 것을 인식했다. 이러한 연구들은 창의성의 개발에 보다 긍정적인 교실 문화의 형성이 필요하며 교사들은 이를 위해 자신의 학급에서 좀 더 창의적이고 건설적인 분위기를 조성해야 할 스스로의 역할에 대해 인식할 필요가 있다고 결론지었다. 도전, 자유 그리고 아이디어에 대한 지원(McLellan & Nicholl, 2008)이라는 3가지 요소가 특히 중요하다. 인터뷰에 참여한 교사들은, 디자인 수업의 학생들은 할당된 대부분의 업무에 도전과 자유가 부족했으며 아이디어에 대한 지원도 받지 못했다고 느꼈다. 다른 연구에서도 교사가 학생들의 창의성을 증진시키기 위해서는 특정 풍토의 요인을 이해하고 대처하는 것이 중요하다는 것을 발견했다(Klimoviene et al., 2010).

교사가 창의성을 위해 창의적 풍토를 이해하는 것은 매우 중요한데 그 이유는 다음과 같다.

- 환경을 어떻게 인지하고 있는지를 보다 명확하게 이해할 수 있도록 도와준다(이것은 눈에 보이지 않은 것들을 좀 더 잘 보이게 해 준다).
- 교실과 학교에서의 풍토를 파악하고, 나아가 이를 변화시켜 나가는 데 참여할 수 있도록 해 준다.
- 학교 풍토에 대해 인식하고 있는 부정적 측면을 감소시키고, 반대로 긍정적인 측면에 더욱 집중할 수 있도록 해 준다.

학교, 교사학습공동체, 팀 단위의 풍토를 이해하는 것은 중요하다. 그 이유는 다음과 같다.

- 교직원 간 또는 팀원 간의 정직한 의사소통을 촉진한다.
- 다른 교직원이나 팀원에 대한 부정적인 인식을 드러내고 이러한 장애를 극복하기 위해 효과적인 문제해결을 도모한다.
- 예기치 않거나 알려지지 않은 강점을 발견하고 구축한다.

학교와 지역단위에서 풍토를 이해하는 것은 중요하다. 그 이유는 다음과 같다.

- 공동체에 속한 학교와 지역의 성공을 위한 적절한 풍토가 무엇인지 결정하는 데 도움을 준다(풍토가 지역사회의 업무 또는 목적 및 역할에 얼마나 잘 부합하는가?).
- 학교 또는 지역사회의 복지를 위한 적절한 풍토의 적합성을 결정하는

데 도움이 된다(풍토가 학교 또는 지역 내 인적 자원의 요구와 얼마나 잘 일치하는가?).

- 학교와 지역사회의 구조를 개선하고 증진시키는 데 도움을 준다. 학교와 지역사회의 구조를 개선하여 학생, 교직원, 지역사회를 위하여 보다 생산적이고 성공적인 환경을 만들어 준다(어떠한 구조가 창의성을 증진시키고 학교 또는 학군의 요구를 보다 잘 충족시키는 데 도움이 될 수 있는가?).

창의적 풍토의 9가지 요소

도전과 참여

도전(Challenge)과 참여(Involvement)가 있을 때 학생들은 흥미와 호기심을 갖는다. 그들은 배우고 탐구하고자 하는 동기가 있다. 그러나 도전과 참여가 없는 교실에서의 학생들은 학교와 수업, 학습에 대해 무관심하고 멀어지게 될 것이다. 하나의 목표가 어떤 학생에게는 너무 높고 또 다른 학생에게는 너무 낮을 수 있다. 학생들이 모든 수준의 수업 활동에 참여할 수는 없지만, 여전히 그들이 참여할 수 있는 영역이 많이 있다. 또한 학생들이 우리 교실의 공동의 목표를 설정하였을 때 선생님의 교실만이 아닌 자신들의 교실이라고 생각할 수 있을 것이다. 예를 들면, 학생들이 교실의 책과 다른 자료들을 정리하기 위한 아이디어를 내도록 한 4학년 교사가 있었다. 그 일은 학기 초에 시작되었는데, 이는 교사가 학생들을 더 잘 알 수 있는 계기가 되었다. 아이디어들이 실행됨에 따라, 학생-학생, 학생-교사 간에 서로 더 잘 알게 되었고 교사와 학생 모두 학급에 대한 주인의식을 갖게 되었다.

학생들에게 아이디어를 생성하고 평가하기 위한 적절한 도구를 제공함으로써 도전적 과제 해결의 기회를 제공하거나, 탐구와 질문을 격려하는 개방적인 활동을 통해 학생들의 호기심을 자극할 수 있다. 예를 들어, 학생들이 새로운 개념을 공부할 때 누가, 무엇을, 왜, 어떻게라고 자문해 보도록 하라. 학생들이 실제 문제 또는 실제적 문제를 개인적으로, 그룹으로 또는 학급 전체로 해결해 보게 하라. 학생들을 다양한 활동, 프로젝트, 학습센터 등에 참여시키도록 하라.

자유

학생들에게 자유가 주어지면, 독립적으로 목표를 세우고 자기주도적으로 학습할 수 있는 기회가 제공된다. 일상적인 일과 절차 그리고 성취를 보여 주는 방법은 다양하다. 그러나 자유가 없으면, 학생들은 엄격한 규칙 안에서 학습을 하고 교사는 유연성이 거의 없는 상태에서 목표와 목적을 정한다. 학생 개개인은 새로운 지식을 배우거나 활동을 할 때 선호하는 저마다의 다른 방식이 있다. 잘 정렬된 책상에 앉아서 공부하는 방식이 모든 학생들에게 효과적인 것은 아니다. 어떤 사람은 팀학습을 선호하는 반면, 어떤 사람은 개별학습을 선호할 수도 있다. 교사는 학생들의 독특한 학습 스타일을 이해하고 제대로 인식할 수 있도록 도와준다. 학생들은 협약이나 학습계약을 통해 프로젝트나 과제에 대한 주인의식을 갖고 개인 또는 팀 학습 목표 및 활동을 관리하는 방법을 배운다. 교사와 학생을 위한 구체적인 전략은 다음과 같다 (Isaksen, Treffinger, & Dorval, 2000).

- 자원과 장비를 찾고 사용하는 데 필요한 절차와 기술을 가르친다.
- 일정 계획, 마감기한 및 절차에 대한 팀 내의 협업 가이드를 제공한다.
- 프로젝트 팀 또는 소그룹을 이용하여 문제를 해결한다.
- 학생기록양식, 학급회의, 팀 또는 개별회의를 통해 학생들이 자신의 학습을 조직하고, 활동을 관리하며, 책임 있는 방식으로 더 큰 자유를 다루는 법을 배울 수 있도록 도와준다.

신뢰성과 개방성

서로에게 솔직하고 서로 지원할 수 있는 환경에서 학습하는 것이 더 좋다. 효과적인 학습공동체는 신뢰성과 개방성에 기초한 협력관계를 구축하는 데 시간이 걸린다. 존중과 열린 의사소통이 있는 환경에서 학습하는 것이 훨씬 더 좋고 쉽다. 신뢰와 개방성이 없는 교실은 서로 의심을 하고 조심스럽다. 예를 들어, 학생들은 이해를 하지 못한 경우에도 의견에 동의하거나 이해한다고 말할 수 있다. 교실은 특이한 생각과 의견을 얼마든지 말할 수 있으며 때가 되면 성적이 주어지는 안전한 공간이어야 한다. 창의적 활동이 안전한 교실환경은 좋은 모델로 작용하여 학생들이 장차 성인이 되었을 때 안전하고 협력적인 업무 공간이나 교실을 제공하는 사람이 될 것이다.

아이디어 타임

아이디어를 탐구할 수 있는 안전하고 지지적인 공간을 갖는 것 외에도, 아이디어를 생성하고 발전시킬 시간이 필요하다. 교사가 학생들의 학습력을 향상시킬 교육 프로그램 개발에 참여할 수 있도록 지원을 아끼지 않는 풍토가 필요하다. 교사학습공동체는 양질의 아이디어 탐구를 필요로 하는 교사들을 지원할 수 있다. 교실에서 아이디어를 탐구할 수 있는 충분한 시간이 주어졌을 때, 단순기억과 반복연습 이상의 의미 있는 프로젝트를 수행할 수 있으며, 학생들은 새로운 주제를 탐구할 시간을 갖게 될 것이다. 하지만 아이디어를 탐구할 시간이 제대로 주어지지 않는다면 매번 자료를 다루는 데 중점을 두고 미리 정해진 활동만 반복할 것이다.

생산적인 아이디어 타임을 통해 학생들을 지원할 수 있는 방법에 대해 생각해 보자. 당신은 학생들의 학습과제를 고안할 때 다양한 과제수행 방법에 대한 선택권을 제공하는가? 예를 들어, 학생들이 팀으로 하고 싶은지, 혼자 하고 싶은지 선택할 수 있도록 하는 것이다. 또한 최종 산출물의 다양한 형태를 생각해 보고 학생이 자신의 산출물의 형태를 선택할 수 있도록 다양한 옵션을 제시한다. 그리고 과제에 대한 기대치가 명확하게 진술된 평가기준을 사전에 제시할 수 있다. 이는 아이디어의 생성을 시작하기 위해 분명한 지침이 필요한 학생에게는 매우 중요하다. 결국, 아이디어 타임은 아이디어를 탐구하고 개발할 수 있는 충분한 시간을 갖는 것에 관한 것이다. 현실적인 시간을 제공하고 학생들이 그 시간 안에서 단기, 중기, 장기 목표에 따른 시간을 활용할 수 있도록 할 수 있다.

장난과 유머

웃음과 학습은 편안한 동반자로, 사람들은 편안할 때 정보를 더 잘 받아들인다. 어떤 정보를 기억할 때 재미 요소와 연관 지으면 나중에 잘 기억할 가능성이 더 크다. 장난스러움과 유머가 있는 교실의 학생들은 더 자발적이고 편안하다. 학생들이 열심히 공부하는 것과 즐기는 것 사이에는 적당한 균형이 있다. 장난과 유머가 없어지면, 분위기는 엄숙하고 심각하다. 농담과 웃음은 부적절하고 견딜 수 없는 것으로 여겨진다. 교실이 코미디 클럽이 될 필요는 없지만, 적절한 유머가 필요하다. 유머감각은 받아들이기 어려울 수도 있는 새로운 과제에 학생들이 편안함을 느끼도록 도와주며, 학생들을 참여시키고 관심을 끌 수 있다.

갈등

갈등이 심한 상황에서는 학생들이 자신의 반감과 증오를 쉽고 격렬하게 표현할 수 있기 때문에 신체적 또는 언어적 폭력의 문제가 있을 수 있다. 하지만 낮은 수준의 갈등 상황에서는 좀 더 성숙한 방식으로 반응하고 다양성을 받아들이고 효과적으로 대처할 수 있다. 갈등이 심한 교실에서는 교사를 포함한 모든 사람들이 위협을 느끼며 학습 자체가 불가능하다.

아이디어 지원

아이디어 지원이 있으면 다양한 아이디어와 제안들이 유지되고 활성화된다. 교사와 학생들은 서로의 아이디어를 존중하고 더 적극적인 경청과 토론을 한다. 반면, 아이디어 지원이 없으면 새로운 아이디어는 자동적으로 거절된다. 사람들은 이 새로운 아이디어에 결함을 찾고 차단한다. 만약 당신이 브레인스토밍에 참여한다면 무슨 일이 일어날까? 그룹 내 아이디어를 제안할 때 그것을 분석하고 싶어하는 한두 명의 사람들이 있으며 그들은 생산적인 아이디어를 중단시키는 경향이 있다. 당신이 아이디어를 가장 잘 지원하려면, 아이디어에 대한 판단을 유보하고, 자유로운 분위기를 조성하여 가능한 한 많은 아이디어를 생성할 수 있는 지침을 사용해야 한다. 또 다른 방식은 비판적 사고나 아이디어 수렴 활동이 요구될 때 긍정적인 판단을 사용하는 것이다. 판단을 내려야 하지만 학생들이 최선의 아이디어를 추구할 수 있도록 유도할 수 있다. 그리고 그렇게 함으로써 다른 아이디어들은 다른 시간에 사용할 수 있도록 할 수 있다.

토론

토론을 통하여 학생이 아이디어를 생성하고 판단을 유보하며 다양한 관점을 반영할 수 있는 충분한 시간이 제공된다. 건전한 토론 분위기의 참가자들은 상충되는 생각을 존중하며 긍정적이고 건설적인 방식으로 다른 관점에서 상황을 탐구할 것이다. 건전한 토론이 없다면, 각 과제나 문제에 대해 모든 사람들로부터 단 한 개의 정답만 기대하게 된다. 상충되는 아이디어와 관점은 거부될 수 있고 논쟁은 갈등으로 확대될 수 있다.

현실에서는 그 어떤 집단도 한 이슈에 대해 하나의 의견에 완벽하게 일치될 수는 없다. 공정한 마음과 선의를 가진 사람들조차도 한 문제에 대해 다른 시각을 가질 수 있다. 토론은 갈등이나 권력관계 또는 모든 의견을 대체하는 또 하나의 견해를 임의로 강요함으로써 다양한 의견 간의 차이를 해결하려는 것이 아니다. 토론은 다양한 문제와 관점들을 충분히 공유함으로써 건설적인 결과 또는 결정에 도달하도록 하며, 집단적인 결론에 동의하지 않는 구성원들도 서로를 존중하고 지원하는 방식으로 자신의 의견을 표출할 수 있도록 한다. 교육자들은 모든 관점들이 존중받도록 해야 하고, 말하는 화자들이 서로 방해하지 않도록 해야 하며, 학생들에게 최종 선택이 극적으로 이루어질 수 있도록 상기시켜 주어야 한다. 자신의 제안이 선택되지 않은 학생들은 개인적인 거부가 아니라는 것을 이해해야 하고, 하지만 이렇게 답을 찾아가는 노력은 전체 그룹에게 많은 이득을 주는 것임을 이해해야 한다. 아이디어를 분류하고 결합하고 평가하는 활동은 긍정적인 판단과 건설적인 배움의 기회여야 한다.

위험 감수

어떤 사람들은 그 결과를 알 수 없을 때 특정 아이디어와 해결책을 더 쉽게 받아들인다. 동시에 어떤 사람들은 다른 사람보다 무질서하고 혼란스러운 일을 더 쉽게 한다. 사람들은 위험 감수(Risk Taking)를 해야 할 때, 도전적인 과제를 시도하려는 의지와 모호함에 대해 저항력이 생기며, 안심하고 자신의 생각을 표현한다. 위험 감수의 요인이 없는 교실의 학생들은 안전하고 더 친숙하고 쉽게 느껴지는 과제만 선택하려는 경향이 있다. 규칙과 지침이 중요하지만 때로는 생산적인 사고와 문제해결을 장려하는 가장 좋은 방법은 적당한 혼돈과 모호함을 참아내는 것이다. 질서(order)는 세심한 안내와 지원을 받게 되면 혼돈 속에서 서서히 드러나게 될 것이다. 점진적인 변화를 선호하는 사람들은 이것이 어려울 수 있다. 마찬가지로 큰 도약을 선호하는 사람들에게는 작은 발걸음을 내딛는 것이 오히려 어렵게 느껴질 수 있다.

위험 감수의 예로, 학생들이 지정된 국가를 탐구하는 것을 돕기 위해 창의적 문제해결(CPS) 모형을 사용하기로 결정한 6학년 교사의 경우를 들 수 있다. 그는 각 그룹이 어느 나라를 공부할 것인지 그리고 어떻게 정보를 제공할 것인지를 결정하도록 허락했다. 그는 이 과제에 이렇게 많은 자유를 허용하는 것이 최선인지에 대해 확신이 없었지만, 위험을 감수하고 계속 진행했다. 결국 학생들은 각 나라의 세부사항을 암기하는 수업보다 훨씬 더 많은 것을 배울 수 있었다. 교사는 프로젝트 발표가 매우 재미있고 유익했으며 기대보다 훨씬 뛰어났다고 말했다.

창의적 교실 풍토 조성 방법

수업에서 창의성 및 혁신을 촉진하는 건전한 풍토는 매우 탁월한 선택이다. 학생들은 획일화된 학습자가 아님에도 불구하고, 교사들은 종종 모든 사람들에게 똑같은 것을 가르치고 싶어한다. 결국 학생들은 많은 시험을 Henry Giroux(2010)의 접근법, 즉 "나무의 높이를 측정하는 데는 유용할 수 있지만 다른 데는 거의 쓸모없는 공식"을 사용하여 시험을 본다. 만약 당신이 교사학습공동체에 속해 있다면, 창의성의 9가지 풍토 요인과 관련하여 학습공동체가 얼마나 잘 기능하고 있는지 생각해 보자. 비록 각 학습공동체는 다르지만 공유되는 공통된 요소들이 있다. Lieberman과 Miller(2011)는 앞에서 논의한 9가지 풍토 요인에도 반영된 8가지 공통 요소를 제시했다. 학습공동체의 성공 요소는 다음과 같다.

- 정기적으로 만나 신뢰감과 개방성을 바탕으로 관계를 형성하는 시간에 투자하기
- 명확한 목적을 가지고 실제 문제에 중점을 두고 노력하기
- 정직성과 공개성을 뒷받침하는 규칙과 절차 만들기
- 관찰, 문제해결, 상호 지원, 조언 제공, 동료 교수 및 학습에 참여하기
- 학교 내 성인과 학생의 학습증진을 위한 활동을 조직하고 집중하기

- 협력적인 연구를 통해 근거에 기반한 대화를 촉진하기
- 행동 이론 개발하기
- 교사의 연구와 학생의 학습을 연결하는 핵심전략 개발하기

창의성 및 혁신을 촉진하려면 보다 더 풍부하고 흥미롭고 매력적인 교육에 대한 관점이 필요하다. 그리고 이러한 관점을 가지려면 광범위한 커뮤니티를 통하여 학교와 지역, 교실 수준에서 건설적인 분위기를 수립하고 유지하는 노력이 필요하다. 그렇다면 어떻게 이것을 수행할 수 있는가? 지금 당신이 수행할 수 있다고 믿는 것들로 시작하라. 다음에 몇 가지 제안이 있다.

- 각 개인의 스타일과 관점의 차이를 이해하는 것이 얼마나 중요한지 강조한다. 혼자 또는 그룹으로 학습하는 개인의 성향을 존중해 준다. 자기주도적으로 수행하는 프로젝트나 활동을 격려해 준다.
- 프로젝트와 과제가 수행될 수 있는 방법의 선택항목을 제공한다. 학생들에게 통제나 제한을 가하기보다 활용할 수 있는 자원과 공간을 제공함으로써 저마다 보여 주는 고유한 접근방식을 격려한다. 목표를 설정하거나 의사결정을 할 때 학생들을 참여시킨다. 과제수행을 위한 시간을 충분히 제공해 주되, 해당 과제의 특성을 고려한 적절한 양의 시간을 제공한다.
- 아이디어 생성과 평가 기법을 포함한 구체적인 창의적 문제해결 기술의 학습과 적용을 독려한다.
- 아이디어를 생성하고 평가하는 과정에서 학생들이 제시하는 엉뚱한 아이디어에 대해 존중과 지지를 보냄으로써 개방적이고 안전한 교실 분위기를 조성한다. 학생들과의 의사소통 과정을 통해 개별 학생들의 능력에 대한 당신의 신뢰를 보여 주고 학생들이 실수를 하더라도 건설적인 피드백을 제공함으로써 발전의 기회를 삼도록 해 준다.
- 어느 정도의 복잡성과 무질서에 대해 잠깐 동안이라도 유연성과 인내를

보여 주도록 하라. 명확한 목표설정과 정보의 조직을 위한 전략 활용을 통해 혼돈으로부터 질서를 이끌어 내는 방법을 보여 주도록 하라.

- 상호 존중과 수용의 풍토를 조성하라. 그렇게 함으로써 학생들은 서로 협력하는 가운데 배우고 발전해 나갈 수 있다. 팀 빌딩 활동을 하고, 갈등 해결기술을 가르침으로써 상호 간의 신뢰와 팀워크를 증진시킬 수 있다.

- 학생들의 창의적/비판적 사고 활동에 대해 도달 가능하면서도 충분히 높은 수준의 기준과 기대 수준을 보여 주도록 하라. 실제적 또는 실제 과제의 해결에 창의적/비판적 사고를 적용할 수 있도록 충분한 공간, 시간, 자원 등을 지원함으로써 창의적 사고를 개념적으로 이해하는 것에 그치지 않도록 하라.

- 교사는 재능 발굴자가 되어야 한다. 학생들이 새로운 방식으로 문제를 해결해 나가도록 격려하라. 끊임없이 질문을 던져라! 학생들이 충분히 심사숙고할 수 있는 시간을 줌으로써 그들의 아이디어를 발전시켜 나갈 수 있도록 하라. 학생들이 자신의 추론을 명확히 하고 아이디어를 구체화할 수 있도록 돕기 위한 발문 전략을 사용하자.

- 학생들이 과제 또는 프로젝트를 수행할 때, 각 활동 단계, 요소, 결정 사항 등에 대해 간섭을 하지 말고, 적극적으로 경청하도록 하라. 교사가 경청하고 있는 것만으로도 학생들에게 긍정적인 피드백을 주고 있는 것이다. 부담 없이 웃고 즐길 수 있는 시간을 갖도록 하자. 이렇게 함으로써 학생들이 다양한 아이디어를 생각해 내고 여러 가지 시도를 해 볼 수 있는 따뜻하고 지지적인 분위기가 형성될 수 있다.

당신은 아마도 앞에서 언급한 사항들을 이미 실천하고 있을 것이다. 그렇다면 이미 유리한 출발을 한 것이다. CPS 프로그램과 사고의 확산 및 수렴을 도와주는 도구 등을 활용함으로써 그러한 풍토를 만드는 데 한 걸음 더 전진할 수 있게 될 것이다. 다양한 환경에 대해 이해해 주고, 다름을 기꺼이 받아들여 주고, 창의적 문제해결 방법 및 사고 도구들을 가르쳐 줌으로써 당신의 교실은 학생과 교사 모두 계속 머물고 싶은 장소가 될 것이다.

생각해 보기

○ 당신의 창의성을 북돋울 수 있는 활동에 대해 생각하고 적어 보자. 지금 당신의 창의성의 발현을 방해하고 있는 것들을 생각해 보자. 당신은 이러한 장애물을 어떻게 극복할 수 있는가?

○ 이 장에서 설명한 내용을 이용하여 어떻게 하면 당신이 교실에서 창의성을 발휘할 수 있는 최적의 교실환경을 만들 수 있는가? 창의적인 분위기를 지원하는 9가지 요소 중 당신의 학급에 이미 해당되는 것은 몇 개나 되는가? 그리고 무엇을 더 개선하고 추가해야 하는가? 24시간 안에 당신이 할 수 있는 것을 단계별로 제시해 보자. 학생들에게도 이러한 질문을 하여 그들이 내놓은 대안들에 대해 토론해 보자.

○ 교직원 또는 학생들의 창의성을 북돋울 수 있는 요소들과 관련하여 당신의 학교 분위기에 대해 생각해 보자. 당신의 학교를 9가지 요소별로 1(낮음)부터 10(높음)까지의 척도를 이용하여 평가해 보자. 어떤 요소가 가장 높은가? 또 어떤 요소가 가장 낮은가? 그리고 어떤 부분에서 좀 더 노력이 필요한가?

창의적 산출물

어떤 제품이나 산출물을 평가하는 방법은 소비자의 행동방식으로도 중요하겠지만 교육자와 훈련자의 행동방식에 있어서는 더욱 중요한 의미를 갖는다. 창의적 산출물의 결정 요인이 무엇인가에 대한 우리의 견해는 학생들의 산출물에 대해 우리가 어떻게 반응하게 될지에 영향을 끼친다. 우리가 보이는 반응에 따라 학생들의 아이디어를 격려할 수도 있는 반면, 뛰어난 아이디어가 세상에서 빛을 보기도 전에 사장되게 할 수도 있다.

산출물 및 제품을 창의적인 것으로 만들어 주는 것은 무엇인가?

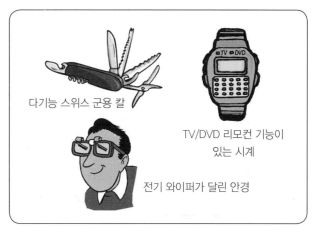

다기능 스위스 군용 칼

TV/DVD 리모컨 기능이 있는 시계

전기 와이퍼가 달린 안경

[그림 5] 세 가지 산출물

[그림 5]에 그려진 3가지의 다른 제품들, 즉 다기능 스위스 군용 칼, TV/ DVD 리모컨 기능이 있는 시계, 전기 와이퍼가 달린 안경을 생각해 보자. 이 제품들은 창의적인가? 왜 그런가? 혹은 왜 그렇지 않은가? 무엇이 이 제품들을 창의적이라고 생각하게 했는가? 당신은 어떤 기준으로 그러한 판단을 내렸는가?

창의성 및 혁신은 종종 창의적인 행동의 결과로 얻어진 제품 또는 산출물을 통해 평가된다. 산출물은 창의적 노력의 결과를 의미한다. 비록 혁신이 종종 그 산출물의 성공에 기반하여 정의되지만, 우리는 혁신에 기여하는 개인의 특성, 사고 과정, 환경을 간과해서는 안 된다. 창의적 생산성과 혁신은 삶의 경험을 바탕으로 한 우리의 상상력에서 비롯된다. 이것은 종종 실생활의 경험이 상상력으로 이어지고, 이러한 상상력은 창의적인 결과를 낳는 행동으로 이루어지게 되어 결국은 현실을 변화시킨다. 이렇듯 산출물은 흥미로운 순환 구조에서 중요한 요소가 된다(Eckhoff & Urbach, 2008). 산출물은 제품,

수행, 아이디어, 개념, 이론, 발명, 노래, 예술 작품, 참신함, 유용성, 스타일 측면에서의 개인 혹은 집단의 행동 변화를 포함한다.

산출물이 창의적인지 아닌지를 어떻게 알 수 있는가? 산출물의 평가는 주관적인 요소를 갖는다. 이것은 개인이 창의적이라고 판단하는 생산품, 수행, 아이디어의 유형에 의존하며, 그러한 판단은 몇 가지 요소에 의해 영향을 받는다. 창의성에 대한 판단은 종종 각자의 문제해결 스타일에 의해 영향을 받는다(Treffinger et al., 2007). 문화적 배경 또한 중요한 역할을 한다. 한 문화에서 고도로 창의적이라고 여겨졌던 산출물이 다른 문화에서는 완전히 무시당할 수도 있기 때문이다. 새로운 디자인의 낚싯바늘은 사막의 유목민들 사이에서는 관심을 받지 못하지만, 메인(Maine) 주 연안의 낚시꾼들에게는 매우 가치 있는 것으로 여겨지기도 한다.

창의성을 연구하는 사람들 중 일부는 대중의 수용을 크게 강조한다. 그들은 산출물의 창의적 수준을 처음부터 알 수는 없지만, 만약 그것이 어떤 문화적 맥락에서 결국 수용되지 못한다면, 창의적인 것이 아니라고 주장한다(Metzl & Morrell, 2008). 또 다른 사람들은 시장에서의 성공이 창의성의 가장 강력한 지표라고 가정한다(Craft, 2008). Csikszentmihalyi(1997)에 의하면, 창의적이기 위해서는 산출물에서 보이는 독특함이 사람들에게 받아들여져야 하고, 해당 분야의 사람들에 의해 그것이 수용되어야 한다. 이러한 주장은 생전에는 미술계에서 인정받지 못하고 시장에서도 인기가 없었지만, 사후에 가치를 인정받은 작품을 남긴 반 고흐(Van Gogh)와 같은 사람들의 삶에 의문을 제기하게 할 수도 있다.

그럼에도 창의적인 사람들에 대한 평가를 그들이 만든 제품이나 산출물로부터 분리하는 것은 어렵다. 따라서 창의적 산출물과 혁신에 대한 연구는 창의성 연구의 핵심이 된다(Isaksen, 1987b). 어떻게 우리는 보이지 않는 것을 알 수 있을까? MacKinnon(1987)은 생산품의 분석은 "창의성에 대한 모든 연구의 근본"이라고 주장하였다(p.120). 그러나 창의성은 대중이 수용하는 것, 그 이상의 무엇이 있어야 한다는 느낌이다.

121

산출물이 창의적인지 아닌지 그 수준을 평가하기 위한 여러 접근들이 있다 (Koufman & Beghetto, 2009). 여기에는 **자기평가**("나는 이것을 해냈고 그것은 창의적이라고 생각해.")를 포함하며, 대부분의 사람들이 창의적인 것이 무엇인지 어느 정도 안다는 가정하에 이루어지는 **비전문가에 의한 평가**("나는 전문가는 아니지만 이것은 나에게 창의적으로 보여.")와 **전문가에 의한 평가**("이것은 나의 전문 분야이고, 나의 경험에 기초하면, 이 생산품은 정말 창의적이야.")가 있다. 기업 환경에서, 팀의 창의성 수준 혹은 혁신적인 역량 수준은 종종 산출물의 총량에 기초하여 평가된다(Hulsheger, Anderson, & Salgado, 2009). 이러한 경우에 감독자는 해당 팀에서 제안한 아이디어의 총수와 그 제안들로부터 나온 결과인 특허 혹은 새로운 생산품의 수에 기초하여 그 팀의 성공 수준을 평가할 것이다.

그렇게 되면, 정도의 문제가 발생한다. 특정 산출물이 과연 어느 정도의 창의성을 담고 있는가 하는 문제이다. 이것은 3장에서 다루었던 'Bic C'와 'little c'의 이슈이다. 그 산출물은 장기적인 패러다임의 변화를 가져오거나 어느 분야에서의 큰 혁신을 가져오는 산출물인가? Csikszentmihalyi(1997)가 제안한 것처럼, 그 분야를 완전히 바꾸어 놓거나 새로운 도메인을 만들어 내는가? 만약 그렇다면, 그러한 산출물은 'Big C'로 여겨진다. 반대로 이것이 만약 작은 점진적 변화를 만들어 내는 산출물이라면 이것은 'little c'라 여겨질 것이다. 우리가 창의적이라고 생각하는 모든 인간의 행동들은 'Bic C'와 'little c' 사이의 어딘가에 해당한다. 고등교육을 받고 경험이 풍부한 연구자들과 이론가들에 의해 다양한 학문적 영역에서 쓰인 수많은 논문들, 전 세계의 갤러리에 전시되어 있는 예술 작품, 새로운 음악 곡들, 지역 신문에 투고되는 기고문, 업무현장에서 제안되는 다양한 개선 의견들은 그 어느 것도 'Big C'와는 거리가 멀다(Kaufman, & Beghetto, 2009).

우리가 6장에서 만났던 극작가 동아리 팀은 3일간, 많은 사람 앞에서 자신들의 작품을 선보였다. 교사, 부모, 친척, 지역사회 사람들, 동료 학생들은 모두 그들의 작품 제작으로 증명된 높은 수준의 창의성을 인정하였다. 그러나 이로 인해 패러다임의 변화는 없었고, 극장에서 새로운 트렌드가 정착되지도 않았다. Csikszentmihalyi를 포함한 대부분의 창의성 전문가들은 수지와 친구들이 개발한 의학 진단 기술이 창의적인 산출물이라는 것에 동의할 것이다. 에릭의 프레젠테이션과 신문에 게재한 기사 혹은 윌리엄의 즉흥연주곡과 편곡 작품들은 또 어떠한가? 매일매일 모든 분야에서 일하는 사람들은 'little c' 과정에 참여하고 이러한 것들이 모여 중대한 영향력을 갖게 된다. 실제로 도요타자동차 회사에서는 해마다 수백만 개의 새로운 아이디어가 실행된다. 대부분의 경우에, 일반 근로자들이 이러한 아이디어를 낸다. 장기적으로 이러한 점진적 변화들은 하나의 영역 또는 다른 영역에서 'Big C'의 혁신을 일으키는 패러다임의 기반을 구축하는 경우가 많다(Maddux, Leung, Chiu, & Galinsky, 2009).

당신은 어떻게 결정하였는가? Besemer와 Treffinger(1981)는 창의성을 평가할 수 있는 3가지 주요 기준으로 참신성(novelty), 효과성(resolution), 정교성과 종합성(elaboration and synthesis)을 제시했다. 그들은 창의적 생산물을 평가하기 위한 기준과 창의적인 사람을 평가하기 위한 기준을 혼동해서는 안 된다는 점을 지적하였다. 그러나 창의적인 사람임을 식별하기 위해서는 최소한 그 사람이 노력하여 만들어 낸 산출물을 고려할 필요성이 있다. 광범위한 문헌 검토에 기초하여 Besemer와 Treffinger는 3가지 기준을 창안했고, 이는 우리에게 산출물과 그것의 창의성 수준을 측정하기 위한 척도를 제공하였다. 이제, 3가지 기준을 좀 더 자세히 살펴보고자 한다. 이 기준은 후속 연구를 통하여 재구조화되고 보다 정교해졌다(Besemer, 2006; Besemer & O'Quin, 1986, 1987, 1993; O'Quin & Besemer, 1989).

참신성

참신성(novelty)을 생각할 때, 우리는 산출물이 새로움을 보여 주는 정도를 살펴본다. 이 산출물의 방법, 기술, 재료, 개념이 새로운 것인가? 그 분야에서 어느 정도 독특한 것인가? 이 산출물이 미래의 창의적인 노력에 영향을 줄 수 있는가? 또는 그것의 인식된 영역을 벗어났는가? 이러한 참신성은 **독창성, 산출물의 재생산성, 변혁성**을 포함한다.

독창성은 종종 창의성 평가를 위한 주요 기준으로 여겨진다. 독창적인 산출물은 일상적인 삶의 과정에서 흔히 발견되거나 관찰되지 않는다. 이것은 통계학적으로 이례적이며, 일반적으로 예상하는 것과는 다르다. 학생들의 독창성에 대한 평가는 그들의 연령, 문화, 삶의 경험을 고려할 때 우리가 얼마나 자주 그러한 산출물이 나올 것으로 기대할 수 있는지에 달려 있다. 우리는 또한 산출물의 다양한 측면을 생각해 볼 필요가 있다. 어떤 관점에서는 참신하고, 다른 관점에서는 보다 평범하지만, 전체적인 측면에서 보면 창의적이라고 고려될 수 있다. 높은 수준의 독창성은 흔하지 않고, 새로운 면을 갖고 있다.

산출물의 재생산성은 다른 창의적인 생산품들이 이 산출물로부터 직접적으로 발전되어 나올 가능성이 얼마나 높은가를 나타낸다. 이 산출물이 다른 분야로 일반화되는 경우가 많고, 또 다른 접근법이나 제품의 창조로 이어지는 경우가 많을수록, 이 측면의 창의성은 더 인정받을 것이다.

변혁성은 그것의 '새로움'으로 인해 사람들을 놀라게 할 수 있다. 이 요소는 산출물이 사람들로 하여금 완전히 새롭고 다른 방식으로 생각을 바꾸거나 사물을 보도록 만드는 정도를 살펴본다. 높은 수준의 변혁성을 가진 산출물은 한 영역 혹은 전체 문화에서 완전한 패러다임의 변화를 가져온다. 변혁성을 가진 산출물은 전통에 대한 도전이 되고, 관례에 대한 속박에서 벗어나는 것이며, 과거의 어떤 시점에서 이루어진 행동과 사고방식에 급격한 변화를 가져온다.

효과성

효과성(resolution)은 산출물이 정확하거나 완전하거나 올바른 것으로 보이는 정도를 말한다. 애초에 설정한 목표를 얼마나 달성하고 있는가? 효과성과 관련한 기본적인 질문은 다음과 같다. "우리가 기대한 바대로 작동했는가?" "우리의 문제를 잘 해결했는가?" "우리를 현재보다 더 나은 미래로 안전하게 이끌어 주었는가?"이다. 이러한 효과성은 **충분성, 적합성, 논리성, 유용성, 가치** 등을 포함한다.

산출물의 충분성은 주어진 문제 상황의 요구가 얼마나 충족되었는가로 판단된다. 초기 도전에 대해 설정된 요구를 산출물이 충분히 만족시킬 수 있다는 것이 확인되면, 문제해결자는 자신의 노력이 성공적이었다고 판단하게 된다.

산출물의 적합성을 판단하기 위해서는, 산출물이 문제 상황이 제기한 요구들을 해결해 내는 정도를 평가해야 한다. 맥락을 고려할 때 그 해결책이 이치에 맞는가? 사회적으로도 바람직한가?

산출물은 만약 그것이 나오게 된 영역 또는 현실에서 수용되고 이해되는 법칙을 따른다면 논리성이 있다고 말할 수 있다. 다시 말해, 주어진 사실과 실제적 맥락 그리고 투입된 창의적 노력 등을 고려할 때 그 결과물로서의 산출물이 논리적으로 수긍이 가능한가? 창의적 산출물은 각각의 독창성 요소를 반영해야 하지만, 동시에 이것은 이치에 맞아야 한다. 우리는 창의적 산출물의 평가 기준인 독창성과 논리성 사이에 어느 정도 겹치는 부분이 있음을 확인할 수 있다.

유용성은 산출물을 적용하기 위한 범위가 실용적이고 명확한 정도를 말한다. 유용성은 산출물의 적용에서 넓은 시야를 갖게 한다. 새로운 산출물의 디자인은 누군가의 일을 더 쉽게 할 수 있도록 하고, 새로운 예술 작품은 사고를 자극할 수도 있으며, 대화를 유발하거나 감정적인 반응을 가져오기도 한다. "유용성은 누구에게 유용하며, 어떤 상황에서 유용한가?"라는 질문을 제기해 볼 수 있다.

산출물은 사용하거나 듣거나 보거나 소비하는 사람들이 그것을 가치 있다고 생각하는 경우에만 가치 있는 것이다. 이것은 고도로 주관적인 기준이다. 다시 말해서, 우리는 산출물의 가치를 폭넓게 고려할 필요성이 있다. 가치는 내재적 가치와 외재적 가치, 단기적 가치와 장기적 가치 등으로 구분해 볼 수도 있다. 교사가 한 학생의 읽기 문제를 극복하는 것을 돕기 위한 교육 프로그램을 설계하고 개발하는 데 몇 주를 소비했다고 가정해 보자. 만약 그 프로그램이 성공적이었다면, 과연 그러한 시간과 노력을 투자할 가치가 있었던 것일까? 이에 대한 대답은 당신이 그 질문을 누구에게 했는지, 이 한 문제를 해결하는 동안 다른 교사들에게 추가적인 업무가 주어지지는 않았는지, 학생과 교사들에게 장기적인 이익은 무엇인지 등에 달려 있다.

정교성과 종합성

이 평가 기준은 산출물이 다양하고 색다른 요소들의 결합을 통해 새로우면서도 완성도 높은 결과물로 정제된 정도를 의미한다. 이러한 기준에서의 평가가 이루어질 때는 평가자의 창의성 스타일이 큰 영향을 발휘한다는 것을 고려할 필요가 있다. 이러한 기준에 의한 창의적 산출물의 평가에는 종종 평가자의 편향성이 나타나기도 한다. 평가에 있어서 전문가나 명확한 정의가 필요한 것이 이 영역이다. 이 기준에 의한 평가는 산출물의 다양한 요소들을 잘 다루는지와 다양한 요소들을 조합하여 제시해 내는지를 고려한다. 정교성과 종합성(elaboration & synthesis)의 기준에는 **매력성, 복잡성, 우아함, 표현성, 유기성, 완결성** 등이 포함된다.

산출물은 감각적으로 사람들에게 기쁨을 주거나 다른 방식으로 사람들을 끌어들임으로써 매력성을 느끼게 할 수 있다. 제품이 어느 정도까지 의도된 청중이나 사용자의 주의를 끌고 어필할 수 있을까? 이 기준은 아마도 아름다움과 외관에 관한 것이며, 놀라움과 기쁨의 정도도 포함한다. 유머, 즐거움, 오락, 기쁨 또한 적절하게 고려될 수 있다. 특별히 이 요소를 고려할 때, 우리는 아름다움이 보는 사람의 눈에 달려 있다는 것을 기억할 필요가 있다.

복잡한 산출물은 하나 혹은 그 이상의 수준에서 많은 요소를 포함한다. 이 복잡성은 단순히 수많은 요소들로 얽혀 있는 것을 의미하는 것이 아니라 오히려 매우 단순해 보일 수 있게 잘 조직되어 있는 것을 의미한다. 이 기준은 다음의 기준과도 밀접한 관련이 있다.

우아함은 조화와 섬세함을 암시하는 세련되고 절제된 방식으로 표현된다. 이것은 종종 고도로 창의적인 산출물을 판단하는 기준으로 간주된다. 과학과 수학에서, 우아한 해결책은 모든 관련 사실을 다루는 간단하고, 직접적이며, 기분 좋게 기발한 접근법을 설명하는 것이다.

표현성을 갖춘 산출물은 소통을 증진시키거나 해결책을 이해하기 쉽게 만든다. 예술 분야에서는 작품의 다양한 요소를 하나의 작품에 효과적으로 사용하는 것을 의미한다. 제품의 경우 새로운 기기가 사용자들과 그 기기와의 상호작용을 촉진시키는 정도를 통해 표현성을 평가해 볼 수 있다.

유기성은 산출물에서 발견되는 완전함의 정도 또는 전체성의 정도를 의미한다. 산출물은 종종 그것의 조직적인 통합의 측면에서 평가된다. 산출물의 개별적인 측면이 그것의 근본적인 목적을 완전히 해결하면서 어떻게 잘 조화되는가? 산출물이 함께 잘 유지되는가? 균형과 비례를 보여 주는가? 무질서의 상태로부터 질서를 가져오도록 관리되는가?

완결성을 갖춘 산출물은 정교한 작업과 반복적인 개선 작업을 통해 어느 시점에 이르면 최고 수준에 이르게 된 것을 말한다. 세세한 부분까지 주의를 기울여 다듬어진 산출물이 완결성을 갖춘 것으로 평가를 받는다.

이러한 평가 기준을 사용할 때, 모든 기준이 모든 산출물에 적용되지 않는다는 점과 적용했을 때 다른 강도와 영향 수준에서 적용된다는 점을 이해해야 한다. 실제로, 이 3가지 기준에 모두 높게 측정되는 경우는 매우 드물다. 즉, 만약 우리가 어떤 산출물이 창의적이라고 평가한다면, 적어도 일정한 수준의 참신성, 효과성, 정교성·종합성 등을 갖추고 있어야 한다는 것이다.

이 작업에 기초하여, 창의적 제품이나 작품이 각 창의성의 기준을 충족하는 정도를 파악하기 위해 창의적 산출물 평가척도(Creative Product Sematic Scale)가 개발되었다(Besemer, 2006; O'Quin & Besemer, 1989). Balchin(2009)은 참신성과 효과성 대신에 독창성을 포함시켜 Besemer의 척도와 중복되는 평가 기준을 제시하였다. 그러나 그는 위험 감수와 같은 추가적인 요소도 고려하였다. 이 기준은 다음과 같은 것들을 언급한다. "대담한 시도였는가? 얼마나 야심찬 것인가? 명확한 도전이 이루어지고 있는가?(Balchin, 2009)"이다.

앞에 언급된 것들과 함께 제시되는 마지막 기준은 교실에서 학생들의 작업을 고려할 때 도움이 될 수 있다. 세상의 변화하는 현실은 우리가 좀 더 참평가(authentic assessments)에 집중할 것을 요구한다. 이러한 것들은 학생들이 획득한 기술과 지식을 실생활 혹은 실제 삶에 가까운 상황에 적용함에 있어 학생들의 성취를 고려하는 평가이다(Treffinger, 2003a). 지역사회 봉사 프로젝트, 포트폴리오, 작문, 예술작품과 같은 학생들의 산출물은 이 장에서 언급한 기준을 활용하여 평가할 수 있다. 이러한 평가는 학생들로 하여금 그들 또한 창의적 잠재성을 가지고 있음을 스스로 깨닫게 해 줄 것이다.

지금까지 살펴본 제품의 평가를 위한 명확한 기준을 활용하여 [그림 5]의 3가지 제품에 대해 다시 생각해 보자. 이 3가지 제품이 창의적인지 아닌지에 대해 판단하기 전에 3가지 평가 기준을 알고 있었다면, 이를 평가하는 일이 더 쉬웠을까? 당신이 생각한 결과가 달라졌을까? 3가지 제품에 대해 어떤 평가 기준을 적용했을까? 다음과 같이 질문해 보자. "이 제품들은 각각 다른 방식으로 창의적일 수 있을까?" "당신의 새로운 이해를 바탕으로 할 때, 결론은 무엇인가?" 특별히 창의적이라고 생각되는 몇몇 제품들을 당신의 일상생활에서 찾아보고, 친구들에게 그들의 기준에 따라 각 제품의 등급을 매기도록 요청해 보자. 당신의 관점과 친구들의 관점을 비교해 보자. 당신이 자신의 작업을 살펴볼 때, 당신이 만들어 낸 산출물을 이 장에서 논의된 3가지 평가 기준에 맞추어 생각해 보도록 노력해 보자.

3가지 평가 기준이 각각 표시될 수는 있지만, 각 기준은 다른 수준으로 표현될 수 있으며, 때로는 1가지 요소가 너무 강해서 다른 요소는 별로 중요하지 않게 나타날 수도 있다.

마지막으로 창의적 문제해결 스타일이 우리가 추구하는 산출물의 종류와 우리가 창의적이거나 만족스럽다고 생각하는 산출물의 종류에 대해 어떠한 역할을 하는지 생각해 보자. 6장의 〈표 2〉를 다시 확인해 보면, 당신은 탐험가들이 새로운 영역을 개척하고, 변화를 가져오는 산출물에 열광하고, 이를 탐색하는 것을 볼 수 있을 것이다. 반면에 개발자들은 점진적인 변화를 이끌어 내고 더 좋게 만들에 내는 산출물들을 찾고 이러한 산출물에 대해 더 편안한 느낌을 갖는다. [그림 5]의 3가지 제품들이 지닌 창의성에 대해 어떠한 방식으로 사람들이 각각 다르게 반응하는지도 생각해 보자.

생각해 보기

○ 학생들에게 특별한 과제 혹은 프로젝트를 수행할 때 "나는 여러분이 하는 일이 창의적인 활동이기를 원한다."라고 말해 본 적이 있는가? 학생들에게 창의적이기를 요구하는 것이 어떤 의미가 있는가? 그리고 학생들이 어떠한 산출물을 제출했을 때 당신은 그들이 도전적 과제를 성공적으로 수행했다고 만족할 것인가? 학생들이 당신이 요청한 것을 제대로 이해했다고 확신하는가? 또는 학생들이 당신이 이해했던 것과 같은 방식으로 "창의적이 되어라."는 가르침을 이해했다고 확신하는가? 학생들이 효과적일 것이라고 확신하기 위한 특별한 방법에 대해 생각해 보자.

3부

창의성의 측정 및 평가

창의성 평가의 기본 개념

- 창의성 평가의 필요성을 이해할 수 있고, 검사, 측정, 사정 등의 용어를 정의하고 적절하게 사용할 수 있다.
- 형식적 자료와 비형식적 자료, 객관적인 자료와 주관적인 자료, 자료수집 방법에 대한 질적인 방법과 양적인 방법, 전통적 평가와 참평가, 타당성과 신뢰도 등의 차이점을 알고 정의할 수 있다.

창의성 평가의 필요성

이 책의 저자들은 아이들을 포함한 모든 건강한 사람들은 창의적인 능력을 가지고 있고, 창의적인 생산자로서의 잠재성을 갖고 있다는 관점을 지지한다. 그럼 당신은 "만약 그렇다면 왜 우리에게 창의성 검사와 평가가 필요한가?"라고 물어볼 수 있을 것이다. 창의성이 인간의 생존을 위한 기본 특성이라는 점을 수용한다 하더라도, 만약 우리가 모든 사람들, 특히 우리 학생들이

133

갖고 있는 잠재성을 최대로 실현할 수 있도록 돕기 위해서는 다음과 같은 몇 가지 질문들에 대답해야 할 필요가 있다.

- 어떤 영역과 분야에서 가장 큰 창의적 잠재력을 보이는가?
- 어떤 창의적 문제해결 스타일을 가지고 있는가?
- 현재의 문제해결 능력 수준은 어떠한가?
- 데이터에 근거할 때, 집단 혹은 개인의 최종적인 창의적 생산성 수준에 관하여 어떤 예상을 할 수 있는가?
- 창의적 생산성의 관점에서 자신의 잠재성에 도달하기 위하여 어떤 강점을 배양하고 개발할 수 있는가?
- 자신의 재능 분야에서 창의적 잠재력에 도달할 수 있게 해 주는 가장 적절한 학습적인 접근은 무엇인가?
- 창의성 교육은 집단 혹은 개인의 창의적 생산성 수준에 어떤 영향을 주었는가? 오랜 시간에 걸쳐 점진적으로 성장하였는가? 교육적인 접근에 있어서 어떤 개선이 필요한가?
- 창의성 평가와 관련된 자료들은 창의성 이론의 발전과 후속 연구에 어떤 시사점을 제공하고 있는가?

모든 교육적인 평가와 같이, 창의성 평가의 목표는 교육적 정보를 얻기 위해서이다. 평가 자료는 개인과 집단이 그들의 선천적 능력을 향상시킬 수 있는 지식과 기술을 획득하고 성장하는 것을 돕도록 설계된 학습 프로그램의 기반으로 활용될 때 가장 큰 의미가 있다.

1장에서 소개된 학생을 예로 들어보자. 우리는 수지(Suzie)와 어느 정도의 시간을 갖고 대화를 나눈 사람이라면 누구라도 그녀의 흥미와 능력을 명백히 알 수 있다는 것을 발견하였다. 하지만 선생님이 사용한 학습방법은 수지의 스타일에 가장 효과적이었다고 확신할 수 있을까? 윌리엄(William)은 확실히 음악적으로 창의성이 있었지만 그의 능력을 더욱 성장시킬 수 있는 다른 교육과정이 있었는가? 만약 교사가 윌리엄의 재능을 더 잘 알고 있거나 그의 흥미와 강점을 종합적으로 활용하려고 시도했다면 어떤 결과가 나왔을까? 교사가 남북전쟁에 대한 에릭(Eric)의 관심을 알기 전에 그는 집에서 이미 잠재성을 보여 왔다. 만약 학교나 지역에서 지속적인 평가가 있었다면 에릭의 잠재성은 더 일찍 발견되지 않았을까? 재능의 조기발견은 에릭이 학교에서의 지루함을 덜 느끼게 하고 긍정적으로 자신을 표현하도록 도와주며, 친구들과 상호작용하기 위한 기회를 주는 데 기여하지 않았을까? 혹시 에릭은 학교에서 덜 혼나고 오히려 격려 받는 학생으로 지내지 않았을까? 우리는 만약 쉐릴(Cheryl), 루시(Lucy), 마이클(Michael)과 그들의 팀 멤버들이 서로의 문제해결 방식에 대해 잘 알고 서로가 갖고 있는 강점을 잘 이해하고 있었다면 6장에서 묘사된 다툼을 줄일 수 있었을 것이고 프로젝트의 수행과 관련된 집단의 효율성은 증가했을 것이라고 확신한다.

평가의 기본 개념

평가에 대한 논의를 계속하기 전에 우리는 평가와 관련된 용어들의 정의, 사용, 차이점에 대하여 명확히 해야 한다. 또한 이러한 용어들이 창의성 평가에서 어떻게 적용되는지를 알게 되면 많은 도움이 될 것이다.

질적 평가와 양적 평가

평가는 여러 자원들로부터 자료를 수집하는 것을 포함하며 이 자료들은 질적, 양적이라는 두 분야로 나눌 수 있다. 양적 자료는 수에 기반하며 통계적 절차에 의해 수집된 자료이다. 이러한 것은 전형적으로 태도와 특성 혹은 객관적인 부분을 점수로 표현하는 시험, 설문조사, 체크리스트, 자기보고서와 다양한 척도들이 있다. 양적 분석의 결과는 종종 백분율, 평균, 기댓값으로 표현된다. 이러한 자료들을 수집할 때는 오차와 편차를 줄이고 통제할 수 있는 평가 항목과 절차를 개발하는 노력이 필요하다. 양적 측정에서는 원인과 결과, 관계, 차이점, 특성이 존재하는 정도, 타인과 비교했을 때 나타나는 개인의 특성이 어느 정도인지 등에 대한 질문들에 객관적인 자료를 제공하는 것이 중요하다.

> 확산적 사고를 평가하는 질문은 창의성 평가의 양적 접근의 한 예이다. 학생들에게 "초등학교에서 볼 수 있는 것들을 가능한 한 많이 적어보세요."라고 한 후, 각 학생들이 응답한 것의 전체 수를 세는 것이 양적 자료를 활용한 예이다(Treffinger, 2003a).

질적 자료는 문맥과 의미상에서 통찰을 제공하고 더욱 자연스러운 상황에서 수집된다. 질적인 방법은 관찰, 전기적 정보수집, 사례연구, 문화기술연구, 일화기록법 등에 의한 분석과 자료수집을 포함한다. 질적 자료는 깊이 있는 토론의 기초를 제공하며 때때로 관련 문제를 더욱 깊이 이해하려는 노력을 기울이는 가운데 이와 관련된 편견, 특정한 가치관, 맥락적 이슈 등을 발견하기도 한다. 질적 자료는 어떤 행동이 나타나는 상황 또는 왜 그런 행동이 나타난 것인지의 통찰을 제공한다. 학교에서 학생들의 호기심과 문제해결 기술의 예시들은 교실, 급식실, 운동장, 방과후 활동 등에서 얻을 수 있다. "아이들이 학교생활 중에 보여 주는 호기심과 창의성 관련 행동들에 대한 연구자의 묘사와 분석은 창의성 연구의 질적 자료 수집의 예이다."(Treffinger, 2003a)

측정, 검사, 사정

측정, 검사, 사정과 같은 용어는 종종 같은 의미로 사용된다. 하지만 각 단어는 자료의 수집과 분석 과정, 자료에 대한 이해와 결론의 적용에서 다른 의미가 있다.

측정(measurement)은 양, 수준 또는 어떤 정도를 결정하며 주로 양적 자료 수집과 연관되어 있다. 측정은 보통 어떤 표준이나 척도에 근거하여 이루어 지며, 교육적 또는 학습적 상황에서 특정 영역 혹은 특성을 지닌 분야에서 기량, 수행, 잠재성의 수준을 비교하기 위해 사용된다. 동사로서의 '측정하다'라는 용어는 무엇을 측정하는 활동을 언급하며, 어떤 정보를 얻기 위한 검사나 검사 과정 그리고 자료들을 비교하거나, 통계적으로 분석하는 것을 의미한다. 창의성 교육 및 훈련의 맥락에서 평가할 경우에는 학생들의 창의적 사고, 기술, 생산성에 대한 교수법의 효율성을 측정하기 위해 학습 전과 후의 점수를 수집하거나 창의성 실험집단의 학생들과 통제집단에서 얻은 점수를 비교하게 된다(Treffinger, 2003a).

교육적인 용어로서의 검사(testing)는 기량, 성취, 수행, 잠재성과 관련된 자료를 만들기 위해 사용되는 도구 혹은 절차이다. 검사는 주로 어떤 특정 영역이나 특성에 대한 자료를 수집하기 위해 만들어진다. 동사로서의 '검사하다'라는 단어는 개인의 강점, 기량, 지식을 평가하거나 혹은 이에 대한 판단을 내리기 위해 필요한 자료를 수집하는 일련의 절차와 관련이 있다. 검사는 연구대상자들에 대한 폭넓은 이해를 위해 다양한 자원들에서 얻어진 자료를 비교하거나 결합할 수 있는 양적인 자료를 제공한다.

사정(assessment)은 사람 또는 사물의 특성과 질적인 면을 파악 혹은 추정하기 위해 사용된다. 사정은 주로 개념의 다양한 측면을 설명해 주는 자료를 통해 이루어지며 이를 통해 그 개념에 대한 전반적인 이해를 가능하게 해 준다. 이러한 사정은 검사, 관찰, 설문조사, 면담, 평정척도, 체크리스트 등에서 얻어진 자료를 통해 이루어진다.

사정은 다양한 출처의 정보를 함께 모아 그 정보를 의미 있는 방식으로 조직하고 종합함으로써 개인 혹은 집단에 대해 이해하고 파악하는 과정이다 (Treffinger, 2003a).

창의성의 사정은 창의적 생산성, 잠재력 또는 특정 교육 접근법에 대한 준비 수준과 관련된 특성을 확인하거나 평가할 수 있게 해 주는 데이터 수집 노력을 포함한다. 포괄적인 창의성의 사정에는 공식적인 검사의 실시, 비형식적 관찰, 설문조사, 인터뷰, 평정척도 및 점검표 등과 같은 다양한 출처에서 파생된 양적 및 질적 데이터가 모두 포함되는 경우가 많다. 이러한 사정에는 인지 능력, 학습 스타일, 작업 습관, 태도, 자기 효능감, 관심 및 주요 성격 특성, 가정 배경, 교육 배경 등에 대한 관찰 등이 포함될 수 있다(Kirschenbaum & Armstrong, 1999).

형식적 평가와 비형식적 평가

평가 데이터는 형식적 방법과 비형식적 방법을 사용하여 수집될 수 있다. 형식적 방법은 일반적으로 검사, 평가척도 또는 설문조사 등 표준화된 도구에 의존한다. 검사를 실시하는 사람은 미리 결정된 절차에 따라 이를 수행하고 또한 동일한 방식으로 분석을 수행한다. 검사에 응답하는 사람들은 자신이 평가를 받고 있으며 응답 내용이 분석될 것임을 알고 있고 일반적으로 분석이 완료되면 피드백을 기대한다. 또한 참여자는 평가가 검증된 절차에 따라 진행될 것임을 알고 있다. 형식적 평가는 일반적으로 지정된 일시와 장소에서 정해진 시간 동안 진행된다. 교실에서는 표준화된 시험과 교사가 개발한 시험이 형식적 평가라고 할 수 있다. 총괄평가는 본질적으로 형식적인 평가이지만 평가의 결과는 형성평가의 목적으로도 활용될 수 있다.

비형식적 평가는 참가자의 행동을 관찰할 수 있는 시간과 장소에서 이루어질 수 있다. 비형식적 접근은 비격식적이고 편안하며 친근한 느낌을 준다. 학교에서 비형식적 평가는 교사의 질문, 학생의 생각에 대한 깊이 있는 탐구, 교실 활동과 토론에서 얻은 데이터 및 점심시간 또는 휴식시간과 같은 비구조화된 일과 시간의 행동에 대한 관찰 등의 형태로 이루어질 수 있다. 피드백은 일반적으로 즉시 제공된다. 교실에서의 비형식적 평가는 거의 항상 형성평가의 특성을 띠게 되며 그 평가 문항들은 수업의 과정, 학생들의 반응 및 수업의 내용을 반영한다. 평가 문항은 사전에 결정되지 않고 교육적 필요를 충족시키기 위해 종종 즉석에서 실시된다. 비형식적으로 수집되는 데이터는 오랜 시간에 걸쳐 축적되며 학습자에 대한 이해 수준을 점진적으로 높여갈 수 있도록 해 준다. 이것은 주관적인 경향이 있다. 이러한 평가는 학생이 특정 영역에 창의적 잠재력을 표출해 내려 할 때 그 학생의 열정과 몰입에 대한 통찰력을 제공해 준다.

객관적 자료와 주관적 자료

평가 과정의 일부로 수집된 자료는 객관적 자료와 주관적 자료로 분류할 수 있다. 양적 자료 혹은 공식적으로 수집된 자료, 표준화된 검사를 사용하여 수집된 자료는 객관적으로 간주되는 일반적인 예이다. 만약 자료가 객관적이라면, 이것은 자료가 감정이나 의견에 영향을 받지 않았음을 의미하며, 관찰 가능한 사실을 묘사한 것이라고 볼 수 있다. 만약 두 명 이상의 개인이 객관적인 접근 방식을 사용하여 수집된 자료를 보면, 그들이 동일하거나 유사한 결과에 도달할 가능성이 높다. 마찬가지로 객관적 결론이 사실에 근거하여 편견이나 감정 없이 논리적으로 도달했다고 가정할 수 있다. 주관적인 자료는 대개 본질적으로 질적이며 감정, 의견 및 지각은 주관적인 자료의 주된 내용이다. 거기에 따른 결론은 개인적인 판단에 달려 있다.

창의적 생산성을 장려하기를 희망하는 현실에서, 객관적이고 주관적일 뿐 아니라 양적, 질적인 방법을 통하여 광범위하게 자료를 수집하는 것은 중요하다. 우리는 또한 각각의 경계가 항상 명확하지 않다는 것을 이해해야 한다. 만약 당신이 어느 사건에 대한 감정적인 반응을 했다면 그 반응은 주관적이라고 볼 수 있다. 그러나 당신이 그 반응을 보였다는 것 자체는 관찰 가능한 사실이며, 그 반응은 창조적인 과정을 통해 작업할 때 당신의 행동에 영향을 미친다는 것 또한 관찰될 수 있을 것이다.

전통적 평가와 참평가

많은 교육자와 연구자들은 참평가, 수행평가로 종종 묘사되는 대안적 접근과 전통적 평가를 구별하였다(Hart, 1994; Mueller, 2011; Wiggins, 1989, 1993). 전통적 평가는 여러 방법으로 이해될 수 있지만, 일반적으로 검사와 같은 형식적이고 양적인 자원에 의존하는 평가 도구 및 과정을 설명하는 데 사용된다. 반면에 참평가는 학생들이 무엇을 할 수 있는지(또는 배운 것을 어떻게 활용할 수 있거나 응용할 수 있는지)를 강조하는 질적인 접근에 초점을 둔다. 이러한 접근 방식이 때로는 서로 상반되는 것으로 취급되기는 하지만, 창의성과 문제해결을 평가하는 것과 같은 복잡한 과제와 관련하여 효과적인 접근 방식은 이 두 가지 형태 모두의 평가를 이끌어 내는 경우가 많다. 우리가 11장에서 학생들의 창의성 강점 프로파일의 역할과 발달을 논의할 때 전통적 평가와 참평가의 2가지 방법을 통해 어떻게 그 과정을 분석했는지 볼 수 있을 것이다. 12장에서는 학생들의 참평가의 한 형태인 학생 포트폴리오와 이것을 사용하여 창의성을 평가하는 방법에 대하여 초점을 맞추려 한다.

타당도와 신뢰도

좋은 평가 도구들은 타당하고 신뢰할 수 있어야 한다. 출판된 평가 도구에 대한 편견 없고 완전한 정보를 얻기 위해서 우리는 주로 출판된 검사 도구에 대한 안내서(예: Mental Measurements Yearbook)와 전문학술지의 리뷰에 의존한다.

타당도

간단히 말해 어떤 측정 도구의 타당성은 다음과 같은 질문을 통하여 확인할 수 있다. "이 도구가 측정하려고 하는 목적을 실제로 측정한다고 주장하는 증거는 무엇인가?" 도구의 타당성을 확립하는 것은 지속적인 과정이며, 일회성의 통계치로 판단할 수 있는 것이 아니다. Callahan, Lundberg와 Hunsaker(1993)는 다음과 같은 중요한 유의사항을 제시하였다.

- 저자가 제공한 도구의 평가에만 전적으로 의존하면 안 된다. 가능한 한 모든 자료와 외부 검토 및 평가를 고려해야 한다.
- 이질집단에서 얻은 신뢰성 있는 좋은 자료를 산출하는 도구가 동질집단 에서는 신뢰성이 높지 않은 도구가 될 수 있음을 기억하라.
- 검사는 단순히 타당하거나 타당하지 않다고 볼 수 없다.
- 타당성 입증 자료를 예측하거나 구축할 수 없지만 당신의 상황에서 사 용하기에 적절한 내용 타당성이 있는 것으로 판단되는 경우, 자료를 수 집하기 위해 시험 사용을 고려하라.

Linn과 Gronlund(1995)는 검사 및 평가에 관련하여 타당성이라는 용어를 사용할 때 다음의 5가지의 중요한 유의사항을 제시하였다.

- 타당성은 어느 개인들의 집단에 대한 평가 절차의 결과를 해석하여 타 당함을 보는 과정이지 절차 자체에 대한 것이 아니다.
- 타당성은 정도의 문제이며 완전하게 타당하거나 전혀 타당하지 않는 경 우는 존재하지 않는다.
- 타당도는 그 도구를 어떻게 사용하고 해석하느냐에 영향을 받는다.
- 타당도는 다양한 증거에 기반을 두는 단일 개념이다.
- 타당도는 종합적인 평가적 판단에 의해 도출된다. 이것은 평가 결과의 해석 및 사용이 증거에 의해 얼마나 뒷받침되는가로 결정된다.

창의성 측정 도구의 타당성은 몇 가지 다른 형태의 증거를 통해 확인될 수 있다. 첫째, 도구의 내용 분석을 기반으로 한 증거이다. 도구의 실제 내용과 그 도구가 기반하고 있는 창의성 이론은 서로 일치하는가? 일반적으로 도구

타당성의 평가는 그 도구의 이론적·개념적 기초, 창의성의 정의 등을 설명해 주는 매뉴얼을 검토함으로써 이루어진다.

타당성은 또한 하나의 도구와 다른 입증된 도구와의 공인타당도를 입증하는 것으로 확인될 수 있다. 만약 여러 도구가 창의성을 바탕으로 만들어졌다면 그 도구들은 유사한 결과를 기대할 수 있을 것이다. 만약 그 도구들이 같은 개념을 측정한다면, 당신은 누군가가 하나의 도구에서 매우 높은 점수를 얻은 후에 다른 도구에서는 평균 또는 낮은 점수를 받을 것이라고 기대하지 않을 것이다. 따라서 어느 학생들에 대한 창의성 검사 결과와 그 학생들의 창의적 수행을 관찰할 수 있었던 교사, 학부모, 동료의 창의성 평정 결과 사이에는 긍정적인 상관관계를 기대할 수 있다. 어느 도구의 타당성을 확립하기 위한 또 다른 접근법은 그 도구의 결과와 상응하는 창의적 행동을 얼마나 잘 예측할 수 있는지를 확인하는 것이다.

신뢰도

도구의 신뢰도는 산출된 결과의 정확성 또는 일관성을 나타낸다. 신뢰도는 일반적으로 안정성과 일관성의 2가지 범주로 평가된다. 안정성은 합리적인 시간 간격에 걸쳐 안정적이거나 안정적인 자료를 제공하는 도구의 효율성을 다룬다. 따라서 측정 결과의 변화는 일관성이 없거나 부정확한 평가가 아닌 수행의 변화를 반영한다. 예를 들어, 아침에 당신의 몸무게가 70kg으로 나오고, 한 시간 후에 120kg의 무게로 나온다면, 그 체중계를 신뢰하지 않을 것이다. 당신은 아침식사만으로 50kg를 얻었다고 결론을 내리기보다는 체중계에 문제가 있다고 판단할 것이다. 실제로 당신의 체중이 시간이 지남에 따라 바뀌면 그 결과를 확인할 수 있기를 바랄 것이다. 만약 당신이 몇 주간의 식이요법과 운동을 한 후에 체중이 70kg에서 65kg으로 바뀌었을 경우 체중계가 고장 났다고 생각하기보다는 지난 몇 주간의 노력에 대해 보람을 느낄 것이다. 일관성은 동형검사, 하위검사 또는 문항들로 하여금 해당 사람의 응답을 정확하고 공정하게 표현하는 정도를 결정하는 것과 관련이 있다. 이것은 대개 같은 도구의 A형과 B형 사이의 상관관계 또는 크론바흐(Cronbach) 알파계수처럼 내적 합치도 지수와 같은 상관계수로 표시된다.

창의성 도구의 신뢰성은 욕실의 체중계보다 믿기 힘들 수 있고 학교에서 보는 시험보다 더 신뢰하기 어려울 수도 있다. 창의성은 매우 복잡한 구조로서 체중이나 우리나라의 역사에 대한 사실보다 측정하기가 더 어려울 수 있다. 창의성은 다양한 방법으로 표현될 수 있으며, 같은 도구를 사용하거나 동일한 방식으로 평가하는 것이 적절하지 않을 수도 있다. 창의성은 어떤 사람에게라도 오랜 기간 동안 항상 완벽하게 안정되지 않을 수 있다. 어떤 한 사람이 만드는 모든 것이 걸작이 되는 것이 아니다. Norris와 Ennis(1989)는 비판적 사고의 측정에 관한 수치 결과를 해석하고 적용하는 문제에 대해 다음과 같이 제안한 바가 있는데, 이는 창의성 평가와도 관련이 있다.

신뢰도는 검사 매뉴얼에 뚜렷하고 명백한 숫자로 나타난다. … 우리는 비판적 사고에 대한 정보를 수집할 때 과연 어느 수준의 신뢰도가 적절한지에 대해 판단하기 어렵다고 이야기한 바 있다. 비판적 사고에 대한 정보 수집과 관련하여 아직 매우 초보적 단계에 있다는 것을 깨달아야 한다. 평가 정보가 어디에 사용될지에 따라 어느 정도 수준의 신뢰도를 요구할지가 결정된다. 정보의 사용 목적이 개인적·사회적 중요성을 가질수록 더 높은 수준의 신뢰도가 요구된다. 한편, 일관성 측면의 신뢰도만으로는 충분치 않다는 것도 유념할 필요가 있다(Norris & Ennis, 1989).

생각해 보기

○ 이제 평가와 관련된 몇 가지 기본 용어와 평가 및 창의성 평가의 한계를 구체적으로 이해했기에 다음 두 장을 쉽게 이해할 수 있을 것이다. 또한 창의성 및 창의성 교육에 관한 연구를 전문으로 하는 학술지를 살펴봄으로써 당신의 창의성에 관한 이해 수준을 제고할 수도 있다. 이 장의 논의를 통해 학술지에 게재된 자료를 더 잘 이해할 수 있을 것이다. 창의성에 관한 주요 학술지는 다음과 같은 것들이 있다.

〈국내 학술지〉

▶ 창의력교육연구
▶ 창의정보문화연구
▶ 영재교육연구
▶ 영재와 영재교육

〈해외학술지〉

▶ Creativity Research Journal
▶ The International Journal of Creativity and Problem Solving
▶ The Journal of Creative Behavior
▶ Journal of Creativity in Mental Health
▶ Psychology of Aesthetics, Creativity, and the Arts
▶ Gifted Child Quarterly
▶ Gifted Child Today

창의성 평가의 원리와 목적

교육 현장에서 최신의 교육 이론을 반영한 창의성 평가 방법은 다음과 같은 4가지 기본 원리를 반영해야 한다.

• 좋은 평가 도구의 특성을 이해하고 선택하기
• 적절한 질문하기
• 다양한 정보수집 방법을 활용하기
• 평가 도구를 정확하게 활용하고 평가 결과를 적절하게 해석하기

원리 1. 좋은 평가 도구의 특성을 이해하고 선택하기

우리는 종종 창의성이 측정될 수 없다는 말을 듣기도 하지만, 실제로는 창의성 검사, 창의성 체크리스트, 창의성 평정척도 등으로 불리는 수많은 창의성 측정 도구가 있다. 현재 저자의 연구소에 등록된 창의성 측정 도구 목록만도 70개가 넘는다(참조: http://www.creativelearning.com). 인터넷 검색을 해보면 더 많은 것을 찾을 수 있지만 검사 도구로서의 타당성을 충분히 입증하지 못한 도구들은 우리의 목록에 포함시키지 않았다. 비전문가들이 임의로 만든 허술한 검사부터 2분짜리 '창의성 퀴즈'까지 다양한 도구들이 넘쳐나고 있다.

당신은 평가 도구를 선택할 때, 도구 사용이 얼마나 용이한지 그리고 그 도구가 제공하는 데이터의 질이 얼마나 높은지를 생각해 보게 될 것이다(〈표 7〉 참조). 다시 말해, 도구의 엄밀함과 편리함 사이에서 고민하게 될 것이다. 보다 경제적이고 사용하기 쉬운 것을 선택하기 위해 데이터의 질을 어느 정도 희생해야 할까? 우리의 입장은 질을 위해 애쓰는 편이 낫다는 것이다. 비공식적 자료들이 때로는 당신에게 다른 작업을 할 때 통찰력을 넓혀주는 데 유용할 수도 있지만 일반적으로 질 나쁜 자료를 활용하는 것보다는 차라리 자료가 없는 것이 낫다. 교수–학습을 위한 의사결정을 정당화할 수 있는 데이터를 얻고, 당신과 학생들의 시간과 노력을 가치 있게 할 수 있는 평가를 하

〈표 7〉 도구 사용의 용이성과 데이터 질의 관계

구분	높은 용이성	낮은 용이성
질 높은 데이터 제공	매우 적은 노력으로 훌륭한 결과가 기대됨 (이상적이나 가능성이 낮음)	좋은 데이터를 얻기 위한 시간과 노력을 많이 투자하고자 함 (엄밀함)
질 낮은 데이터 제공	좋은 결과를 얻지 못할 것을 알면서도 빠르고 쉬운 방법을 사용함 (편리함)	많은 시간과 노력을 투자하지만 좋은 결과를 얻지 못함 (자기학대)

기 위해서는 신뢰성과 타당성이 있고 목적과 모집단에 부합하는 평가 도구를 찾아서 사용하려는 노력을 기울여야 한다. 이를 위해 많은 시간을 요구하는 복잡한 연구가 필요할 수도 있지만 우리는 양질의 데이터를 얻는 것이 그만큼 중요하다고 믿는다. 양질의 데이터를 얻기 위해 노력하면 정확하고 유용한 자료를 찾을 수 있고, 이를 통해 효과적인 교육 계획 및 실천이 이루어지게 될 것이다.

원리 2. 적절한 질문을 하기

늦은 밤 가로등 아래서 열쇠를 찾고 있는 사람의 이야기가 있다. "열쇠를 마지막으로 갖고 있던 것이 이 가로등 밑입니까?"라고 묻자 그 사람은 "아니요. 저쪽(어느 정도 거리가 떨어진 어두운 곳)에서 잃어버렸습니다. 그런데 이쪽 불빛이 더 밝아서 여기서 찾고 있습니다." 이 이야기가 터무니없고 우스꽝스러운 것처럼 들리겠지만 실제로 평가를 하는 상황에서 종종 일어나는 실수다. 만약 올바른 질문을 하지 않거나 올바른 지점을 찾지 못한다면 당신은 정확한 답을 얻지 못할 것이다.

평가의 기본적인 전문용어를 이해한다면, 당신은 올바른 질문을 하거나 의미 있고 유용한 답을 얻어내는 데 필요한 기본 능력을 갖게 될 것이다. 이것은 창의성 테스트가 과연 쓸모 있는 것인지 없는 것인지를 말하는 것이 아니다. 이것은 어떤 창의성 검사를 사용할지를 결정하는 문제가 아니다. 어떤 학생의 창의적 재능의 등급을 매기기 위해 점수를 사용하는 것을 말하는 것도 아니다. 결국, 누가 창의적 영재이고 아닌지를 구분해 주는 어떤 점수를 찾고자 하는 일은 더더욱 아니다. 앞에서 이미 읽었다시피 우리는 모든 사람이 창의적 잠재력을 가졌다고 믿는다.

창의성을 평가하는 목적이 학생들에게 효과적이고 도전적인 수업을 제시하거나 수업 프로그램의 효율성이나 영향을 평가해 보려는 것이라면 다음의 가이드라인을 참고하라.

- 학생들의 등급을 매기는 것은 중요하지 않다. 평가 목표는 단순히 학생을 분류하거나 상/중/하 그룹으로 나누는 것이 아니다. 평가 도구를 사용함으로써 학생의 특성 또는 그룹의 성과에 관한 정보를 얻고자 하는 것이다.

- 모든 학생은 창의적 잠재력을 가지고 있으며 여러 가지 형태로 표출된다. 따라서 '어떻게 창의적인가(How are you creative?)'를 묻는 것이 '얼마나 창의적인가(How creative are you?)'라고 묻는 것보다 훨씬 유용한 정보를 제공해 준다. 학생들의 창의성을 최대화할 수 있는 다양한 방법을 생각해 보자.

- 숫자가 아닌 의미를 찾아라. 당신이 어떤 평가 도구를 사용할 때, 검사 결과로 나오는 수치나 점수에만 너무 의존하지 말고 그 이상을 살펴보길 바란다. 평가 도구가 제공하는 데이터를 주의 깊게 살펴보자. 그 결과는 학생에 대해 어떠한 것을 알려주는가? 그 정보는 당신의 창의성에 대한 정의를 지지하는가? 그 정보가 수업을 계획하고 실행하고 평가하는 데 유용한가? 이것을 기억해 두자. 만약 학생들을 가르치는 데 도움을 주지 못하는 데이터라면, 그 데이터는 수집할 가치가 없다.

중재반응모형(Response to Intrevention: RtI)이라는 접근법이 근래 교육계에서 주목받고 있다(Rollins, Mursky, Shah-Coltrane, & Johnsen, 2009). 이 접근법은 아동의 강점과 필요에 관한 최대한 많은 데이터를 얻은 다음, 그 데이터에 기반한 최적의 교육 방법을 찾을 수 있게 해 준다(Bender & Shores, 2007). 비록 이 접근법이 장애아동이나 특별한 필요를 가진 학생들에게 적절한 교육을 제공하기 위한 것이었지만, 교육적 의사결정을 돕기 위해 데이터의 활용을 강조한 점은 학생들의 강점과 재능을 파악함으로써 적절한 교육을 제공하고자 했던 교육적 노력과도 일맥상통하는 것이다. Coleman과 Hugher(2009)는 "중재반응모형의 초점은 조기개입이다. 학생들의 강점을 살리고, 그들의 학습 관련 요구를 해결하기 위해 조기에 서비스를 제공하는 것이다."라고 말했다. 그들은 다음과 같이 주장했다. "중재반응모형은 각 학생들의 요구를 인지하고 반응하는 협력적인 접근법이다. 이러한 협력적 접근법은 교육자들이 학생을 최우선으로 생각하도록 요구하고, 학생들의 강점과 요구에 맞는 지원과 서비스를 요구한다."

원리 3. 다양한 정보수집 방법을 활용하기

우리는 어떤 사람의 사진 한 장만 보고 그 사람을 이해할 수는 없다. 다양한 각도와 관점에서 찍은 사진들을 보고, 시간과 상황에 따라 어떠한 변화가 일어나는지를 보는 것이 좋다. 창의성을 보는 방법도 마찬가지이다. 창의성을 바라보는 방법과 창의성을 사용하고 표현하는 방법은 다양하다. 또한 각자의 창의적 노력과 성과에서의 다양성을 만들어 내는 경험, 흥미, 동기에 있어서 많은 변화가 있다. 어떤 정보가 개인의 강점과 약점에 대한 완전하고 불변의 설명을 제공할 것이라고 기대하는 것은 적절하지 않다. 창의성, 창의적 문제해결, 혁신과 변화 관리는 모두 복잡한 도전이자 과정이다. 그것들은 많은 능력의 개발과 사용 그리고 복잡한 사회적, 인지적, 개인적 특성 및 상황적 요인들에 의해 영향을 받는다.

사람은 정적이지 않고 변한다. 사람들은 매일 성장하고 시간이 흐르면서 그들의 흥미, 동기, 기술, 지식이 변화하는 경향이 있다. 예를 들어, 아이디어를 유창하게 생성해 내는 것은 경험의 영향을 받는다는 증거가 있다. 따라서 더 넓고 풍부한 인생 경험을 한 사람이 그렇지 못한 사람보다 유창성에서 높은 점수를 받을 거라는 것을 알 수 있다. 학생들의 삶 속에서 지속적으로 발생하는 변화에 발맞추기 위해서, 창의성을 평가하려는 교육자는 지속적으로 변화하는 데이터들을 살펴보아야 한다. 창의성을 측정하는 것은 한 장의 스냅사진을 찍는 것보다는 앨범을 모으는 것에 가깝다. 한마디로 말해서, 한 가지 도구나 하나의 데이터에만 의존해서는 안 된다.

하나의 긍정적 데이터는 당신에게 매우 가치 있는 정보를 제공해 준다. 당신이 학생의 독창적이거나 상상력이 풍부한 모습을 관찰했다면 이는 그 학생의 창의성에 관한 분명한 지표이다. 하지만 그렇다 할지라도 그것은 패턴은 아니고, 특정한 상황에서 일어나고 있는 하나의 사례이다. 그것은 가치 있는 데이터이지만, 종합적인 평가는 아니다. 마찬가지로, 하나의 부정적 데이터는 다른 과제와 다른 상황(예: 다양한 동기 또는 인센티브, 다른 내용 영역 또는 주제)에서는 무엇이 발생할지에 관해 제공할 수 있는 정보가 거의 없을 수도 있다. 그것은 그 사람이 무엇을 안 했는지를 이야기해 줄 뿐, 그 사람이 무엇을 못 하는지를 알려주지는 않는다. 흔히 "증거의 부족이 결핍의 증거는 아니다."라는 말이 있다. 사람들, 특히 아이들은 끊임없이 변한다는 것을 명심할 필요가 있다. 특정한 날에 얻은 자료가 한 주, 한 달, 일 년 후를 말해 주지 못한다. 따라서 다양한 정보수집 방법을 통해 끊임없이 데이터를 보는 것이 중요하다. 평가는 정적인 사건이 아니라 동적인 과정이다.

Treffinger 외(2002)는 한 개인의 창의적 능력, 장점, 기술 또는 잠재력에 관한 정보를 얻기 위한 방법으로 4가지 주요한 정보수집 방법에 대해 이야기했다. 그 4가지 정보수집 방법은 각각 장점과 한계점을 가지고 있고 특정한 필요나 상황을 평가함에 있어서 다른 방식으로 유용하다. 창의성을 평가하는 포괄적인 접근 방식에서 고려될 수 있는 4가지 정보수집 방법의 출처는 검사, 평정척도, 자기보고식 자료, 관찰 및 산출물 정보 등이다(Treffinger et al., 2002).

검사를 통해 수집된 데이터는 통제되고 표준화된 상황에서 구조화된 일련의 과제나 질문에 대한 사람들의 응답을 포함하며, 이를 통해 응답자의 창의적인 반응과 생각할 수 있는 능력을 보여 준다. 어떤 사람들은 평가 자료가 객관적이고 쉽게 정량화할 수 있고 비교적 표준화된 형식으로 응답하는 모든 사람들을 비교할 수 있기 때문에 이를 신뢰하는 경향이 있다. 그러나 또 다른 사람들은 객관적으로 점수를 매길 수 있는 표준화된 평가라는 개념 자체가 모순이라고 주장하기도 한다.

검사

Torrance의 창의적 사고력 검사(Torrance Tests of Creative Thinking: TTCT; Torrance, 2006)는 Scholastic Testing Service, Inc.에 의해 출판된 것으로 창의적 사고 평가 중에 가장 널리 알려지고 사용되는 평가지이다. TTCT는 도형 검사와 언어 검사로 이루어지며, 둘 다 다양한 과업을 수행하도록 구성되어 있다. 도형 검사는 3가지 그림을 기반으로 유창성, 정교함, 독창성, 성급한 종결에 대한 저항성, 제목의 추상성 등을 평가한다. 언어 검사는 6가지 활동을 기반으로 생각의 유창성, 유연성, 독창성을 평가한다. 언어 검사는 반응자에게 질문하기, 가능한 원인과 결과를 따져보기, 제품 개선하기, 가상 상황에 반응해 보기가 있다.

평정척도

평정척도(rating data)는 다른 사람들(교사, 학부모, 관리자, 멘토, 동료 등)에 의해 등급이 매겨진 창의적 자질이나 행동을 구체적으로 설명하는 평가 도구이다. 평정척도의 유용성은 몇 가지 요인의 영향을 받는다. 등급을 매길 행동이나 특성에 대한 평가자의 이해, 평가자가 어떤 행동이 발생했을 때 그 사람을 알고 이해하는 기회, 등급이 매겨지는 특정한 특징에 대해 판단을 제한하고자 하는 평가자의 의지 등이 그것이다. 평정척도는 효율적으로 정보를 얻기에는 좋지만, 적합하게 사용하지 않으면 신뢰도나 타당도가 떨어질 수 있다.

평정척도는 일반적으로 창의성과 관련된 특정 행동 및 특성을 나타내는 다수의 항목으로 구성되어 있으며 이에 대해 리커트 척도(흔히 4점이나 5점 척도)나 양적 척도(예: 1[낮음]부터 7[높은]까지 등급을 나누어 평가하는 것)를 활용하여 응답하도록 한다. Ryser(2007)의 PCA검사(Profile of Creative Abilities; http://www.proedinc.com)나 Renzulli 등의 영재학생 행동 평정척도(the Scales for Rating Behavioral Characteristics of Superior Students; http://www. creativelearningpress.com) 등이 대표적인 평정척도이다.

자기보고식 자료

자기보고식 자료(self-report)는 응답자 자신과 자신의 행동에 대한 질문에 응답하는 것을 포함한다. 몇몇 연구자들은 어떤 사람이 창의적인지 아닌지를 결정하는 가장 좋은 방법은 그들에게 직접 묻는 것이라고 주장한다. 창의성에 관한 자기보고 데이터를 제공하는 수많은 태도 검사, 개인 특성 체크리스트, 전기적 검사가 있다. 이러한 자기보고식 검사를 사용하는 것이 효율적이지만 자기보고식 도구를 통한 정보의 정확함이나 완성도에 대한 우려도 있을 수 있다.

KTCP 창의성 검사(Khatena-Torrance Creative Perception; Khatena & Torrance, 2006)나 KTCPI(Scholastic Testing Service에 의해 발간됨)는 두 개의 자기보고식 체크리스트인 SAM(Something About Myself)과 WKOPAY(What Kind of Person Are You?)를 포함하고 있다. SAM은 자기 자신에 대해 개인이 인식하고 있는 6가지의 광범위한 창의적 특성을 측정한다. 환경에 대한 민감성, 진취성, 자신감, 지력, 개성, 예술가적 기교가 SAM이 측정하는 6가지 영역이다. WKOPAY는 권위에 대한 수용, 자기신뢰, 호기심, 다른 사람에 대한 인지, 상상력을 평가한다.

관찰 및 산출물

관찰 및 산출물은 또 다른 정보수집 방법이다. 사람들의 창의성에 관한 정보를 얻는 한 가지 중요한 방법은 그들의 실제 행동, 즉 그들의 창의적인 산출물, 수행, 성취를 통해서이다. 우리는 실제 상황에서의 직접적 관찰이나 기록을 통해서 또는 실제와 매우 유사한 상황이지만 통제가 가능한 환경에서 구조화된 임무를 수행하는 것을 보면서 정보를 얻을 수 있다. 앞의 상황은 실제 삶에서의 창의성의 기록이고 뒤의 상황은 실제적 또는 시뮬레이션 상황에서의 창의성의 기록이다. 교실 상황에서 이러한 자료는 종종 루브릭(rubric)을 사용하여 수집된다. 루브릭은 어떠한 과제나 과업, 결과물을 성공적으로 수행하기 위한 기준이나 기대에 대해 언급해 놓은 기록이다. 이는 수행의 정확도, 완성도, 질을 다양한 수준(예 : '부족함'에서부터 '매우 뛰어남'에 이르기까지의 4, 5점 척도를 사용함)에서 구체적으로 기술해 놓았다. 평가 자료를 제공하는 것 외에도, 루브릭은 학생들이 과제를 행하기 시작할 때부터 기대되는 것들을 이해할 수 있게 함으로써 학습이 이루어지도록 안내할 수 있다. 어떤 루브릭은 교사나 교육과정 개발자에 의해 만들어지기도 하지만, 학생들이 우수한 작업의 기준에 대해 토론하거나 그들의 작업을 평가하기 위해 사용될 기준을 만드는 공동 작업자로서의 역할을 하는 과정에서 학생들이 스스로 루브릭을 만들어 보도록 장려해 주는 것도 흔히 있는 일이며 또한 배움의 과정에서 가치 있는 작업이다. 관찰 및 산출물 정보는 실제 삶 또는 실제적 성취와 결과물에서 신뢰도를 갖는다. 그러나 평가의 측면에서 볼 때, 간결하고 일관성 있게 요약하고 평가하는 것은 어려울 수 있으며, 또한 개인 간이나 그룹 간에 비교를 하는 데에도 어려움이 있을 수 있다. 다양한 관찰자들 간의 신뢰성을 확보하는 것도 어려울 것이다.

3점	일반적이지 않고 다양하고 많은 가능성을 탐색한다. 섣부른 판단을 하지 않는다.
2점	아이디어의 생성과 평가(판단 보류)를 구별할 줄 안다. 그러나 제한된 수의 가능성만 생성한다.
1점	각각의 가능성을 판단하거나 평가하기 위해 한 번에 한 가지 대안을 만들어 낸다. 제한된 수의 가능성만 만들어 낸다.
0점	즉각적으로 한 가지 대안을 만들어 내고 다른 가능성에 대한 생성 없이 그 안을 받아들인다. 다른 생각들을 비판하거나 다른 대안의 필요성을 거부한다.

마찬가지로 대안에 초점을 맞춘 평가 매트릭스 도구(평가를 위해 준거 사용)를 사용한 루브릭의 예는 다음과 같다.

3점	적합한 준거를 만들어 내고, 이를 체계적으로 대안에 적용시키며, 제한점을 극복하는 방법을 생각하고, 매력적인 가능성 등을 결합하거나 새로운 대안을 만들어 낸다.
2점	대안을 분석하기 위해 적합한 준거를 만들어 내고, '최고'의 아이디어를 찾는 데 초점을 맞추면서 이를 기계적인 방식으로 대안을 평가하거나 순위를 매겨서 적용한다.

1점	준거를 명확하게 만들어 내거나 체계적으로 적용하는 것 없이 몇 가지 옵션들을 나열한 다음, 이를 수락하거나 거부하는 이유를 진술하여 평가한다.
0점	어떤 대안을 준거나 타당성, 체계적 분석 없이 '좋음' 또는 '나쁨'으로 정한다.

원리 4. 평가 도구를 정확하게 활용하고 평가 결과를 적절하게 해석하기

결론적으로 사람의 창의성을 평가할 때 단지 한 가지 도구만을 사용하거나 그 결과가 절대적인 무언가를 알려준다고 믿거나 창의적 능력에 대해 고정된 분류개념을 갖는 것은 현명하지 못하다. 하나의 평가 도구로 여러 영역을 평가할 수 없는 것은 물론이고, 특정 영역에서 개인의 기술 수준, 지식, 능력 등에 대한 모든 것을 알 수 없다. 흔히 창의성 검사도구의 사용자들은 확산적 사고를 통해 창의적 사고를 측정하는 도구들이 창의성의 총체적 구조를 포괄적으로 평가할 수 없다는 것을 간과한다. 일부 창의성 평가 도구는 구인 타당도가 부족하고, 미래 성과의 예측 변수로서 그 효과를 뒷받침할 만한 증거가 거의 없다(Zeng, Proctor, & Salvendy, 2011).

평정척도, 자기보고식 검사, 체크리스트, 설문지의 결과를 사용하거나 이해하는 것은 주의를 요한다. 이들은 모두 결과에 영향을 줄 수 있다. 예를 들어, 자기보고식 검사의 경우, 피검자들이 지시문에 집중하지 못하거나 이해를 못 할 수 있다. 사회적으로 바람직한 응답을 하려는 경향성이나 선택적 기억이 응답을 선택하는 데 영향을 미칠 수 있다. 응답자들은 그 도구를 사용하고자 하는 사람들의 입맛에 맞는 응답을 해주려 하기도 한다. 무엇보다 우리가 명심해야 할 것은 어떤 도구이든 피검자의 개인적인 필요와 특성을 더 잘 이해하고 적절히 반응할 수 있도록 도와주기 위해 존재한다는 것이다.

창의성 평가 도구를 현명하고 적절하게 사용하려면 사람들을 섣부르게 정형화된 틀로 이해하려 해서는 안 된다. 학생들의 현재 특성과 강점, 흥미, 필요를 이해할 수 있는 모든 자료를 모아서 이용해야 한다. 최선의 경우, 당신이 수집한 모든 자료는 학생들의 강점과 필요를 이해하는 데 도움이 될 것이다. 현명하고 적합하게 사용되는 자료의 평가는 학생들이 창의적인지 아닌지, 또는 어떤 프로그램에 포함시킬 것인지 배제시킬 것인지를 판단하는 것이 아니라 교육적인 필요(예: 특정한 시간에 무엇을 할지 또는 하지 말아야 할지)에 통찰력을 제공하는 것이다. 당신이 학생들이 특정 상황에서 수행한 행동을 통해 파악한 학생들의 특징이나 필요(그들의 창의적 강점)에 관한 정보는 당신이 그들의 요구에 반응하거나 그 요구를 깨닫게 하는 데 도움이 될 것이다. 당신은 항상 어떻게 반응하는 것이 최선인지에 대한 계획과 결정을 재평가하고 업데이트할 준비가 되어 있어야 한다.

다음 장에서는 10장에서 다루었던 창의성 평가의 기본 개념과 이 장에서의 기본 원칙들을 기반으로 창의성 평가를 위한 세밀한 계획을 세우는 방법에 대해 안내할 것이다.

생각해 보기

o 이 장에서 제시된 4가지 기본 원리를 정리해 보자.
  다음의 2가지 방법 중 하나를 사용하여 당신의 학교나 지역에서 진행되고 있는 현행 교육 프로그램과 비교해 보자.

  ▶ 어떤 특별 교육 프로그램의 대상이 될 학생들을 선발하기 위한 정책이나 절차에 있어서 이러한 원리들이 어떻게 반영되고 있는가? 이 장에 나온 4가지 기본 원리 중에서 어느 것이 가장 잘 드러나고 있는가? 어떤 정책이나 프로그램이 이러한 변화로 가장 이득을 볼 수 있는가?
  ▶ 현장 교사가 특정 교과의 일상적인 수업을 계획하고 수행하는 상황을 염두에 두고, 이 4가지 원리들을 한번 생각해 보자. 이 4가지 원리들 중 교사들이 이미 일상적으로 하고 있는 업무 속에서 가장 잘 반영되고 있는 것은 무엇인가? 또 가장 그렇지 않은 것은 무엇인가?

창의성 평가의 최신 경향

우리는 10장과 11장에서 창의성을 평가하는 것이 불가능한 도전은 아니지만 매우 복잡한 과제임을 밝혔다. 이는 창의성이 다차원적이고 역동적이기 때문이다. 한 번의 검사로 얻어지는 단일점수가 한 개인의 창의성을 대표한다고 믿는 사람들이 많은 것 같지는 않지만, 그럼에도 "반에서 창의적인 학생이 누구인지 확인하고 싶은데, 어떤 검사도구가 좋은가요?"라는 질문이 좀처럼 줄어들지는 않는다. 이는 아마도 창의성이 영재교육과 같은 특정 교육 프로그램의 중요한 요소로 여겨져서 창의성이 뛰어난 학생을 찾아내야 하는 상황이 흔히 벌어지기 때문인 것으로 보인다. 우리가 교사들이 원하는 것을 얻을 수 있는 단 하나의 검사는 없다고 대답하면, 교사들은 종종 실망하거나 좌절한다. 그러나 그것이 창의성을 평가하는 게 불가능하다는 것을 의미하지는 않는다(Treffinger, 2009). 이러한 과제를 건설적인 방법으로 해결할 수 있도록 돕기 위해, 이 장에서는 프로파일과 포트폴리오에 대해 다룰 것이다. 이 2가지는 대안적 평가, 참평가 방법으로 흔히 알려져 있다(Hart, 1994; Herman, Aschbacher, & Winters, 1992; Treffinger, 1994).

창의성 강점 프로파일

창의성 강점 프로파일은 특정한 상황에서 특정한 과제를 수행하는 동안 학생들이 표출한 창의적 특성과 강점을 발견할 수 있도록 도와주는 도구라고 할 수 있다. 창의성 강점 프로파일은 단순히 전체 지수로 일반화하거나 또는 범주로 묶기 위해 여러 점수를 계산하거나 합산하는 방법이 아니다. 한 마디로 말해서, 창의성 강점 프로파일을 준비하는 것은 어떤 의미 있고 가치 있는 한 분야에서의 창의적 수행을 이해하고 예측하고 촉진하는 다차원적 프레임워크의 개발을 말한다.

창의성 강점 프로파일의 7가지 중요한 특징

- **융통성**: 다양한 자료와 서류 양식을 포함하고 있으며, 특정한 자료나 고정된 양식이 없다.
- **점진성 및 역동성**: 새로운 자료나 추가 자료가 나오면 언제든지 변경 및 변형할 수 있다(판별 또는 선발을 위해 특정 날짜에 수집하는 것이 아님).
- **강점에 초점**: 어떤 재능 영역이나 관심 분야에서든 학생이 창의적으로 무엇을 할 수 있는지 판별하기 위한 것이다. 이것은 창의적 강점을 확인할 수 있는 증거를 찾는 것이다.
- **진단 중심**: 프로파일에 담긴 자료는 가장 적절하고 도전적인 교육 활동

및 경험을 계획하는 데 도움이 된다.

- **기능성**: 프로파일은 학생, 교사 및 다른 사람이 교육을 안내하고 창의성을 증진시키는 데 활용하기 위한 적극적인 도구이지 단순히 관련 문서들을 수집하여 보관해 두기 위한 것이 아니다.
- **자료의 다양성**: 프로파일에는 정성적 혹은 정량적 자료, 형식적 혹은 비형식적 자료 등 다양한 유형의 자료가 있다.
- **행동 지향성**: 프로파일에는 수행 방향, 목표, 대상, 담당자 및 일정 등을 문서화할 수 있다.

창의성 강점 프로파일은 다양한 형태를 가질 수 있다. 예를 들어, 서류철이나 서류함 속 물리적 형태의 종이 문서도 가능하고, 디지털 형태의 CD나 DVD, 클라우드에 저장된 디지털 형태의 파일로도 가능하다. 한두 페이지로 간단하게 요약된 프로파일도 동료 그룹이나 교사회의에서 유용하게 활용될 수 있다.

[그림 6]에서는 창의성 강점 프로파일의 핵심 사항을 제공하고 있다. '창의적 특성 지표'라고 적은 것은 6장에서 제시하였던 4개의 범주를 말한다. 그리고 '정보수집 방법'이라고 표시된 열은 11장에서 언급한 4가지 유형의 정보를 의미한다. 이 양식의 각 셀들은 프로파일을 만들어 내는 과제나 목표에 따라 다른 출처에서 온 다양한 자료를 포함하고 있다.

창의성 강점 프로파일에서 포함하고 있는 일부 특정 데이터는 5장부터 9장까지 설명한 COCO 모델을 기반으로 한 창의성의 4가지 핵심 요소들을 가지고 왔다. 그 4가지는 다음과 같은 특성을 포함할 수 있다. 개인 특성(인지, 초인지, 성격, 스타일, 흥미), 과제 수행을 위한 사고 과정 및 요소(전이 가능한 절차적 기술, 연구, 탐구 능력, 지식 기반), 환경적 맥락 또는 차원(문화, 풍토, 역사 관점, 전기적 자료), 그리고 산출물(제품, 업적, 한 사람의 포트폴리오에서 얻을 수 있는 자료)이다.

창의성 강점 프로파일

- 성 명:
- 학교명:

나이( )세

학년( )

자료 제공자 (∨)	
학생	부모
멘토	다른 성인
교사	기타

정보수집 방법	창의적 특성 지표				추가적인 정보
	아이디어 생성하기	아이디어 관계 파고들기	개방성과 용기	내면의 목소리 듣기	동기 및 과제 집착력
검사					선호하는 스타일
평정척도					특별한 흥미 및 매력
자기보고식 자료					지식 및 전문성
관찰 및 산출물 자료					

본 자료는 창의성이 _____ 아직 나타나지 않음; _____ 나타나기 시작함; _____ 나타남; _____ 탁월함을 제시하고 있음

[그림 6] 창의성 강점 프로파일 요약문(1페이지)

160

[그림 6]의 오른쪽 기타 열은 동기부여 및 과제 수행, 스타일 선호, 풍토 및 맥락과 같은 학생의 창의성에 대한 이해를 확대하고 강화하는 다양한 출처로부터 수집된 정보를 기록할 수 있는 공간이다. [그림 6]의 맨 아래 쪽에 있는 칸은 수집한 자료를 통합하고 전반적인 수행 정도를 기록하며, 창의적 재능을 육성하기 위해 어떤 도움을 주어야 할지 계획해 보는 공간이다.

현재 사용 가능한 모든 자료를 기반으로 하여 학생들의 필요를 4가지 광범위한 수행 수준으로 설명할 수 있다(Treffinger et al., 2002).

- 아직 증거가 명확하지 않음: 그 사람의 현재 수행 수준은 선택된 창의성의 정의와 일치하는 특성이나 행동을 드러내지 않을 수 있다. 이 상태에서 2가지 중요한 요건에 주목하라. 첫째, 이 범주의 사람을 '창의성이 없는 사람이거나 창의적이지 않은 사람'이라고 부르지 않는다. 창의성이 그 사람에게 달성될 수 없다는 것을 암시하지 않고 단지 창의성의 증거가 현재 명확하게 관찰되지 않는다는 것을 의미한다. 이 범주는 능력, 적성 또는 잠재력에 관한 것이 아니라 성과에 관한 것이다. 둘째, 이 범주는 단지 평가를 위해 정의된 창의성의 특성에만 관련된다. 즉, 창의성의 다른 정의에서 또 다른 성향을 포함할 때 그 사람의 수행 정도에 차이가 있을 수도 있다.
- 최근에 드러나기 시작함: 그 사람의 현재 수행에서는 창의성의 특성에 대한 제한적인 증거가 있다. 비록 창의적 행동이 질적으로 비일관적이고 잠정적이고 한계가 있다 할지라도, 창의성은 평가되는 창의성 정의와 일관된 방법으로 나타나기 시작하는 단계이다.
- 잘 나타나고 있음: 일정하게 학생의 현재 행동에서 창의성의 특징과 징표가 높은 수준으로 나타날 때, 당신은 학생이 현재 창의적 성향을 잘 표현하고 있음을 알 수 있다. 이 범주는 창의적 성향이 학생의 전형적인 행동과 산출물에서 종종 관찰될 수 있다는 것을 의미한다.
- 탁월함: 창의성 평가 기준에서 자료가 한 분야 혹은 여러 분야에서 깊이

가 탁월하고, 질적으로 수준이 높으며, 창의적인 행위와 재능 있는 업적이 창의적 성향을 일정하게 보여 주고 있을 때, 학생이 현재 수행 수준이 탁월하다고 분류할 수 있다.

1장에서 소개한 세 명의 학생들을 이 4가지 범주의 관점에서 간단히 살펴보자. 에릭(Eric)이 5학년이 되었을 때, 그의 관심 분야와 잠재력은 교사들에게 명확히 드러나지 못했다. 우리는 그의 가족에게 증거가 있었다는 것을 가정할 수 있지만, 그 자료는 학교에 명확하게 전달되지 않았다. 일단 그의 선생님이 에릭의 잠재력에 대한 더 완벽한 그림을 갖게 되면, 선생님은 에릭의 잠재력이 발현되게 도와주고 학교에서 다른 사람들에게 인정받을 수 있도록 도울 수 있다. 윌리엄(William)의 음악적 창의성 또한 드러나고 있었다. 담임 선생님은 윌리엄이 생각을 잘 표현하도록 그에게 밴드를 소개해 주었고 공식적으로 활동을 하도록 격려하고 도와주었다. 하지만 다른 수업에서는 그의 창의적 수준에 대한 명확한 그림을 가지고 있지 않았다. 수지(Suzie)도 마찬가지다. 그녀는 자신의 관심 분야였던 과학에서 전문가들에게서도 인정될 만한 탁월한 전문가 수준의 성취를 해 낼 수 있었다. 한편, 우리는 수지의 다른 관심 분야에 대한 덜 명확한 그림을 가지고 있다. 그녀는 창의적 잠재력을 보여 주었지만, 의학 분야의 열정이야말로 그녀가 꾸준히 질 높은 성취를 해 낼 수 있도록 해 준 동기가 되었다. 그녀가 이 한 분야에 더 집중하게 되면서, 다른 관심사들이 뒷전으로 밀려났다.

여기서 말하는 창의성의 수준은 경직된 경계를 가진 별도의 독립적인 범주가 아니라 연속선상의 수행 수준을 대략적으로 가늠해 줄 뿐이라는 것을 명심하는 것이 중요하다. 이러한 수준은 창의성 지수와 같은 특정 점수를 나타내지 않는다. 우리 모두가 정밀하고 객관적인 범주와 정확한 숫자로 표시되는 것을 바라는 한, 창의성이 지닌 복잡성의 현실 속에서 우리가 가지고 있는 제한적인 창의성의 평가 도구로는 그러한 바람이 이루어질 수 없다는 것을 끊임없이 확인하게 될 것이다.

모두 같은 발달 수준을 가리키는 자료가 여러 개 있는 경우, 그 사람의 현재 수행 수준을 정확하게 설명하는 데 상당한 확신을 가질 수 있다. 만약에 당신이 현재 수행 수준을 나타내는 몇 개의 자료를 가지고 있지만, 또 다른 자료는 또 다른 수준을 나타내는 자료가 있을 경우 추가 분석이 필요할 수 있으며 추가적인 자료의 수집도 유용할 수 있다. 일반적으로 타당한 가설은 최소한 두 개 이상의 정보수집 방법으로부터 얻은 자료가 지지해 주는 가장 높은 수행 수준을 채택하는 것이다. 여기에는 2가지 이유가 있다. 첫째, 다른 정보수집 방법을 통해 더 높은 수준의 수행이 기록되어 있는 경우, 비록 특정 정보수집 방법을 통해서만 그 수준이 나타났더라도 그 행동 수준은 실제로 존재한다. 둘째, 거짓 긍정의 경우, 즉 실제 확보된 것보다 더 높은 수행 수준을 제시하는 경우의 교육적 결과는 거짓 부정의 경우, 즉 실제보다 더 낮은 수행 수준을 제시하는 경우의 결과보다 훨씬 덜 우려할 만한 것으로 보인다. [그림 7]의 루브릭은 특정 창의적 과제나 프로젝트에서 학생의 현재 수행 수준을 결정하는 데에도 도움이 될 수 있다. 창의적 강점 프로파일의 첫 페이지 자료는 두 번째 페이지, 즉 [그림 8]에 기록하게 될 프로파일 활동을 위한 토대를 제공한다. 이 양식을 사용하면 프로파일 자료 및 분석을 통해 어떤 교육적 조치를 취할지에 대한 결정사항도 기록할 수 있다. 교사, 부모, 외부 멘토 또는 지도자들, 그리고 학생 자신도 이 양식 작성에 협력할 수 있다. 초기 작성 중에 자료의 추가나 수정을 통해 프로파일 활용 계획이 수시로 변경될 수도 있다.

	잠재 단계	발아 단계	표출 단계	수월성 단계
검사	이 학생의 창의적 사고 검사(언어 혹은 도형) 점수는 유창성, 융통성, 독창성, 정교성을 기르는 데 문맥을 기반으로 할 때 유창성, 융통성, 독창성, 정교성을 기르는 데 능숙함이 아직 나타나지 않고 있음. 일반적으로 모래집단과 비교할 때 평균 이하의 점수를 의미함.	이 학생의 창의적 사고 검사(언어 혹은 도형) 점수는 유창성, 융통성, 독창성, 정교성에 있어서 평균 수준의 능력을 나타냄. 일반적으로 해당 모래집단의 평균지 정도에 해당하는 점수를 의미함.	이 학생의 창의적 사고 검사(언어 혹은 도형) 점수는 유창성, 융통성, 독창성, 정교성에 있어서 평균 이상의 능력을 나타냄. 일반적으로 모래집단과 비교할 때 보다 대체로 높은 점수를 의미함.	이 학생의 창의적 사고 검사(언어 혹은 도형) 점수는 유창성, 독창성, 정교성에 있어서 평균을 훨씬 뛰어넘는 수준의 능력을 나타냄. 일반적으로 모래집단과 비교할 때 평균지보다 훨씬 높은 점수를 의미함.
행동	학생의 창의적 사고 및 행동에 대한 전문가의 평정이 현재 시점에서 창의적 사고 능력에 증거를 나타내지 않음.	학생의 창의적 사고 및 행동에 대한 전문가의 평정이 현재 시점에서 창의적 사고 능력에 증거가 일부 나타남. 그러나 인지된 목표 교 이와 절적인 한계가 있음. 이 학생의 평정은 모래집단의 관계에서 평균이거나 평균 이상으로 나타남. 그리고 몇몇 지표들은 학생의 평균이거나 평균에 거의 가까움. 그리고 특별한 과제와 포로젝트에서 평균 이상일지도 모름.	학생의 창의적 사고 및 행동에 대한 전문가의 평정이 현재 시점에서 창의적 사고 능력에 증거가 일관되게 나타나고 있음. 이 학생의 평정은 모래집단과의 관계에서 평균이거나 평균 이상으로 나타남. 그리고 몇몇 지표들은 학생의 평균으로 가지고 있으며 평균 이상으로 나타남.	학생의 창의적 사고 및 행동에 대한 전문가의 평정이 현재 시점에서 창의적 사고 능력에 증거가 매우 높은 수준으로 일관되게 나타남. 이 학생의 평정은 모래집단과의 관계에서 이 학생의 강점 분야에서 평균 이상이면서 몇몇 지표들에서는 탁월함. 그리고 몇몇 혹은 모든 응답은 더 긴 시간 동안 유지해 나갈 수 있음.

[그림 7] 수행 수준 평가 루브릭

	잠재 단계	발아 단계	표출 단계	수월성 단계
자기보고	창의성과 관련된 성향이 거의 나타나지 않음. 창의적 성향의 지표가 되는 태도나 창의적 혹은 흥미 추구와 관련된 동기와 흥미가 드러나지 않음.	창의성과 관련된 성향이 나타남. 창의적 성향의 지표가 나타나지만 창의적 혹은 흥미를 위한 동기 및 참여와 관련해서는 일시적이거나 불명확함.	창의성과 관련된 여러 특성들이 평균 또는 평균 이상의 수준으로 나타남. 창의성에 태도나 혹은 관심을 보여주고 창의적 활동과 도전에 참여하고자 하는 동기를 보임.	창의적 활동에의 참여와 관련된 창의적 특성 및 동기의 지표가 되는 긍정적 태도와 흥미가 나타남. 흥미를 가진 영역에서 창의적 활동을 지지지 않고 꾸준히 추구해 나가는 것으로 보임.
관찰 및 산출물	학생의 과제, 산출물, 수행 등에 있어서 유창성, 융통성, 독창성, 정교성 등의 증가가 확인되지 않음. 창의적 활동에 참여하기를 꺼리거나 참여한 활동에서도 중도에 포기하기도 함. 독창적인 산출물을 미리 내놓지 못하거나 제출된 산출물이 창의성 전문가에 의해 평균 이하로 평가됨.	학생의 과제, 산출물, 수행 등에 있어서 유창성, 융통성, 독창성, 정교성 등의 증가가 일부 드러남. 창의적 활동에 기여에 있어서는 일시적이거나 자신감이 부족함. 완성된 산출물이 평가자에 의해 평균 수준으로 평가됨.	학생의 과제, 산출물, 수행 등에 있어서 유창성, 융통성, 독창성, 정교성 등의 증가가 나타남. 창의적 활동에 적극적으로 참여하고 지속적으로 참여하고 그 산출의 양과 질에 있어서 실 사회에 기여할 수 있는 수준으로 인정받음. 창의적 활동을 꾸준히 하고 동료에 의해 평균 이상으로 평가됨.	학생의 과제, 산출물, 수행 등에 있어서 유창성, 융통성, 독창성, 정교성 모두에서 증가가 나타남. 정교성 모두에서 실 또 그 산출의 양과 질에 있어서 실제 사회에 기여할 수 있는 수준으로 인정받음. 창의적 활동을 꾸준히 하고 동료 또는 주위 사람들로부터 더 창의적인 리더로 인정받음. 완성된 산출물이 평가자에 의해 매우 높고 탁월하다는 평가를 지속적으로 받음.

[그림 7] (계속)

프로그램 활동 계획서

■ 성 명:

■ 날 짜:

활동 프로그램	주제	장소	기간 시작	기간 마침	자료/평가
목표 :					
활동 1					
활동 2					
목표 :					
활동 1					
활동 2					
목표 :					
활동 1					
활동 2					
목표 :					
활동 1					
활동 2					
목표 :					
활동 1					
활동 2					

[그림 8] 창의성 가정 프로파일 요약문(2페이지)

창의성 프로파일 작성의 유용성

 교사는 학생들에 대해 전혀 알지 못한 채 교실에 들어설 수도 있으며, 수업 내용이 무엇이든 간에 그냥 가르칠 수도 있지만, 이러한 방식이 교육 전문가로서 교사가 가야 할 길이 아님은 명백하다. 반면에, 업무시간은 물론 깨어 있는 모든 시간을 수업계획에 몰두하며 보내는 것처럼 보이는 몇몇 교사도 있을 수 있다. 그들은 일 외에는 전혀 다른 삶이 없는 것처럼 보이기도 한다. 아마도 대부분의 사람들은 이 두 극단의 중간 정도에서 바람직한 삶의 방식을 찾으려고 노력할 것이다.

 창의성 프로파일 작업은 이를 처음 접하는 교사들에게는 프로파일 작업이 교육자의 삶을 무척 고달프게 하는 일처럼 보일 수도 있다. 만약 우리가 그것이 쉽다고 말한다면 우리는 정직하지 않은 것이다. 우리가 제안하는 것은 일단 프로파일 작업을 시작하라는 것이다. 그리고 그것에 익숙해지면, 그 과정은 처음만큼 많은 노력이 필요하지 않게 될 것이다. 또한 당신의 일을 성공시키고 보람 있게 하는 데 긍정적인 기여를 할 것이라는 점이다. 프로파일 작업도 학생들의 능동적인 활동에 대한 기록을 포함하고 있기 때문에 이러한 작업에는 학생들의 협력이 따르게 되어 학생들의 독립성과 자기주도적인 학습 능력도 키워줄 수 있다. 프로파일 작업도 단순히 교사에게 더 많은 업무를 요구하는 것이 아니다. 이것은 학생들의 강점, 재능, 관심사에 대해 더욱 풍부하고 깊은 이해를 제공한다. 프로파일링은 당신의 교실을 더 흥미롭고 역동적으로 만들어 줄 활동과 경험을 위한 많은 새로운 아이디어를 자극할 수 있다. 〈표 8〉은 프로파일 작업이 어떠한 긍정적 기여를 할 수 있는지에 대해 설명하고 있다.

<표 8> 창의적 강점 프로파일의 긍정적 기여

창의적 강점 프로파일은 다음의 내용을 계획하는 것을 도와준다.

- 학생들의 강점, 흥미, 재능을 알고 가르치기
- 의미 있고 효과적인 교육 경험 만들기
- 학생들이 자신의 창의적 재능과 강점을 이해하고 발견할 수 있도록 도와주기
- 학생들이 스스로 자신의 재능을 활용하는 방법을 안내해 주기
- 과거의 학습경험을 근거로 미래의 학습을 설계하기
- 학생들을 학습활동에 적극적으로 참여시키기
- 학생들의 요구와 그들의 현재 교육 프로그램 혹은 서비스의 차이를 알고 개선하기

창의적 재능의 발굴

학생들의 창의적 강점과 재능을 확인하기 위한 프로파일을 만드는 것은 학생들의 창의적 강점을 찾아내고자 하는 적극적인 노력에서 시작될 수 있다. 우리는 이것을 '재능 발굴'이라고 한다(Treffinger et al., 2008; Young, 1995). 이 표현은 사람들에게 많은 실제 상황(예: 음악, 무용, 드라마, 운동)에서 재능을 찾고 발견하는 데 사용하는 과정을 상기시키기 때문에 도움이 될 수 있다. 한 실례로, 뛰어난 운동선수 발굴을 위한 스카우터의 자질 목록을 보면 우리는 재능 발굴자로서 교육자가 해야 할 일들에 대한 몇 가지 유용한 통찰력을 얻을 수 있다. 운동선수 스카우터에게는 다음과 같은 자질이 요구된다.

- 해당 스포츠 종목에 대해 알고 있다.
- 해당 스포츠 종목에서 요구하는 사항을 알고 있다.
- 관련 재능의 연령대별 발달 수준을 알고 있다.
- 잠재적 능력과 현재 수행능력 간의 차이를 알고 있다.
- 해당 스포츠에서 요구하는 수월성의 기준을 알고 있다.
- 이 분야의 역사적 관점과 지식을 알고 있다.

- 미개발된 상태에서의 재능을 알 수 있다.
- 인내와 끈기가 있어야 하지만, 다른 선수에게 눈을 돌려야 할 때를 알고 있다.
- 다양한 자료(실행력 관찰, 자신의 관점과 다른 코치, 선수들의 관점, 인터뷰 및 선수들에 대한 통계분석, 언론 자료)를 활용한다.
- 예리한 관찰력이 있다.
- 팀 내 다른 위치와 역할을 할 가능성을 고려해야 한다.
- 자료의 평가와 잠재력 개발과 관련된 위험을 감수한다.
- 현장에서 많은 시간을 보낸다.
- 신체적 기술 외에도 추가적으로 고려해야 할 것(예: 태도, 기회, 훈련, 코칭)이 있다는 것을 알고 있다(Treffinger et al., 2008, p.71).

운동선수 스카우터와 교실에서의 재능 발굴자 사이에는 몇 가지 유사점이 있다. 두 사람 모두 자신이 함께 일하는 사람, 그리고 사용해야 할 방법과 기술에 대해 철저한 지식과 경험을 가지고 있어야 하며, 복잡한 평가를 다루고 있다. 운동선수 스카우터와 교실에서의 재능 발굴자는 다음과 같은 몇 가지 공통적인 경험을 공유한다.

- 일반적인 지식(예: 교사의 경우 효과적인 교수법)과 특별한 전문성(예: 필요한 창의적 성향 알기)을 갖추고 활용한다.
- 그 분야에서 요구하는 수월성 및 성취와 관련한 높은 수준의 기준을 유지하고 적용한다.
- 재능은 연령이나 환경 등에 관계없이 언제든 나타날 수 있다는 것을 인식하고 누구에게서든지 잠재력을 찾아내기 위해 주의를 기울인다.
- 재능 탐색에 많은 시간과 노력을 기울이고, 항상 기록에 힘쓰며 재능 탐색이 한 차례의 관찰로 이루어지지 않는다는 것을 명심한다.
- 다양한 출처로부터 다양한 종류의 데이터를 수집한다.

물론 약간의 차이점도 있다. 교육자로서, 당신의 일은 창의적 재능을 찾는 것뿐만 아니라 그것을 개발하거나 육성하기 위해 학생들과 함께 노력할 수 있다. 당신은 학생들이 미래의 목표를 위해 창의성을 발휘하도록 지도하고 적용해 보도록 안내할 수 있다. 운동선수를 스카우트하는 것은 1가지 매우 특정한 영역(예: 야구, 농구)에서 재능을 찾는 것일 수 있지만, 교육자로서 학생들에게서 찾아야 할 창의적인 재능은 많은 다른 콘텐츠 영역이나 재능 영역에서 발생할 수 있다.

교실에서 효과적인 창의적 재능 발굴자가 되기 위해서는 많은 다양한 요인이나 변수를 다룰 수 있어야 한다. 비록 어떤 사람들은 타고난 능력을 강조하지만, 우리는 모든 학생들에게 창의적인 잠재력이 존재한다고 믿으며, 일하는 습관과 동기 그리고 인내심이 창의적 잠재력의 발달에 타고난 능력보다 더 중요한 역할을 할 수도 있다고 믿는다. 그렇기 때문에 당신이 모든 학생에게서 창의적인 재능을 발견하기 위해 애쓰고, 창의적인 과정 기술과 사고 도구를 가르치기 위해 노력하는 것이 의미 있는 것이다.

에릭의 5학년 담임 선생님처럼 사고 도구들을 주의 깊게 가르침으로써 창의성이 개발될 수 있는 여건을 만들어 줄 수 있다. 어떤 학생들은 그 결과가 빨리 또는 자주 나타날 수도 있지만, 어떤 학생들은 훨씬 더 오랜 시간이 걸릴 수도 있다. 우리는 학생들을 몇 년 후에 만났을 때 "선생님께서는 기억하실지 모르겠지만, 선생님 수업에서 한 활동이 제 인생에 커다란 변화를 가져다주었어요!"라는 이야기를 자주 들었다.

학생 포트폴리오

앞서 언급한 바와 같이, 창의성 강점 프로파일의 두 번째 페이지는 주로 지도방법을 설계하고 관리하는 데 유용한 계획을 안내해 주고 있다. 이것은 교사 중심의 기록 문서이지만 부모, 동료 교사, 그리고 물론 해당 학생들과 함께 검토하고 논의하는 데 매우 유용하다. 많은 분야의 직업적인 활동가는 물론 진지한 아마추어나 취미 활동가들도 그들의 창의적 활동과 관련된 노력과 성취를 기록하는 역동적인 포트폴리오를 보유하고 있다. 물론 개인 포트폴리오의 내용은 지속적인 프로파일을 알려줄 수 있지만 주요 목적과 내용은 크게 다르다. 포트폴리오의 목표와 목적에는 학생들이 진정한 성취를 보여주고, 시간이 지남에 따른 발전 과정(업적, 산출, 성장)을 볼 수 있도록 도와주는 것이 포함된다. 또한 교사가 복잡한 결과를 평가할 수 있도록 해 주고, 학부모들에게 학생들이 그동안 어떤 노력을 기울여 왔고, 또 어떤 성취를 했는지 보여 주는 것도 포함된다(Hausman, 1992; Hebert, 1992). 일부 연구자들은 포트폴리오가 교육의 질을 향상시키는 중요한 도구가 될 수 있다고 주장한다(Belanoff & Dickson, 1991; Blackbourn, Hamby, Hanshaw, & Beck, 1997; Marx, 2001, Thomas et al., 2004-2005).

교육 계획의 관점에서 학생의 포트폴리오에는 시험 성적 점수와 같은 다른 증거를 지지 또는 반박하는 근거가 포함될 수 있으며, 창의적 성장과 발전의 장기적 또는 누적 지표를 제공할 수 있다. 학생의 관점에서, 포트폴리오는 미래 학습 활동을 위한 과정을 차트로 만드는 것을 배우고, 자신의 발전 상황, 노력 그리고 결과를 확인하거나 검증하고, 자신의 창의적 활동에 대해 다른 사람들과 소통하고, 창의적 활동을 위한 도구를 제공할 수 있도록 도울 수 있다.

포트폴리오는 실제 생활과 관련된 과제나 교육과정을 뛰어넘는 더 높은 수준의 학습 성과와 같이 평가하고 전통적인 시험으로 평가할 수 없는 것들을 문서화하는 방법으로서 적절하다. 포트폴리오는 학생들의 경험을 강화시켜주고, 그들의 일, 발달, 성취에 대한 인식을 넓혀주며, 자신의 미래 목표를 설정하는 데 도움을 줄 수 있다. 또 학생들이 특정 시간에 특정 청중에게 특정 메시지를 전달할 수 있는 독특하고 개인적인 방법이기도 하다. 어떤 사람들은 포트폴리오가 항상 최고의 작품을 편집하는 것이라고 오해한다. 오히려 한 개인의 포트폴리오 내용은 한 개인의 목표와 의도된 청중과 관련하여 언

제든지 달라질 수 있다. 예를 들어, 그것은 주요 성취의 하이라이트, 다양한
과제나 맥락에서의 활동과 성취의 증거, 또는 특정 분야의 작업이 시간이 지
남에 따라 어떻게 성장하거나 변화했는지 등에 대한 문서로 나타낼 수 있다.
〈표 9〉는 학생의 포트폴리오를 구성할 수 있는 몇 가지 요소들을 나타낸다.

〈표 9〉 학생 포트폴리오의 구성 요소

포트폴리오는 다음과 같은 내용을 담는다.

- 산출물 또는 작업샘플(완성되거나 진행 중인 작품, 날짜 표기)
- 수상내역(예: 상장, 표창장, 특허증 등)
- 자신의 작업이나 결과물에 대한 평가 자료(자기평가 포함)
- 자신에 대한 전기적 자료, 저널, 일지 또는 발췌문
- 활동 참여 내용 및 특별한 사건들
- 수상 관련 자료(예: 상, 표창장, 인증서 등)
- 작품에 대한 외부 평가, 성장, 업적
- 시각적 기록물(완성 혹은 진행 중; 모델, 프로토타입, 사진, 비디오)
- 팟캐스트
- 디지털 발표 자료(파워포인트 등)
- 스크랩북(기사 자료 등)
- 웹사이트 또는 소셜 미디어
- 기타 자료

포트폴리오가 노트, 서류철 또는 심지어 상자 안에 있는 물건과 문서의 물
리적 집합일 수 있지만, 기술이 발전함에 따라 디지털 형식으로 포트폴리오
를 생성, 유지 및 공유할 수도 있게 되었다. 여기에는 실제 물건이나 사진, 다
이어그램, 편지, 프로그램, 증명서 등과 같은 것들이 포함될 수 있다.

〈표 9〉에 검사 점수나 평정척도 결과, 자기보고식 검사지 등의 결과가 기
록되어 있다는 것을 눈여겨보기 바란다. 이 자료들은 학생들의 창의성 강점
프로파일의 중요한 요소가 될 수 있지만 자신이 아는 것을 창의적으로 활용
할 수 있는 능력의 증거로서 학생의 산출물, 성취, 수행 등에 대한 기록을 남
기기 위한 것이다. 포트폴리오는 단순한 학생의 과제나 활동지의 모음집 이

상의 것이다. 포트폴리오라고 주장하는 것들을 보았지만, 그것은 차라리 '내가 잘한 숙제 모음집'이라고 부르는 것이 더 정확할 것이다.

창의성 강점 프로파일과 학생 포트폴리오 사이의 또 다른 중요한 차이점은 소유권이다. 창의성 강점 프로파일 개발에 대한 학생들의 참여가 바람직하고 유용할 수 있지만, 이는 주로 교사가 일반적으로 강의실 교육을 담당하기 때문에 교사의 문서이다. 어떤 상황에서는 학생이 자신의 배움에 대해 더 큰 책임을 질 수도 있지만, 대부분의 일상적인 교실 환경에서는 그것이 교사의 역할이자 책임이다. 반대로 포트폴리오는 학생의 것이다. 물론 그렇다고 해서 교사, 학부모, 동료 또는 지역사회 구성원이 포트폴리오를 만들고 유지하는 데 있어 학생들에게 지지와 지원을 제공할 수 없다는 것은 아니다. 이러한 지원은 가치 있고 바람직할 수 있지만 학생의 목표, 목적 및 행동을 돕기 위해서 제공되는 것이다. 〈표 10〉은 포트폴리오를 구성하는 주요 단계를 요약한 것이다.

〈표 10〉 포트폴리오 구성하기

1. 포트폴리오를 만들고자 하는 이유를 알고, 목적과 대상을 정의하라.
2. 포트폴리오에 어떤 것을 포함할 것인지 결정하라.
    - 최상의 작품?
    - 전형적인 작품?
    - 변화와 성장을 보여 주는 작업?
    - 이러한 것들의 조합?
3. 자료, 전시 혹은 현재 있는 것을 모으기 위한 다양한 방법을 고려하라.
   그리고 의도한 목적을 청중들에게 전달하라.
    - 물리적 수집(폴더, 박스, 스크랩북)
    - 디지털 도구들
4. 포트폴리오를 볼 사람들의 편의를 위한 '안내'를 제공하라.
    - 내용 목차
    - 제목 및 범례
    - 자기평가
    - 평가 양식 혹은 평정표

이 책의 다음 장에서는 창의성을 기르고 발달시키기 위한 방법, 도구, 자료 등에 대해 알아볼 것이다. 그리고 그 관점에서 창의성 강점 프로파일과 학생 포트폴리오 둘 다 포함하는 교수평가에 대해서도 서술하고자 한다.

생각해 보기

○ 수지(Suzie), 윌리엄(William), 에릭(Eric)에 대해 생각해 보자. 만약 당신이 그들의 학교 교사, 상담자, 영재교사 또는 코치였다면, 각 학생의 창의성 강점 프로파일을 완성하기 위해 어떤 추가 정보가 필요할까? 어떤 평가를 수행할 수 있을까? 학생들의 지속적인 성장을 돕기 위해 다음 단계로 무엇을 요구할 것인가? 학생들과 함께 창의성 강점 포트폴리오의 개발을 시작할 수 있는 방법을 생각해 보자. 어떻게 하면 학생들에게 이러한 목표와 이점을 가장 효과적으로 전달하고 계획, 모니터링 및 사용에 참여시킬 수 있을까? 자신만의 창의성 강점 프로파일과 개인적 혹은 직업적 창의성 포트폴리오를 가지고 있는가? 이러한 노력이 학생들뿐만 아니라 교사들에게도 줄 수 있는 이점을 생각해 보자.

4부

창의성의 개발

창의성 개발을 위한 여건 조성

4부에 속한 각 장들은 창의성이 단지 우연히 길러지는 것이 아니고 의도적인 노력에 의해 촉진될 수 있다는 믿음, 즉 부모와 교사 그리고 학습자 스스로가 창의성과 창의적인 행동들을 강화하거나 육성할 수 있다는 신념을 반영하고 있다. 먼저 13장은 창의성 개발을 위한 의도적인 여건을 마련하는 방법을, 그리고 14장에서는 창의적이고 비판적인 사고를 위한 8가지 기본 지침을 제시한다. 15~18장은 창의적 교수–학습 모형(7장 참조)에서 제시했던 3가지 수준에서 각각 의도적인 창의성 수업을 위한 구조화된 프로그램을 소개한다. 19장에서는 창의성 수업을 수업 효과성에 대한 최근 관점 및 이슈와 관련하여 종합적으로 논의한다. 여기서 제시된 수업자료와 도구들은 모든 연령대의 학생들에게, 그리고 어떤 주제나 내용 영역에서도 효과적으로 사용할 수 있다.

이 장의 학습목표

- 창의적 교수–학습 활동의 기반 조성을 위한 6가지 지침을 설명할 수 있다.
- 학습자의 창의성 발달 수준에 따른 학습자의 요구에 대응할 수 있는 방법을 설명할 수 있다.

창의적인 교수–학습을 위한 기반 구축

어떤 항공관제사가 두 명의 항공기 조종사에게 동시에 착륙 지시를 내린 매우 황당한 사건이 있었다. 그는 만약 그 지시를 따른다면 두 대의 비행기가 충돌한다는 것을 미처 깨닫지 못했다. 첫 번째 조종사는 항공관제사와 다른 조종사와의 무선교신을 듣고, 관제탑에 무전을 보내 관제사에게 다른 지시사항이 있는지 물어보았다. 관제사의 대답은 "여러분들 모두 조심하라."였다.

항공기를 안전하게 착륙시키는 것과 마찬가지로, 창의성을 개발하는 것은 운 좋게 좋은 결과를 기대하는 것이어서는 안 된다. 교과내용을 가르치기 위해 면밀한 준비가 필요한 것과 마찬가지로 창의성을 기르고 개발하려는 노력도 주도면밀한 계획과 준비가 필요하며 성공적인 결과를 얻기 위한 노력이 요구된다. 즉, 창의성을 키우고 개발하려면 지속적인 계획, 준비, 그리고 성공적으로 성취하기 위한 노력이 필요하다. 창의성을 개발한다는 것은 학생들에게 단순히 "나는 여러분들이 창의적이길 바란다."라고 말하는 것 이상의 의미를 갖는다. 창의성을 키우는 교육 기반을 마련한다는 것은 다음의 6가지 중요한 지침을 포함한다.

- 학생들과 함께 창의성과 혁신이라는 용어의 의미를 정의하고 토론하라. 학생들이 사전에 가지고 있었던 개념이 무엇인지를 찾아내고, 그들이 가질 수 있는 오해들을 명확히 한다.
- 창의적 특성과 재능의 발굴에 집중하라. 학생들이 이미 창의적이고 비판적으로 생각하고 있다는 증거를 찾아보라. 그들의 그러한 노력을 인정하고 강화하며, 12장에서 논의한 바와 같이 창의성을 발휘하고 학생들에게 창의성을 입증하도록 도전할 수 있는 기회를 제공하는 민첩한 재능 발굴자가 되라. 당신이 재능을 볼 수 있으려면 그것을 찾아야 하며 또한 그것이 발현될 수 있는 기회를 제공해 줘야 한다.

- 창의성을 촉진하는 분위기를 확립하고 유지하기 위해 노력하라. 8장에서 언급했던, 창의성을 억제하지 않고 지원하는 분위기를 위한 9가지 중요 요인을 검토해 보고, 학생들과 협력하여 교실에, 그리고 학교 전체에 그러한 분위기를 만들어라.
- 창의적이고 비판적인 사고를 위한 몇 가지 기본 지침을 가르치고 연습하라. 14장에서는 교실에서 학생들에게 창의성을 가르치고 또 학생들의 창의성을 관찰하기 위한 8가지 구체적인 지침을 제시하고 논의할 것이다.
- 교실 전반에 걸쳐 수준 높은 창의성을 추구하는 분위기를 조성하고 유지하라. 창의성을 가치 있게 평가하고 지원 및 육성하는 교실을 만들기 위해서는 수준 높은 과제의 중요성과 창의적 산출물에 기여하는 요인(9장 참조)들에 대해 지속적으로 강조해 주고, 사고 능력을 지속적으로 발전시키는 방법(또는 메타인지 처리)에 대해 이야기해 주며, 스스로 매일 성찰할 수 있는 충분한 시간을 제공해 주고 격려해 주어야 한다.
- 기본 기술과 도구에 대한 교육을 시작하라. 7장의 [그림 4]에 제시된 생산적 사고의 교수-학습 모형의 '기본 능력'을 검토하고 적용한다. 여기에는 아이디어의 생성과 수렴을 위해 필요한 기본 도구를 가르치기, 다양한 연구와 탐구 기술 및 도구를 학습하고 적용하도록 안내하기, 성인뿐만 아니라 청소년들도 사용 가능한 최신 테크놀로지를 효과적으로 활용하도록 하기 등이 포함된다.

구조 만들기: 데이터 수집 및 활용

창의적인 수업과 학습을 위한 기반이 자리 잡으면, 그다음은 그 위에 견고한 구조를 만들어야 하는데 이 구조는 장기간에 걸쳐 매일 창의성과 혁신을 가르치고 배우는 실제적인 방법을 포함한다. 이것은 크고 어려운 과제로 보일 수도 있으며 실제로도 그렇다. 하지만 아무도 효과적인 가르침이 쉽다고 말한 적은 없다. 그러나 능숙하고 헌신적인 대부분의 교사들은 '어려운 과제라고 반드시 부담이 되는 것은 아니다.'라고 말한다. 즉, 창의성 촉진을 위한 가르침은 어렵지만, 매우 보람이 있고 교사들의 직접적 만족의 근원이 될 수 있다. 어려운가? 그렇다! 그럴 만한 가치가 있는가? 물론이다! 자, 당신이 창의적인 수업과 학습을 위한 기반을 마련했다면, 이제 다음 단계는 무엇을 해야 할까?

초기 단계의 활동은 학생들이 중요한 '기본 능력'을 습득하도록 하기 위해 비공식적인 그룹 또는 전체 학급을 대상으로 할 수 있다. 그러나 이러한 노력을 지속적으로 해나가다 보면 학생들의 흥미, 능력, 강점 및 필요(11장에서 언급한 것처럼 중재반응모형과 같은 접근법의 핵심)에 기반을 둔 차별화된 수업을 하는 것이 더 중요해진다. 이것은 수업을 계획하고 수행하기 위한 기초로서 창의성 강점 프로파일(CSP; 12장 참조)을 사용하고 개발하는 것을 포함한다. 앞서 12장에서는 학생들에게 나타나는 4가지 수행 수준(잠재, 발아, 표출, 수월성)과 CSP의 일부로 이를 평가하는 방법에 대해 설명했다. 여기서 중요한 질문은 "이 정보를 알게 되면, 그 정보로 무엇을 해야 할 것인가?"이다. 〈표 11〉은 학생들의 4가지 수행 수준에 따른 교사의 일반적인 접근 방식에 대한 성과와 그 의미를 요약한 것이다. 특히 앞서 7장에서 다뤘던 생산적인 사고를 위한 교수−학습 모형에서의 과제 수준과 특성, 스타일, 도구, 환경, 산출물에 대한 구체적인 고려사항을 연관 지어 설명하였다.

자, 그럼 이제부터 4가지 수행 수준 각각에서 구체적으로 어떻게 차별화교육을 할 것인지에 대해 살펴보자(Treffinger et al., 2002).

잠재 단계

학생의 현재 수준이 잠재 단계, 즉 '아직 드러나지 않은(Not Yet Evident)' 단계에 있다는 것은 그들이 창의성이 없다거나 결코 창의적이지 않다는 것을 의미하는 것은 아니다. 대신 이것은 창의적 잠재력을 발견하고 개발하고 표

〈표 11〉 4가지 수행 수준에 따른 차별화 방안

교사의 역할	점재 단계	발아 단계	표출 단계	수월성 단계
	지시	규정	참여	위임
학생 행동 특성	발견/수동적 - 창의적 학습에 필요한 토대 구축	개발/관심 - 도구 및 창의성 기술의 개발과 실습	수행/강한 흥미 - 실제적인 문제에 창의성 도구와 기술을 적용 - 다루기 쉬운 실생활 과제에 적용	비상(飛上)/열정 - 창의성 도구 및 기술을 개별 또는 팀과 함께 다양한 실제 문제와 과제를 파악하고 적용 - 자기 주도적 창의성 입증
창의적 교수-학습 모형(7장)의 과제	기본 능력 ← → 실제적 과제 ← → 실생활에서의 기회와 도전			
과제	기본 능력: 연습문제 풀기	실제적 과제: 기본 연습과제, 산출물	좀 더 복잡한 실제적 과제 - '안전한' 실생활 문제	광범위한 실생활 문제 및 과제
특성 및 스타일	스타일 및 강점 파악하기	강점 만들기	자신의 방식으로 강점 적용하기	- 스타일 인식 및 최적화하기 - 새로운 수준에 도달하기 위해 확장하기
도구	사고력 도구에 대한 인식 및 소개하기	안내된 연습 - 자신감, 역량, 책임감 구축	창의성 도구 확장 - 창의성 도구의 적용 방법 인식	- 최적의 효과성을 위한 도구의 선택 및 사용의 개인화
환경	발견과 탐구를 위한 창의적 분위기	환경 지원 및 안전한 연습 독려	풍부하고 다양한 적용 기회를 제공할 수 있는 환경	생산성을 위해 자유롭게 조정, 수정, 구축
산출물 및 결과물	학생이 창의성이 표현될 수 있는 산출물이나 방법 탐색 - 창의성의 학습을 문서화하고 창의적 아이디어를 표현해 낼 수 있는 다양한 산출물 유형과 그 산출물 평가에 활용할 수 있는 주요한 질적 기준에 대한 파악	학생들의 흥미를 창의적으로 표현할 수 있는 다양한 방식의 체험 및 개발 - 산출물의 개발, 공유 및 평가 기회 제공, 산출물 생산 방식 다양화	특정 수행 영역에서의 창의적 표현 및 산출물 개발을 위한 개인의 강점 적용 - 실제 상황에서의 산출물 발표 및 평가의 기회 제공	실생활 문제해결 생활을 위한 개인 특성을 반영한 창의적 수행과 생산적 도구의 통합 - 실제 사용을 목적으로 생산된 산출물을 실제 대중에게 제시하고 현실적인 평가의 기회 제공

현하도록 돕기 위해 특정한 교실 전략을 고안하고 실행해야 한다는 단서가 된다. 이 수준에서 프로그램 활동은 이 장에서 논의된 기본 능력에 초점을 맞추어 학생들이 창의적 기회를 발견하고 그들이 선호하는 스타일과 잠재적인 창의적 강점을 검토하도록 도울 수 있다. 교사의 역할은 학생 자신의 개인적인 특징, 관심사, 그리고 창의적 강점을 인식하면서 성장할 수 있는 기회를 계획하는 것을 포함한다. 또한 학생들이 6장에서 논의한 4가지 특성 범주(아이디어 생성, 깊이 파고들기, 개방성과 탐구하려는 용기, 내면의 목소리 듣기)에서 학생들이 자신의 능력을 발견하고 개발하고 향상시키는 데 도움을 줄 수 있도록 직접적인 교육의 기회를 제공한다. 외재적 동기부여(예: 보상, 경연대회, 칭찬 등)는 개인의 창의적 능력을 배우고 발전시키려는 노력에 중점을 두었다.

COCO 모델의 운영 요소(5장과 7장 참조)의 주요 출발점은 학생들에게 아이디어를 생성하고 그것을 깊이 파고들 수 있는 다양한 도구를 가르치는 것이다(15장 참조). 창의성이 아직 드러나지 않은 학생들이 그들의 아이디어를 생성하고 표현하는 방법을 배우는 데 있어서는 개방적이고 안전한 환경의 경험이 더 효과적일 것이다. 이러한 새롭고 다양한 아이디어를 받아들이고, 가치 있게 여기고, 장난기와 유머를 허용하고, 도전을 제공하며, 참여를 장려하고, 신뢰를 구축하고, 아이디어 생성을 위한 시간과 지원을 제공하며, 자유와 위험 감수를 촉진하는 분위기를 만들어야 한다(8장 참조). 마지막으로, 학생들이 직접 다양하고 특이한 학습 보고 및 공유 방법(보고서 쓰기, 드라마, 비디오, 다양한 종류의 디지털 산출물 등)을 탐색하고 경험할 수 있는 기회를 제공해야 한다. 이러한 다양한 경험은 자신이 어떤 영역에서 자신의 창의적 열정을 쏟아낼 수 있는지를 깨닫는 데 도움이 된다.

발아 단계

창의성이 '나타나기 시작하는(Emerging)' 발아 단계의 학생들은 이미 일부 창의성의 핵심적인 기본 능력 및 태도를 보였을 것이다. 하지만 이 학생들은 그 기술을 다듬고, 연마하고, 연습하는 것이 필요하다. 이들을 위한 프로그램에서는 자신의 잠재력을 인식 및 육성하고, 자신의 역량을 강화하며, 자신의 창의적 능력에 대한 자신감을 얻게 하는 데 중점을 둘 수 있다.

여기에서 교사는 '코칭'의 역할을 한다. 왜냐하면 교사는 학생들이 자신의 창의적 강점을 스스로 발견하고 개발할 수 있도록 지원해야 하기 때문이다. 학생들의 창의성 개발 노력이 개인적인 스타일과 흥미와 더 밀접하게 관련된 영역으로 이동함에 따라, 내적 동기는 외적 동기부여의 필요성을 대체하기 시작할 것이다. 이 수준의 학생들은 창의성 도구의 지속적인 개선뿐만 아니라 그들이 배운 도구와 프로세스를 자신들에게 의미 있는 상황에 적용하기 시작할 수 있는 활동을 통해 문제를 해결할 수 있게 된다. 또한 메타인지 기술과 프로세스를 통해 학생들이 자신의 생각을 모니터링하는 방법을 배울 수 있을 것이다. 발표 기회를 통해 자신의 수업경험에 대해 되돌아보는 시간은 아이디어를 탐색하고 내면의 목소리를 듣는 개방성과 용기의 범주에 속하는 창의적 특성을 더 잘 이해하고 개발하는 데 도움이 될 수 있을 것이다.

학생들이 탐구활동을 하는 동안 편안함을 느끼도록 하기 위해서는 지속적인 판단 유보가 필수적이다. 특히 학생들의 흥미와 능력에 맞춰 보다 다양한 창의적 표현방식과 수단을 경험해 볼 수 있도록 해 주는 것 또한 필요하다.

표출 단계

창의성의 '표출(Expressing) 단계'에 속하는 학생들은 이미 자신의 창의적인 능력을 입증했으며 그들의 창의성에 대한 자신감이 커지고 있다. 또한 그들은 창의적 생산성을 위한 탄탄한 기반이 마련되어 있고, 현실적인 문제와 상황을 다룰 준비가 되어 있다. 그러므로 이들을 대상으로 한 창의성 프로그램 활동은 학생들이 자신의 강점과 흥미를 자신의 방식으로 적용할 수 있도록 돕는 데 중점을 두어야 한다. 이 단계에서 그들은 평생토록 계속될 창의적 성취에 대한 강한 흥미를 느끼기 시작한다. 창의성 표출 단계의 학생들과 발아 단계의 학생들은 각종 창의성 프로그램 및 대회에서 창의적인 성장, 생산성, 축하의 기회를 자주 경험한다(17장 참조).

교사의 역할은 '창의성 발아 단계'의 학생들이 자신만의 아이디어를 내기 시작하고, 창의적인 기술과 태도를 적용할 수 있는 현실적이고 의미 있는 상황을 발견하도록 도와주는 것이다. 그들은 내재적 동기를 가지고 있지만, 문제 발견을 통해 자신감을 찾는 것이 필요하다.

현실적인 문제 발견을 위한 계획과 행동을 장려하는 환경을 조성해야 하며, 산출물은 적절하고 창의적인 성과를 통해 평가될 것이다. 이렇게 학생들의 노력을 지지하는 분위기를 유지하는 것에 대한 궁극적인 책임은 여전히 교사에게 있다. 하지만 학생 스스로 자신과 다른 사람들에게 도움이 될 창의성의 기술, 태도, 절차를 개발할 필요가 있다.

수월성 단계

'수월성(Excelling) 단계'의 학생들은 이미 매우 특별한 수준의 창의적 사고 능력을 나타낸다. 이 단계에 속하는 학생들을 위한 창의성 프로그램은 그들의 역량, 자신감, 동기를 더 높은 수준으로 끌어올려 주는 것에 초점을 맞춤으로써 이들이 현실 세계의 실제 문제에서 새로운 수준의 창의적 생산성을 달성할 수 있도록 하여야 한다.

교사의 역할은 많은 절차적 의사결정과 구체적 행동에 대한 권한을 학생들에게 위임하는 것이다. 피할 수 없는 장애물을 만나 어려움을 겪고 있을 때 학생들의 질문에 답해 주고, 문제해결의 실마리를 찾도록 지원해 주며, 학생들이 성공했을 때 축하해 주는 것 또한 교사의 역할이다.

학생들이 지속적으로 개인적 관심이나 배움에 대한 열정을 나타내면서 내재적 동기부여가 최대한 발휘된다. 어떤 분야에서든 창의적으로 뛰어난 학생들은 이미 교실이나 학교 밖의 활동에 참여하고 있다. 그들은 예술, 드라마 또는 지역사회에 기반을 둔 다른 단체 활동에 참여할 수도 있고, 교사나 부모가 그러한 활동을 발견하고 참여할 수 있도록 도와줄 준비가 되어 있을 수 있다.

'수월성 단계'의 학생들을 지도하는 창의적인 교사는 학생들이 자신이 선택한 실제 문제들을 성공적으로 해결하기 위한 도구와 전략의 목록을 계속해서 맞춤화하고 개인화하고 추가해 주어야 한다. 학생들은 개인적인 관심사를 바탕으로 아이디어와 주제에 따라 자유롭게 행동할 수 있는 맥락을 필요로 한다. 그들은 실제 수요자들이 필요로 하는 제품을 직접 만들며, 창의적으로 자신을 표현할 수 있는 실제적인 기회를 가진다.

생각해 보기

○ 에릭(Eric), 윌리엄(William), 수지(Suzie), 그리고 그들의 선생님이 있는 학교를 생각해 보자. 모든 학생들의 창의성을 파악하고 육성하기 위해 어떤 구체적인 조치를 취했는가? 교사는 각 학생의 흥미를 극대화하기 위해 설계된 프로그램을 얼마나 효과적으로 제공하였는가? 당신의 학교와 교실이 운영되는 방식에 대해 생각해 보자. 창의성 개발을 위한 환경을 얼마나 효과적으로 설정하고 있는가? 개선이 필요한 영역 또는 보다 많은 주의가 필요한 영역은 무엇인가? 당신은 무엇을 가장 효과적으로 하고 있는가? 교사, 학생, 학부모 및 지역사회 구성원은 모두 창의성을 인식, 평가, 개발하기 위한 환경을 설정하는 데 적극적으로 참여할 수 있다. 이들의 협력은 단순히 재미있는 활동을 한다거나 창의성을 놀이 시간으로 취급하는 것 이상을 포함한다. 그것은 관련된 모든 사람들에게 흥미진진하고 보람 있는 일이 될 것이다.

아이디어 생성 및 수렴 활동을 위한 가이드라인

이 장의 학습목표

• 아이디어의 생성 및 수렴과 관련한 교육적 가이드라인을 이해할 수 있다.

• 아이디어의 생성 및 수렴 활동을 위한 가이드라인을 학생들에게 안내해 주는 수업을 계획할 수 있다.

이 장에서는 학생들이 아이디어의 생성 및 수렴을 위한 가이드라인을 이해하고 적용할 수 있도록 돕는 방법에 대해 설명한다. 학생들이 아이디어의 생성 및 수렴을 위한 가이드라인과 도구를 이해하게 되면, 교사는 창의성 교육을 위한 유용한 가이드라인을 교실에서 일상적으로 활용할 수 있는 새로운 방법을 발견할 것이고, 학생들은 학교와 일상생활에서 더욱 창의적이고 비판적인 사고를 할 수 있게 될 것이다.

효과적인 사고 과정의 역동적 균형

창의성, 혁신, 효과적인 문제해결을 위한 균형 잡힌 접근을 위해서는 창의적 사고를 통한 아이디어의 생성과 비판적 사고를 통한 아이디어의 수렴이 둘 다 필요하다는 것을 이해하게 된다. 사람들은 종종 브레인스토밍을 할 때처럼 아이디어를 생성해 내는 것만 창의성과 관련있다는 오해를 한다. 아이디어를 생성하기 위한 많은 도구들이 있고, 브레인스토밍은 그중 하나일 뿐이다. 게다가 창의성은 아이디어의 생성과 수렴 2가지가 조화롭게 작동해야 효과적이다. [그림 9]의 다이아몬드 모양의 그림은 이 2가지 프로세스가 함께 작동하는 원리를 시각화해 주고 있다.

[그림 9]의 위쪽 절반은 아이디어의 생성 단계를 말하는데, 창의적인 사람들은 이 단계에서 다수의(유창성), 다양하고(융통성), 흥미롭고, 특이하고(독창성), 상세한(정교성) 반응을 보여 준다. 아래쪽 절반은 아이디어 수렴 단계를 나타내며, 여기에는 생성된 아이디어를 분류하고, 검토하고, 우선순위를 정하고, 선택하는 과정이 포함된다.

개인이나 집단이 창의적인 가능성을 추구하거나 창의적 문제해결(CPS)의 구성요소나 단계를 수행할 때마다 언제든지 이 2가지를 모두 고려하게 된다. 이것은 '2가지 상보적인 사고 유형 간의 역동적 균형'이라고 할 수 있다

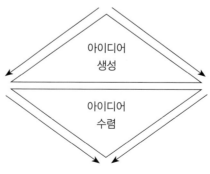

[그림 9] 아이디어의 생성 및 수렴

(Isaksen et al., 2011).

아이디어를 생성하는 것과 아이디어를 수렴하는 것은 상호보완적 작업이다. [그림 9]의 화살표가 시사하는 바와 같이, 당신의 사고 과정은 아이디어를 생성하는 가운데 확장되고, 아이디어를 수렴하는 과정을 통해 간명화된다. 이러한 상호보완적 사고 과정은 시간과 기회를 분리함으로써 차별화할 때 가장 효과적으로 일어난다.

아이디어의 생성과 수렴 모두 가이드라인이 있다. 이러한 가이드라인은 창의성과 문제해결의 노력을 더욱 효과적으로 하는 데 도움을 줄 수 있다. 모든 교실이나 조직이 질서유지와 통제를 위한 규칙을 가지고 있는 것처럼, 이 가이드라인들은 개인과 그룹이 아이디어의 생성과 수렴을 효과적이고 효율적인 방법으로 관리하도록 돕는다. 이 장에서는 2가지 유형의 가이드라인을 모두 제시한다. 이 가이드라인은 Alex Osborn(1963)의 연구로 시작된 지난 50여 년간 CPS 관련 연구를 통해 도출되었고, 최신의 CPS 모형에도 반영되고 있다.

아이디어 생성을 위한 가이드라인

가능한 한 많고 특이하고 새로운 아이디어를 수집하는 과정에서는 모든 종류의 평가, 비판, 칭찬 등을 일단 보류하는 것이 중요하다. 이것은 아이디어 생성의 기본 원칙으로서 '판단 유보의 원칙'이라고 한다. 다음은 아이디어 생성을 위한 4가지 가이드라인이다.

- 판단 유보
- 아이디어의 양 추구
- 자유분방함
- 아이디어의 조합

판단 유보

함께 작업하는 사람의 연령이 많고 적음에 관계없이 외부적 · 내부적 판단을 피하는 것이 중요하다. 어떤 조직에서든 다른 사람의 아이디어에 대해 평가하거나 비판하지 않고는 못 넘어가는 사람이 꼭 있다. 마찬가지로, 다른 사람의 아이디어에 대해 "잘했어."라거나 "괜찮은 생각인데."라고 칭찬을 하지 않는 것도 어려운 일이다. 특히 교육자들은 모든 사람들이 자신이 낸 아이디어와 관련하여 좋은 감정을 느끼고 그 아이디어가 인정받고 있다는 것을 느끼게 해 주기를 원한다.

당신이 아이디어 회의 시간에 참여했을 때 실제로 어떤 일이 일어났는지 생각해 보자. 만약 누군가의 아이디어가 비판받는 것을 들었다면, 당신도 쉽게 그 아이디어를 비판하며 그냥 무시해 버리지는 않았는가? 그리고 어떤 아이디어에 칭찬이 쏟아지는 것을 들었을 때 당신은 "아! 그게 좋겠네. 그럼 다 해결된 거지 뭐."라고 하지 않았는가? Tauber(1991)는 칭찬이 비록 긍정적인 것이기는 하지만 그것 또한 평가의 역할을 한다고 주장하였다. 즉, 칭찬은 그것을 듣는 사람에게 목표를 달성하였다는 암시를 준다는 것이다. 아이디어 회의에서의 칭찬은 더 이상의 아이디어가 필요하지 않고 회의 목적이 이미 달성되었음을 암시한다. 아이디어 회의에서 칭찬을 허용하게 되면 비판을 허용하게 될 때와 마찬가지로 새롭고 독창적인 아이디어가 나올 수 있는 기회를 차단하게 된다. 칭찬은 조작이나 통제의 기능을 하기도 한다. 칭찬을 하는 사람은 칭찬받을 만한 것을 결정할 수 있는 힘을 가지고 있고, 따라서 상황을 조작할 수도 있으며, 이와 같은 경우에는 아이디어 회의 자체를 조작할 수도 있다.

판단을 유보한다는 것은 또한 긍정적이든 부정적이든 내적인 판단을 피하는 것을 의미한다. 우리는 종종 자신의 아이디어에 스스로 의문을 제기하거나 재검토하기도 하는데 자신의 아이디어에 대해서도 판단을 내리지 말아야 한다. 수렴 단계에서 나중에 의견을 평가할 시간이 있을 것이다. 그러므로 학생들과 함께 아이디어를 만들 때, 비판이나 칭찬이 될 수 있는 말을 하지 않으려면 어떤 사람이 말한 것을 반복해서 말하고 그것을 적어라. 또한 단순히 "좋아요" "또 다른 사람" "다음"과 같은 말을 할 수 있다. 이렇게 하면 세션이 계속 진행되도록 하고 판단을 지연시키는 데 도움이 된다. 어떤 연령층이든지 판단을 미루도록 사람들에게 상기시켜 줘야 할 것이다. 모든 사람들이 그것에 익숙해지도록 '판단 유보'라는 용어를 사용하라. 특히 어린 학생들에게는 그것이 무엇을 의미하는지 수시로 상기시켜 줄 필요가 있다. 예를 들어, 어린 학생들에게 "다른 사람들의 아이디어를 듣고 다 적어 보세요. 어떤 아이디어가 좋다고 말하거나 나쁘다고 말하지 않아야 한다는 것을 잊지 마세요." 라고 이야기함으로써 이 점을 거듭 강조할 필요가 있다. 판단을 유보하는 것은 건강한 교실 환경을 만드는 데 도움이 될 수 있다. 아이디어를 만들고 발견하는 시간 동안 이 원리를 적용하면 모든 사람들의 사고가 확장되고 '생각이 체계적으로 통합'되는 사려 깊은 교실을 만들 수 있다(Littcrst & Eyo, 1993). 판단을 유보하는 것은 아이디어를 탐색하는 경로를 활짝 열어두기 위해서도 중요하다. 칭찬이나 평가가 아이디어 생성 시간 중에 허용되는 경우, 아이디어를 생성하는 사람은 약속된 보상이나 평가에만 더 많이 초점을 맞추고 대안적인 생각을 탐색할 가능성이 낮다(Hennessey, 2010).

아이디어의 양 추구

가능한 한 많은 아이디어를 찾도록 한다. 교실에서 "3가지 아이디어를 더 찾자!"와 같이 격려함으로써 학생들이 더 많은 아이디어를 찾을 수 있도록 한다. 나이나 학년에 상관없이 사람들은 더 많은 아이디어를 찾을 것이다. 아이디어의 양은 일반적으로 질을 좋게 만든다. 더 많이 생성할수록, 그중 일부는 매우 독특하고 성공할 가능성이 높다. 아이디어를 만들 때에는 가능한 한 짧은 문장으로 표현하도록 한다. 학생들에게 자신의 아이디어를 '한 문장으로' 표현해 보도록 하라. 학생들이 아주 어린 경우, 자신의 아이디어에 짧은 제목을 붙여 보게 할 수도 있다. 만약 자신의 아이디어를 요약하는 데 어려움을 겪는 학생들이 있다면, 교사는 그것을 기록할 때 큰 소리로 그것을 언급하면서 간단히 요약해 줄 수도 있다. 그리고 그 학생이 말하려고 했던 것이 맞는지 당사자에게 확인한다. 아이디어의 목록만 나열해 주면 된다. 그 아이디어에 대해 논의하거나 비판하거나 칭찬하는 사람이 없도록 하라. 아이디어를 나열할 때 각 항목에 번호를 매기도록 하라. 그러면 수렴하는 과정을 보다 쉽게 처리할 수 있다.

자유분방함

모든 아이디어를 나열하고 수용한다. 즉, 다듬어지지 않은 엉뚱한 아이디어일지라도 다른 아이디어들과 똑같이 그냥 적어 둔다. 아이디어 생성 후 평가하는 시간이 있다는 것을 항상 기억하라. 왜냐하면 이렇게 다듬어지지 않은 엉뚱한 아이디어 중 일부는 학생들이 새로운 방향이나 진짜 가능성 있는 아이디어를 찾을 수 있는 발판이 될 수도 있기 때문이다. 장난스러운 아이디어도 마음 놓고 표현할 수 있도록 허락하라. 지루한 아이디어를 재미있게 만드는 것보다 엉뚱한 아이디어를 쓸모 있게 다듬는 것이 더 쉽다.

'자유분방함'은 연습이 필요하다. 대부분의 아이디어 회의가 관습적인 사고의 틀에서 벗어나지 못하고 틀에 박힌 채로 마무리되곤 한다. 당신의 생각을 확장시키고 학생들의 생각도 더 많이 확장되도록 도와주어야 한다. 아이디어를 생성하는 단계에서는 아이디어의 유용성을 고려할 필요가 없다. 당신의 모든 감각을 활용하고 학생들도 그렇게 할 수 있도록 도와주어야 한다. 음악, 음향 효과, 다양한 냄새, 시각 효과로 학생들의 생각을 자극할 수 있다. 가끔 그냥 산책을 하는 것은 습관적으로 정해진 틀에서 새로운 방향의 생각을 끌어내는 데 도움이 될 수 있다. 또한 열린 질문을 함으로써 새로운 사고를 자극할 수도 있다.

아이디어의 조합

다른 사람의 아이디어를 듣고 그것을 활용하여 새로운 아이디어를 생각해 낸 경험이 있는가? 이 경우 당신의 아이디어는 다른 사람의 아이디어에 기반을 두고 있다. 마찬가지로 누군가는 당신이 만들어 낸 아이디어에 기반하여 그들 자신의 아이디어를 만들어 낼 수도 있다. 이와 같은 아이디어들 간의 연결을 '아이디어의 편승'이라고 한다. 학생들이 아이디어 생성을 하는 동안 다른 사람들의 아이디어를 수정하고 변경하는 것을 독려하라. 당신은 어떤 아이디어가 새롭고 매우 독특하고 유용한 해결책으로 연결될지 결코 알 수 없다.

교실 토론에서도 이를 활용할 수 있다. 예를 들어, 학생들이 만든 다양한 게임 목록을 기반으로 이를 조합하여 전혀 새로운 게임을 만들도록 할 수 있다. 아이디어 생성의 사례로 촌극 경연대회를 위한 의상을 직접 만들고자 했던 6학년 학생 그룹의 이야기를 들 수 있다. 교사는 재봉틀이 없어서 학생들이 재봉틀을 사용하는 것을 원하지 않았다. 학생들이 스스로 모든 일을 하는 것도 중요했기 때문에, 학생들이 도움 없이도 실제로 할 수 있는 아이디어를 선택해야 했다. 학생들은 의상을 만드는 것에 대한 다양한 아이디어를 만들어 냈다. 학생들은 아이디어를 검토하기 시작하면서 "의상을 만들려면 어떻게 재료를 준비해야 할까?" 고민하였다. 이로 인해 학생들이 의상을 만드는 다른 방법을 생각할 수 있도록 새로운 길을 열어주었고 심지어 다른 재료들을 생각할 수 있도록 도와주었다. 다음은 학생들이 내놓은 아이디어의 일부이다.

- 천을 스테이플러로 고정한다.
- 묶는다.
- 접착제로 붙인다.
- 옷핀을 사용한다.

- 손바느질을 한다.
- 옷에 핀을 꽂는다.

이후 아이디어 수렴에 대한 설명을 할 때에도 이 학생들의 사례를 다시 언급할 것이다.

〈아이디어 생성 활동의 예〉

수업 시간에 '바위'라는 단어와 관련된 아이디어를 최대한 많이 생성하도록 요청한다. 학생들에게 자신의 차례가 될 때마다 1가지 아이디어를 말하도록 한다. 참여할 아이디어가 없다면, 패스를 허용하고 다음 학생에게 전달하여 계속한다. 교사의 역할은 학생들이 말하는 모든 아이디어를 기록하는 것이다. 이때 학생들의 아이디어를 단순히 반복하여 말하거나 "다음" "좋아요"와 같은 태도로 말해 준다. 모든 학생들이 적어도 두 번 이상 참여하도록 한다. 무엇을 발견했는가?

아이디어 수렴을 위한 가이드라인

한 집단이 20~25개 정도의 많은 아이디어를 만들고 나면, 그다음에는 어떤 일이 일어날까? 대부분의 사람들은 누군가의 아이디어가 폐기되거나 자신의 아이디어가 강하게 비판받는 것을 지켜본 경험이 있을 것이다. 성인과 학생들 모두 아이디어에 대한 자신의 감정을 억제하는 데 어려움을 겪는다. 당신은 "그런 바보 같은 생각을 하다니!"와 같은 말을 듣게 될 것이다. 또는 "흥미로운 생각이야 하지만…" "그 아이디어는 너무 지나쳤어. 우리가 그것을 사용할 수 있는 방법은 없어."라고 말하는 것을 들을 수 있을 것이다. 이런 부정적인 반응으로 인해 회의 분위기가 망쳐지는 것을 피하기 위해서는 적절한 가이드라인과 규칙이 필요하다. 아이디어 수렴을 위한 가이드라인은 다음과 같다.

- 긍정적으로 판단하기
- 의사결정 과정을 공유하기
- 아이디어의 참신성을 수용하기
- 목표를 명확히 하고 유지하기

긍정적으로 판단하기

교사와 학생들이 아이디어 회의를 통해 만들어 낸 모든 아이디어의 목록을 보면 이미 무언가 성취해 낸 것처럼 느끼게 될 것이다. 이제부터는 최선의 아이디어를 찾기 위해 분류하고 선별하고 조사하기 시작하는 시간이다. 아이디어의 긍정적인 점이나 강점을 먼저 찾고, 그런 다음 아이디어가 가진 우려되는 점이나 한계점을 고려한다. 이때 주의할 점은 아이디어가 성급하게 사장되는 것을 막기 위해서 어떤 아이디어에 우려스러운 점을 지적할 때 "어떻게 하면 …"(How to 또는 How might)과 같은 맥락의 문장을 사용한다.

예를 들어, 앞에서 살펴본 연극대회를 준비하면서 무대의상을 만들고자 했던 6학년 학생들의 사례를 다시 떠올려 보자. 교사는 제안된 아이디어들의 강점, 한계와 극복 방안, 독특한 점(Advantages, Limitations and how to overcome them, and Unique features: ALoU) 등을 검토해 보도록 함으로써 아이디어의 수렴 과정에서 촉진자의 역할을 했다. 학생들이 '옷핀' 아이디어의 강점을 나열할 때, '거지' 캐릭터를 맡은 학생은 자신의 옷에 온통 천조각들을 옷핀으로 붙임으로써 자신의 무대의상을 만들 수 있겠다는 생각을 할 수 있었다. 결국 거의 모든 아이디어들이 어떤 식으로든 사용되었고 아무도 재봉틀을 사용할 필요가 없었다.

중학교 교사인 한 연구자는 학생들이 큰 프로젝트를 진행하는 동안 동료 학생들 간의 비판을 제공하도록 하였다. 그녀는 비록 긍정적인 판단의 개념을 이해하기 위해 학생들과 긴밀하게 협력해야 했지만, 학생들은 결국 발표 후 토론에 더 많이 참여하게 되었다(Reynolds, 2009).

의사결정 과정을 공유하기

교사와 학생들은 개방형 과제나 문제를 수렴하는 단계에서 매우 구체적으로 아이디어를 분석하고 다듬고 발전시켜야 한다. 당신은 교사와 학생들이 이러한 결정을 내리는 데 도움이 되는 수렴적 사고 도구를 선택하기를 원할 것이다. 목표나 계획이 완전히 공개되어 있는지를 확인한다. 때로는 당사자 외에는 아무도 모르는 숨겨진 동기가 있을 수 있다. 그러므로 모든 사람들이 그 과정에 대해 알고 있고 편안하게 느끼도록 하고, 결정이 내려질 때 갈등과 논쟁을 피할 계획을 세우는 것이 매우 중요하다. 이렇게 공유된 목표나 비전은 모든 사람들이 그룹이 지향하는 목표나 비전을 명확하게 볼 수 있도록 하는 데 있어 중요하다. 또한 의사결정 과정의 공유를 훨씬 더 쉽게 해 준다.

의사결정 과정을 공유하는 좋은 사례로 파이퍼(Pfeiffer) 선생님의 유치원 교실을 살펴보자. 그녀는 학기 초에 규칙이 명확하게 정해지기를 원했다. 그녀는 아이들과 함께 규칙을 만든다면 아이들이 더 많은 관심을 보일 거라고 생각했다. 비록 유치원 아이들이 모든 단어를 읽을 수는 없었지만, 아이들과 함께 만든 아이디어 목록은 규칙을 만드는 데 도움이 되었다. 그녀는 아이들 스스로 선택한 규칙이 무엇인지 알기 위해 규칙 목록을 명확하게 만들어 제시했다. 모든 아이들이 교실의 규칙을 정하는 것의 궁극적인 목표가 무엇인지를 알고 있었다. 파이퍼 선생님은 아이들과 규칙 목록을 수렴할 때 (유치원 아이들이 아직 모든 단어를 읽을 수 없다는 점을 감안하여) 특별한 방법을 사용했다. 즉, 선생님이 아이디어를 읽고, 그 아이디어에 해당하는 규칙에 동의하는 아이들은 손을 드는 방식이다. 이렇게 아이들은 규칙을 만드는 데 참여했다. 여기서 가장 중요한 점은, 아이들이 직접 규칙을 선택했기 때문에, 이들은 서로에게 규칙을 알려주며 서로 도와가며 규칙을 지켰다. 유치원 아이들은 왜 규칙을 만들었는지 그리고 어떻게 자신의 유치원 생활에 도움을 줄 것인지에 대해 매우 명확했기 때문에 이 점에 도달할 수 있었다. 또한 아이들이 볼 수 있는 명확한 지시문을 제공했다. 하지만 아이디어를 생성하도록 요청받은 다음 어떻게 아이디어를 사용할지 전혀 모르는 경우에는 혼란과 불신의 분위기가 조성될 수 있으므로 주의해야 한다.

아이디어의 참신성을 수용하기

문제에 대한 창의적인 아이디어나 해결책을 찾는다는 것은, 유용하고 새로운 아이디어를 찾고 있다는 것이다. 어떤 사람들에게는 새로운 아이디어를 선호한다는 것이 쉽지 않다. 또 어떤 사람들은 큰 변화를 만들기보다는 점진적으로 상황을 개선하는 아이디어를 선호할 수도 있다. 큰 변화를 고슴도치의 가시처럼 느낄 수 있다(이솝우화 "고슴도치를 어떻게 안을까?"를 기억해 보자). 아마도 당신은 많은 아이디어를 만들어 낸 그룹에 속해 있을 수 있다. 대부분은 그렇다. 하지만 많은 아이디어 리스트에서 한두 가지 아이디어를 선택하다 보면 너무 쉽게 다른 아이디어들을 없애버리거나 정말 참신한 아이디어를 무시할 수도 있다. 결국 기대한 것에 가깝거나 안전한 아이디어를 선택하게 될 수 있다.

다음은 초등학교 2~3학년 혼합 학급을 팀티칭으로 가르치고 있는 두 명의 선생님에 대한 사례이다. 이 선생님들은 학생들이 CPS 과정을 경험하기를 원했다. 그들이 독창적인 아이디어를 수용하는 데에는 약간의 용기가 필요했다. 두 선생님은 학생들을 두 모둠으로 나누어 한 모둠씩 맡았다. 한 모둠은 새로운 동물인형에 대한 아이디어를 생성했고, 다른 모둠은 컴퓨터를 더 재미있게 보이게 하는 방법에 대한 아이디어를 만들었다. 각 선생님은 그들이 생성한 아이디어를 수렴하기 위해 해당 모둠을 더 작은 모둠으로 나누었다. 소규모 모둠은 그들이 가장 좋아하는 의견을 전체 학생들과 공유했다. 나중에 소규모 모둠 중 하나는 동물인형 아이디어를 컴퓨터 아이디어와 결합하여, 컴퓨터를 매우 큰 테디 베어 인형의 배 안에 넣기로 결정했다. 교사들은 학생이 그들의 선택대로 수행하도록 했고, 부모님들의 도움을 받아 오래된 컴퓨터와 오래된 테디 베어 인형을 찾아냈다. 학생들은 그들의 테디 베어 컴퓨터가 약간 뜨거워진다는 단점이 있다는 것을 알고 잠시 동안 약간의 수정을 했다. 이 학생들이 만든 테디 베어 컴퓨터는 컴퓨터실에서 망가질 때까지 사용되었다.

목표를 명확히 하고 유지하기

어떤 지도나 주소 없이 새로운 목적지에 가는 것은 매우 어려운 일이다. CPS에 있어서 목표는 목적지의 주소와 같은 것이다. 즉, 목표는 당신이 가고 싶은 곳을 알 수 있도록 도와주며, 일반적으로 이것이 어떤 모습일지 당신의 마음속에 그려져 있다. 목적지로 가는 길은 어느 길로 가는지에 따라 달라질 수 있다. 그러므로 CPS에서는 다양한 경로를 선택할 수 있으며 선택하는 도구에 따라 경로의 종류를 결정할 수 있다. 예를 들어, 만약 당신이 학교의 교육과정을 계획하는 팀의 일원인 경우를 가정해 보자. 우선 교육과정과 관련하여 현재 우리가 처한 상황과 함께 미래에 어떤 상황에 처하게 될지를 검토해야 한다. 교육과정의 현재 상태뿐만 아니라 미래에 어떤 모습을 띠게 될지, 그리고 이 새로운 교육과정으로부터 학생들이 어떤 혜택을 받을 수 있을지에 대해 신중하게 생각해야 한다. 다시 말해, 아이디어의 독창성을 고려하면서 충분한 시간을 갖고 평가해야 할 뿐만 아니라 자신의 개인적인 동기가 그 과정을 잘못 이끌지 않도록 해야 한다.

교사, 학급, 학교

이와 같은 가이드라인을 적용하려면 약간의 연습이 필요할 수 있지만 결국은 관련된 모든 사람들에게 도움이 될 수 있다. 먼저 교실에서 학생들은 가이드라인을 배울 수 있다. 어른들처럼 학생들은 아이디어를 만들고 수렴하는 것을 좋아한다. 어떤 학생들은 계속해서 아이디어를 만들고 싶어 하는 반면,

어떤 학생들은 생성된 아이디어를 평가하고 싶은 강한 충동을 느낄 수 있다. 이때 교사는 각 학생들에게 일관된 방식으로 판단을 유보하도록 다시 한번 상기시킨다. 뿐만 아니라, 교사는 이 가이드라인의 모범이 되어야 하며, 모든 학생들에게 판단을 유보하도록 차분하고 지속적으로 상기시켜 줌으로써 이 메시지는 교실 전체에 스며들 것이다. 아이디어를 생성할 기회가 있을 때마다 학생들이 생각을 확장할 수 있도록 도와준다. 항상 2~3가지 아이디어를 더 요구한다. 학생들에게 다른 사람의 아이디어에 편승하여 조합을 찾도록 격려한다. 당신이 교육과정을 개발하는 과정에도 이 가이드라인을 적용할 수 있다.

아이디어 수렴을 위한 가이드라인의 하나로 일부 학생들에게 긍정적인 판단을 하도록 상기시켜야 할 수도 있다. "어떻게 하면 …"과 같은 문장어법을 사용하면 연습이 가능하다. 다양한 주제 또는 교육과정에 대한 수업 토론을 진행하면서 이러한 어법 사용을 연습할 수 있다. 예를 들어, 당신의 교실에서 문제 상황에서 중요한 결정을 내려야 하는 사람에 대한 이야기를 들었다고 가정해 보자. 당신은 학생들에게 "어떻게 하면 …"과 같은 문장어법을 사용하여 질문할 수 있고, 그다음에는 그 사람이 문제를 해결할 수 있도록 도울 수 있는 방안에 대한 아이디어를 만들어 낼 수 있다. 학생들이 모든 사람이 만든 아이디어들을 검토할 때 그 아이디어가 어디로 이어질지 모르기 때문에 새롭거나 특이한 아이디어를 고려하도록 상기시켜야 한다. 학생들에게 매우 새로운 아이디어가 유용할 수 있음을 상기시켜 준다. 모든 가이드라인과 사고 도구는 당신과 당신의 학생들이 평생 가질 수 있는 강력한 기술이다.

아이디어를 만드는 것은 교육과정에서 어떤 교과에서든 적용이 가능하다. 예를 들면, 학생들이 알고 있는 모든 식물에 대해 이야기하도록 해 보고, 그런 다음 교사는 학생들이 아직 생각해 내지 못한 다른 아이디어를 채울 수 있도록 도와준다. 아이디어 수렴을 위해 교사와 학생들은 지금까지 나온 식물들을 분류해 볼 수 있다.

당신은 또한 다른 동료교사들에게 모범이 된다. 사고 도구와 가이드라인을 사용하는 동료교사가 있다면 다른 동료들 사이에서 CPS 절차와 사고 도구의 효과를 보여 주는 것은 간단할 것이다. 만약 문제해결 절차나 사고 도구를 수용할 수 있는지 확신할 수 없는 경우에는 예시 자료를 제시할 수 있다. 다음 번 회의에서 누군가 브레인스토밍을 사용할 것을 제안하면, 아이디어 생성을 보다 효과적으로 만들기 위한 간단한 가이드라인을 제시할 수 있다. 또 제안된 아이디어와 관련하여 아무런 후속과정도 진행되지 않는 경우 그 아이디어의 수렴을 위한 적절한 가이드라인을 제안할 수도 있다. 일반적으로 사람들은 그들의 아이디어를 유용하게 만들고 그것을 실행에 옮기는 방법을 선호한다.

다음 장에서는 아이디어를 생성하고 수렴하는 특정한 사고 도구를 배울 것이다. 이러한 사고 도구를 활용하는 방법을 배울 때 이 장에서 제시한 가이드라인을 반드시 염두에 두도록 하자.

생각해 보기

○ 학생들이 아이디어 생성 및 수렴에 대한 가이드라인을 배운 후에는, 특히 모둠별 협동 작업을 할 때 학생들 간의 상호작용에 대해 모니터링을 하도록 한다. 이는 학생들이 진부하고 비생산적인 방식에서 빠져나오지 못하는 것처럼 보일 때 학생들을 다시 창의적인 사고 활동으로 되돌려 줄 수 있는 기회를 제공한다. 자신의 행동을 모니터링하는 것도 유익할 것이다. 특히 교실 밖의 문제를 다룰 때는 더욱 그렇다. 이러한 가이드라인을 당신이 일하고 있는 학교 밖에서 어느 정도 실험해 본 이후에 당신의 경험을 학생들과 공유해 보도록 하라. 학생들에게 학교 안팎에서 똑같이 시도하도록 요청한다. 조직에서 일을 하거나 다른 환경에서 가족과 친구들이 함께 일할 때, 이 가이드라인을 적용한 것에 대해 수시로 확인한다. 이와 관련한 토론은 당신과 당신의 학생들 모두에게 가치 있을 것이다.

창의성 교육을 위한
기본적 사고 도구
(1단계)

- 아이디어의 생성과 수렴을 위한 10가지 기본적 사고 도구의 기능을 설명하고 사용할 수 있다.
- 교사는 학생들에게 10가지 기본적 사고 도구를 가르치기 위한 교수-학습 활동을 설계할 수 있다.
- 학생들은 10가지 기본적 사고 도구를 실제 문제해결 상황에서 능숙하고 자신감 있게 적용할 수 있다.

7장에서 제시한 '생산적 사고를 위한 교수-학습 모형'([그림 4]; Treffinger & Feldhusen, 1998; Treffinger et al., 2006)을 기억해 보자. 이 모형에서는 생산적 사고의 3가지 수준에 따른 교수-학습 가이드라인을 설명하고 있다. 그 첫 번째 수준은 기초적 지식과 사고 도구의 학습이다. 이 수준의 교수-학습 활동에서 학생들은 사고 도구와 관련된 용어뿐만 아니라 창의적 문제해결의 절차와 관련 사고 도구들에 대해 배우게 된다. 학생들은 확산적 사고 도구 및 수렴적 사고 도구를 모두 사용하여 자신의 생각을 확산하고 수렴하는 방법에 대한 기본적인 교육을 받게 된다. 그리고 이러한 도구를 연구 및 탐구에 적용하는 방법과 더불어 생산성과 의사소통의 효율성을 확대시킬 수 있는 방법에 대해서도 이해할 수 있게 된다. 또한 아이디어를 생성하고 수렴하기 위한 10가지 기본적 사고 도구와 관련하여 기초 수준에서의 개념과 방법을 예시 활동을 통해 학습한다.

〈표 12〉는 1단계 활동을 위한 기본 사고 도구의 목표와 교사, 학생, 학부모의 역할에 대해 설명해 주고 있다.

〈표 12〉 1단계 활동을 위한 기본 사고 도구의 목표와 교사, 학생, 학부모의 역할

목표
• 학습자는 아이디어 생성 및 수렴에 대한 가이드라인을 이해하고 적용한다. • 학습자는 아이디어 생성에 효과적인 기본 사고 도구를 알고, 선택 및 사용한다. • 학습자는 아이디어 수렴에 효과적인 기본 사고 도구를 알고, 선택 및 사용한다. • 학습자는 기본 사고 도구와 관련된 용어를 배우고 사용한다.

대상	역할
교사	• 아이디어 생성과 수렴에 대한 가이드라인을 학생들에게 제공하여 그것을 적용하는 활동을 안내한다. • 확산적 사고 도구와 수렴적 사고 도구의 명칭, 목적, 방법에 대해 알려준다. • 교과 과정뿐만 아니라 일상에서 경험하는 다양한 활동들을 통해 학생들이 사고 도구를 적용할 기회를 제공한다. • 학생들이 교실 상황에서 일어날 수 있는 과제에 사고 도구를 적용해 보도록 독려한다. • 생산적인 사고를 요구하는 질문을 하고, 학생들의 생각을 탐색하고 끌어내며, 학생들이 스스로 문제를 제기하도록 유도한다. • 학생들이 어떤 과제에 대해 아이디어를 생성하고 수렴하는 것을 필요로 할 때 적절한 사고 도구를 선택하고 사용하는 방법을 배우도록 도와준다. • 교사 스스로 자신이 사고 도구를 활용하는 시범을 보여 준다. • 생활 속 다양한 상황 가운데 사고 도구를 사용하는 방법의 실례를 제공한다. • 학생들이 효과적으로 사고 도구를 사용하도록 계획을 세우고, 노력을 기울이며 반성하고 보고하는 시간을 제공한다. • 학생들이 생산적인 사고를 하기에 좋은 교실 환경을 조성하고 사고 도구를 학습하고 사용하기를 기대한다. • 생산적인 사고를 하도록 도전하고 사고 도구를 활용하는 것이 포함된 평가 방법을 사용한다.

학생	• 아이디어 생성 및 수렴에 대한 가이드라인을 이해, 적용, 내면화한다.
	• 아이디어 생성 및 수렴적 사고 도구의 명칭, 목적, 방법에 대해 학습한다.
	• 교육과정 내에서 이루어지는 다양한 활동을 통해 사고 도구를 사용한다.
	• 생산적인 사고를 요구하는 질문에 적절하게 대응한다.
	• 보다 높은 수준의 사고가 필요한 질문을 시작한다.
	• 특정 도구가 도움이 될 수 있는 때를 인식하고 사용할 적절한 도구를 선택한다.
	• 활동의 계획 및 수행에 대한 노력과 반성을 보여 주고, 다른 사람들에게 해당 활동에 대해 발표한다.
	• 새로운 도구를 계속 배우고 사용하기 위해 지속적인 호기심과 흥미를 보여준다.
학부모	• 개인 또는 가족이 함께 참여하는 일상적인 상황에서 아이디어를 생성하고 수렴하기 위한 가이드라인을 준수하고 적용한다.
	• 모든 가족 구성원이 아이디어를 제공하고, 그 아이디어들에 대해 개선하고 발전시키고 분석 및 선택할 수 있는 기회를 제공한다.
	• 자녀들의 참여와 아이디어들을 존중해 준다(절대 무시하거나 무조건적으로 지지하지 않는다).
	• 학생들이 자신의 개인적인 생활뿐만 아니라 다른 학생들과 어울리는 가운데 아이디어를 생성하는 창의적 사고와 아이디어를 수렴하는 비판적 사고를 하도록 적절한 사고 도구를 알고 사용한다.
	• 창의적이고 비판적인 사고를 강화하기 위해 게임, 가족 야유회, 놀이시간 등과 같은 다양한 비공식적인 기회들을 활용한다.
	• 모든 가족 구성원의 생산적인 사고를 보상하고 축하한다.
	• 자녀와 정답이 있는 문제나 시험 성적에 대해 이야기하기보다 생산적인 사고를 요구하는 창의적인 활동이나 그와 관련한 성취에 대하여 이야기한다.
	• 다양한 창의적 또는 비판적인 사고기법, 문제해결, 자녀가 학교에서 경험한 전략, 자녀들이 학교에서 배우게 될 의사결정 방법 및 사고 도구에 대해 알아보고, 부모가 직업 활동에서 실제 사용하는 방법 및 도구들과 비교해 보고 이에 대하여 자녀들과 이야기를 나눈다.

창의적 사고 과정의 순환

창의적인 사고 과정에는 자연스러운 리듬과 맥이 있다. 어떤 연구자는 이 것을 창의적인 사고와 비판적인 사고 혹은 확산적인 사고와 수렴적인 사고 사이의 순환이라고 본다. 우리는 아이디어를 생성하고 수렴한다는 용어를 사용한다. 개인과 그룹이 아이디어를 창의적으로 생성하고 수렴하려면 행동 이 서로 맞물려 있어야 한다는 것을 명확하게 설명해 주기 때문이다. 14장에 서 논의한 바와 같이, 우리는 이 두 행동, 즉 아이디어를 생성하고 수렴하는 상호작용을 '창의성의 심장박동'이라고 부른다(Isaksen et al., 2011; Treffinger, Isaksen, et al., 2006). 이 과정은 아이디어 생성과 수렴이라는 반복적인 활동 에 의해 이루어지고 14장에서 제시된 가이드라인을 알고 적용함으로써 촉진 된다.

아이디어를 생성할 때 우리는 새로운 가능성에 마음을 열고, 우리의 기존 관점을 바꾸며, 새롭고 익숙하지 않은 생각이 이끄는 곳이 어디든지 간에 기 꺼이 따를 필요가 있다. 뿐만 아니라 주어진 도전과 그것을 둘러싼 자료 그리 고 해결책을 평가할 준거, 그 해결책의 실행 방법 등에 대해서도 달리 생각해 볼 필요가 있다. 선택된 해결책과 그 해결책의 실행 결과를 평가하기 위해 사 용할 평가 기준 및 관련 자료에 대해서도 달리 생각해 보려는 시도가 필요하 다. 만약 우리가 상황과 문제해결 스타일에 적당한 확산적 사고 도구와 수렴 적 사고 도구를 선택하고 사용하는 것이 가능하다면 창의적 문제해결 과정의 각 단계(문제 명료화하기, 아이디어 생성하기, 실행 준비하기)는 더욱 효과적으로 이루어지게 된다(Isaksen et al., 2011).

사고의 확산과 수렴을 위해 효과적으로 사용될 수 있는 수백 가지의 도구 가 있을지 모르지만 우리는 5가지의 확산적 사고 도구와 5가지의 수렴적 사 고 도구를 포함하는 10가지의 기본 사고 도구를 다루고자 한다(Treffinger, 2008; Treffinger & Nassab, 2011b; Treffinger, Nassab, et al., 2006). 이 도구들은 개인이나 집단에서 이해하고 적용하기 쉬우며 많은 다른 유용한 도구들의 특징과 관련되어 있거나 통합되어 있기 때문이다. 오직 10가지의 도구에만 집중함으로써 학교든 기업이든 관계없이 어떤 조직 내에서든 문제해결을 위한 일관된 접근 방식도 제공해 줄 수 있다.

5가지 확산적 사고 도구

아이디어 생성을 위한 사고 도구를 사용함으로써 우리는 사고를 유창하게 하고, 생각을 확장시키며, 상황을 다양한 관점에서 바라보고, 우리의 생각을 참신하고 독창적으로 열어주는 것이 가능하다. 새로운 아이디어와 다른 아이디어가 많이 필요하거나, 다양하고 비범한 가능성이나 대안들을 찾고 있거나, 더 심층적인 아이디어나 해결책을 필요로 할 때, 기존의 아이디어에 세부사항을 추가하거나, 몇 가지 유망한 가능성이 있는 아이디어를 결합해야 할 때 이 도구를 사용한다. 만약 당신의 생각이 막혔거나 관점을 바꿀 필요가 있다면 다른 도구로 변경해야 할지도 모른다. 이제부터 우리는 5가지의 아이디어 생성 도구를 간단히 살펴볼 것이다(Treffinger, 2008; Treffinger & Nassab, 2011a; Treffinger, Nassab, et al., 2006).

효과적으로 아이디어를 생성하려면 고민하고 있는 문제 혹은 질문을 명확하고 간결하게 진술하는 것으로 시작해야 한다. '어떤 면에서 … 할 수 있는가?' 또는 '몇 가지 방법으로 … 할 수 있는가?'와 같은 비생산적인 질문은 피한다. '어떤 방법으로 … 할 수 있는가?' 또는 '어떻게 …?'와 같이 다양한 아이디어 생성을 유도하는 열린 질문을 하도록 한다(Treffinger, Nassab, et al., 2006). 종종 끝이 닫힌 질문은 결국 '아니오.' 또는 '3개'라는 단순한 답변밖에 유도하지 못한다. 또한 과제를 둘러싸고 있는 핵심 배경이 되는 자료를 검토하여 당신과 함께 일하고 있는 다른 사람들이 당신이 다루고 있는 주요 이슈에 대해 잘 알 수 있도록 하는 것이 좋다.

브레인스토밍

브레인스토밍(Brainstorming)은 종종 창의적 문제해결의 동의어로 부정확하게 쓰이곤 한다. 브레인스토밍은 많은 사고 도구들 중의 하나이긴 하지만, 여기에도 다양한 형태가 있다. 브레인스토밍은 말로 표현하는 방식, 글로 쓰는 방식, 또는 이 2가지를 조합하는 방식으로 구분되기도 한다. 어떤 형태의 브레인스토밍이든 제안한 아이디어에 대해 사람들이 판단하지 않고, 또는 비판하지 않는 한 마음에 떠오르는 도전과 관련된 모든 생각을 나열함으로써 많은 수의 아이디어를 내기 위한 노력이 필요하다. 브레인스토밍은 보통 새로운 사고 영역을 개척하기 위해 많은 아이디어가 필요할 때 사용된다.

브레인스토밍을 사용하려면 문제나 질문과 관련된 가능한 한 많은 아이디어를 나열한다. 이전에 듣거나 본 것 이상으로 아이디어를 내려고 노력해야 한다. 하나의 아이디어를 다른 아이디어와 조합하고 확장시키고, 우리의 마음이 기대치 않은 방향으로 가도록 내버려 두어야 한다. 여기서 우리의 경험으로 보건대, 첫 번째 아이디어는 보통 우리가 이미 해 보았거나 언젠가 생각을 해 보았던 것인 경우가 많다. 비범하고 창의적인 아이디어를 탐색하기 위해서는 마음속에 있는 첫 번째 아이디어를 뛰어넘어야 하며 종종 20~25개 혹은 그 이상의 아이디어를 생성해 내는 것이 필요하다.

한 교사는 학생들이 물과 관련된 어휘를 확장시킬 수 있도록 하기 위해 브레인스토밍 도구를 사용하기로 하였다. 교사는 학생들이 물로 할 수 있는 것들을 알아보기 위해 한 주 동안 새로운 뉴스, 광고 혹은 만화가 있는 신문을 보도록 했다. 학생들은 각자 수집한 아이디어들을 기록한 문서를 모아 모둠별로 검토하였다. 모둠으로 작업을 하면서 학생들은 아이디어 목록을 작성하였다. 그다음에 그들은 모둠별로 작성된 목록을 서로 비교하여 어떤 그룹이 가장 많은 아이디어를 가지고 있는지, 어떤 그룹이 가장 특이한 아이디어를 가지고 있는지, 어떤 항목이 매우 다른 관점을 보여 주는지 등을 살펴보았다. 교사는 수업을 정리하면서 날마다 접하는 대중매체 속에서 우리 각자가 인식

한 물과 관련된 아이디어들이 얼마나 차이가 있는지에 대해 학생들과 토론을 하였다 (Treffinger et al., 2003).

전통적인 접근 방식 외에도 브레인스토밍은 참가자들이 아이디어가 떠오르는 대로 바로 발표할 수 있는 매우 다양한 방법이 존재한다. 그중 하나는 포스트잇(Post-it®)을 활용한 브레인스토밍이다. 이 방법은 사회자가 큰 소리로 말하는 구성원의 아이디어만 관심을 가지고 기록할 필요가 없으며, 진행 과정 또한 정신없이 서두를 필요가 없다. 구성원들은 문제를 곰곰이 생각하고 한 번에 하나씩 포스트잇 노트에 아이디어를 적는다. 그리고 그것을 소리 내어 읽고 모두가 보고 읽을 수 있도록 게시한다. 다른 구성원들은 그 아이디어를 기반으로 또 다른 생각을 만들어 낼 수도 있다. 이 과정은 새로운 아이디어가 더 이상 나오지 않을 때까지 지속된다. 만약 이 시점에서 하나의 큰 아이디어가 생성되었다면 그다음 과정으로 나아가야 할 시간이 된 것이고, 그렇지 않다면 그 집단은 생각을 확장하거나 또 다른 발산적 사고를 시도하는 사고 도구를 사용해야 할 것이다.

브레인라이팅(Brainwriting)은 브레인스토밍에 비해 조용하고 사색적인 접근이다. 구성원들은 테이블에 앉아 있고 각자 가로 4칸 세로 3칸으로 된 12개의 큰 칸이 있는 종이를 가지고 있다. 테이블 중앙에는 12칸이 있는 빈 시트지가 있다. 고민하는 문제나 도전들을 명쾌하게 이해한 후에 각 구성원들은 각자의 속도로 맨 위 3칸을 아이디어나 대안으로 채운다. 맨 위 가로줄을 채운 첫 번째 구성원은 자신의 종이를 테이블 중앙에 놓고 다른 구성원이 마치고 가져다 놓은 종이를 집어 간다. 이제 다음에 있는 줄에다 3개의 아이디어를 더 적어 놓는다. 그다음 그 종이는 중앙에 있는 다른 구성원의 종이와 맞바꾼다. 이 과정은 12개의 칸이 있는 각 종이가 다 채워질 때까지 계속한다. 이러한 작업은 Google 오피스와 같은 시스템을 사용하여 온라인으로 수행할 수도 있다.

속성열거법

속성열거법(Attribute Listing)은 변화를 일으키기 위해 문제, 질문 또는 도전을 필수적인 부분이나 요소로 분해해 보고자 할 때 유용하다. 해당 문제의 다양한 요소를 더 잘 이해할 수 있도록 해 줌으로써 특정 요소의 변경 또는 수정을 통해 전체에 긍정적 영향도 끼칠 수 있게 해 준다. 이 도구는 종종 브레인스토밍의 개방성이 편하지 않은 사람들이 선호하는 도구로서 아이디어 생성을 위한 체계적이고 구조화된 분석적 접근법이다. 이 사고 도구는 어떤 상황이나 제품 또는 과정에서 개선점을 찾을 때 유용하다.

속성열거법을 적용하려면 작업 또는 질문을 주요 부분이나 구성 요소로 분할한 다음 주요 특성을 나열한다. 그다음에 하나씩 속성을 검토한다. 각 속성을 어떻게 변경, 수정, 개선 혹은 강화할 것인가? 다른 형태를 취할 수 있을까? 어떻게 생겼을까? 어떤 식으로 전체를 바꿀까? 각 속성에 대해 몇 가지 가능한 수정사항을 나열해 본다. 일부 특성 또는 사용자가 생성한 수정사항을 결합한 결과를 검토해 본다.

한 축구 코치가 팀 선수들과 함께 팀의 각 포지션의 특성을 열거하고, 각 선수들의 특성을 목록으로 작성하였다. 그리고 이번 주말에 그들이 뛸 팀의 선수들의 특성 목록을 준비하였으며 그들은 팀 선수들의 배치를 처음으로 논의했다. 각 선수들은 자신의 최상의 속성을 이끌어 내는 방법으로 자신의 포지션을 사용하고 있는가? 그들은 개인으로서 혹은 팀으로서 그들의 경기력을 개선하기 위해 무엇을 바꿀 수 있는가? 그들은 다음 주에 상대팀의 특성을 파악하면서 그들의 가장 강력한 속성을 바탕으로 어떻게 경기를 끌어가고 연습할 수 있는지 속성목록을 사용하여 토론을 시작했다.

강제결합법

강제결합법(Force-Fitting)은 새로운 생각이나 관계를 자극하기 위해 무작위로 선택된 대상을 질문이나 문제와 연결함으로써 새로운 아이디어를 고안하는 데 도움이 된다. 그리고 우리가 다른 관점에서 볼 수 있게 해 주고 우리의 생각을 다른 방향으로 향하도록 도와준다. 다른 사고 도구를 사용하여 생성해 내는 아이디어의 수가 점점 줄어드는 상황에서 독창적 아이디어를 추가하고 싶을 때 강제결합법을 사용할 수 있다.

고민하고 있는 문제나 과제를 진술한 후에, 관계없는 물건이나 사진을 무작위로 선택한다. 그 물건은 어떤 것이든 가능하다. 우리는 종종 작은 인형상자를 사용하곤 한다. 각각의 장난감은 홀로 서 있을 수 있거나 움직일 수 있다. 예를 들어, 빨간 장난감 자동차는 플라스틱 재질로 만들어지고 손으로 밀거나 중력으로 언덕을 내려가는데, 문제를 해결하는 사람들에게는 빨간 스포츠카를 상기시킬 수 있다. 질문은 '이 빨간 자동차와 제안된 과제를 생각했을 때 어떤 새로운 아이디어가 떠오르는가?'이다. 빨간 장난감 자동차를 기반으로 아이디어를 제안하는 것이 멈춰지면, 사고를 자극할 수 있는 다른 물건이나 사진을 선택한다. 하나의 대상이 문제를 해결하는 새로운 연결고리를 만들어 내지 못하면 다른 대상으로 이동한다. 당신의 목표는 새롭고 차별되는 많은 가능성과 대안들임을 기억해야 한다.

초등학교 교사인 산체스(Sanchez)는 자연보호에 관한 과학수업을 하고 있었다. 그는 다양한 장난감(자동차, 체스, 작은 공, 엑스맨 인형, 바비인형)과 집 주변의 물건들(물감, 붓, 빗, 베개, 포크, 종이 클립), 잡지에서 잘라낸 수십 개의 사진을 수집해 왔다. 자연보호를 위해 필요한 짧은 영상을 보여 준 후, 그는 스마트보드에 다음과 같은 도전 과제를 적었다. '어떤 새로운 방법으로 천연자원을 보존할 수 있을까?' 그리고 나서 학생들에게 자신이 수집한 물건이나 그림 중 하나를 고르도록 하고 그 물건이나 그림이 어떻게 천연자원을 보존하기 위해 새롭고 특이한 방법을 제안할지 생각해 보라고 했다. 학생

들은 지체 없이 칠판에 적힌 도전 과제에 대한 아이디어들을 제안하기 시작했다. 산체스 선생님은 학생들에게 아이디어를 생성하는 작업을 하는 동안 재미있게 하도록 허용하면서 그들의 사고가 확장되고 자유롭고 엉뚱한 많은 대안들을 찾도록 격려했다. 만약 특별한 물건에 대해 생각할 때 학생들의 아이디어가 고갈되면, 그는 학생들에게 수집물품 중에서 또 다른 물건을 골라 보라고 격려했다.

형태분석법

형태분석법(Morphological Matrix)은 아주 짧은 시간에 수천 개의 특이한 결합과 아이디어를 생성하는 것을 도와준다. 동시에 이 도구는 구조화되어 있고 포괄적이며 사용하기 쉬우며, 보통 가로 4칸, 세로 10칸인 격자 모양으로 된 양식을 활용한다.

형태분석법을 사용하기 위해서는 도전 과제에 대한 4개 혹은 그 이상의 변수나 특성 그리고 주요 요소들을 고려해야 한다. 다양한 형태를 취할 수 있는 요소들을 생각해 보고, 이러한 특성들을 세로 칸 맨 위부터 기록해 가도록 한다. 비록 4개보다 더 많은 특성들을 생각해 왔다 하더라도 이 형태분석법은 3개에서 5개 사이의 요소일 때 가장 잘 활용할 수 있다. 예를 들어, 짧은 이야기를 쓰는 과제를 수행하는 경우, 이 요소들은 등장인물, 배경, 목표, 장애물이 해당될 수 있다.

이제 각 요소에 대해 10개의 아이디어를 생성해 본다. 다른 가로 칸에 있는 요소를 고려하지 않고 한 칸에 하나의 아이디어를 생성한다. 첫 번째 인물 칸에는 현재의 인물, 과거의 인물, 상상 속의 인물 등 다양한 유형의 인물들을 생각해 볼 수 있다. 예를 들어, 이순신 장군과 같은 과거의 위인이나 손오공과 같은 소설 속 인물도 가능하다. 두 번째 장소 칸에서는 화성과 같은 외계나 쓰레기통과 같은 아이디어를 기록할 수 있다. 형태분석법을 활용한 결과물은 [그림 10]에서 보는 것과 비슷하게 될 것이다.

마지막 단계는 무작위로 각 세로 칸부터 아이디어를 한 가지씩 뽑는다. 당

번호	인물	장소	목표	장애물
1	둘리	화성	부자 되기	다리가 부러짐
2	이순신 장군	교실	사건 해결하기	금괴
3	마법사	보트 위	진실된 사랑 찾기	괴물
4	손오공	쓰레기통	번지점프하기	두려움
5	주방장	플로리다 남부	유명인사 되기	마감시간 초과
6	경주마	산꼭대기	제빵사 되기	전 여자친구
7	소녀시대	자연사박물관	진정한 사랑 만나기	아이
8	앵무새	놀이동산	탈출하기	이사
9	발레리노	도서실	스카이다이빙 하기	교통사고
10	파일럿	운동장	세계 일주 하기	위반

[그림 10] 형태분석법 예시

신은 주소록에서 임의의 전화번호를 선택하고 전화번호 마지막 네 자리를 사용하여 4가지 아이디어를 조합하여 구성할 수도 있다. 하나의 성공적인 예시는 학생들의 매트릭스에서 경주마, 플로리다 남부, 진실된 사랑, 마감시간 초과였다. 그들이 쓴 이야기는 은퇴한 경주마에 관한 것이었고, 경주마는 자신의 진정한 사랑이 살고 있는 플로리다 남부로 여행을 간다. 그러나 그의 계획은 전 여자친구인 Miss Deadline(다른 경주마)에 의해 계획이 좌절된다는 내용이다.

형태분석법은 창의적 글쓰기뿐만 아니라 어떤 분야에서도 사용 가능하다는 것을 기억해야 한다. 만약 3~4개의 필수 요소로 과제를 줄일 수 있다면 각 요소에 대해 10가지 대안을 생성할 수 있을 때, 가장 적절하고 강력한 아이디어 생성 도구가 된다.

스캠퍼 기법

아이디어 생성 도구 다섯 번째는 스캠퍼(SCAMPER) 기법이다. 스캠퍼는

Alex Osborn(1953)이 처음 제안한 아이디어 생성 질문 리스트를 기억하기 쉽도록 Eberle(1971)가 붙인 명칭이다. Osborn의 질문들은 새롭고 특이한 생각을 자극하고 과제와 도전을 바라보는 새로운 접근 방식을 유도하기 위해 고안되었다. 스캠퍼의 각 글자는 다음과 같은 기본적인 질문을 떠올리는 핵심 단어를 대표하고 있다.

- S=대체하다(Substitute): 무엇을 혹은 누구를 빼고 대신 넣거나 바꿀 수 있을까?
- C=조합하다(Combine): 과제나 도전에 무슨 요소 혹은 속성을 함께 결합시킬 수 있을까?
- A=새로운 용도나 상황에 맞추다(Adapt): 어떤 다른 아이디어나 행동을 기대할 수 있을까? 어떻게 달리 변형되거나 활용될 수 있을까?
- M=수정하다, 확대하다, 축소하다(Modify, Magnify, Minify): 어떤 요소를 다르게 하고 약간 변형할까? 무엇을 더 크게, 더 강하게, 더 빠르게, 더 화려하게 할까? 만약 더 작게, 더 약하게, 더 느리게, 더 단순하게 한다면 어떻게 될까?
- P=다른 용도로 사용하다(Put to Other Uses): 과제의 요소들을 어떤 방법으로 다르게 사용할까? 또 그 요소들이 적용된 맥락이 어떻게 바뀔 수 있을까?
- E=제거하다(Eliminate) : 과제와 연관되어 있는 요소, 부분 혹은 속성 중 도움이 되지 않거나 더 이상 필요하지 않은 것은 무엇일까? 만약에 그것을 없애버린다면 어떤 일이 일어날까?
- R=뒤바꾸다, 재배열하다(Reverse, Rearrange): 과제와 연관되어 있는 어떤 요소, 부분 혹은 속성을 뒤섞어 보고 위치를 바꿔 보고 뒤집어 볼 수 있을까?

스캠퍼는 당신과 당신의 그룹이 새롭고 다양한 관점을 고려하면서 특이한 아이디어를 많이 생성할 필요가 있을 때 유용하다. 도전 과제에 있어서 아이디어 생성 속도를 빠르게 도와주고 과제나 도전을 장난스럽게 찾고 탐험할 기회를 제공하는 것을 도울 수 있다. 도전 과제를 설명한 후에 스캠퍼 중 글자 하나를 고르고 앞의 내용처럼 질문하거나 키워드를 기본으로 해서 생각을 떠올려 본다. 만약에 하나의 키워드가 새로운 아이디어를 끌어내지 못한다면 다른 키워드를 선택하도록 한다. 많은 사람들이 해당 키워드들을 순서대로 활용하고 있지만, 당신은 그 모든 키워드가 필요하지 않을 수도 있다. 선택한 키워드를 활용해 보고, 더 이상 유용한 아이디어가 나오지 않으면 다음 키워드로 넘어가면 된다.

한 고등학교 음악 선생님은 작곡을 취미로 하는 학생 동아리를 지도하면서 SCAMPER 도구를 활용하여 짧은 소절의 음악을 확장해 나가는 새로운 방법을 탐구하도록 하였다. 학생들은 처음에 4~8개의 마디로 이루어진 독창적인 곡을 만들었다. 그러고 나서 그들은 1개 이상의 음표를 대치하여 만들어지는 새로운 곡을 시도해 보았다. 다른 음악의 특정 소절과 결합하기도 하고, 음의 길이를 달리하여 자신들의 곡에 적용하고, 음역대를 달리하여 더 길거나 더 짧게 변형시켜 만들어 보기도 하였다. 음악을 다른 용도로 사용할 수 있도록 빠르기 혹은 분위기를 바꿔보기도 하고, 음표나 마디를 제거해 보기도 하며, 음표를 위나 뒤로 혹은 완전히 다른 순서로 조정해 보기도 하였다. 학생들이 자신들의 곡에 대해 생각해 볼 수 있는 많은 변형 방법을 탐색해 본 다음, 가장 잘 작곡되었다고 생각하는 것을 선택하여 원래의 곡을 완성했다.

5가지 수렴적 사고 도구

수십 개 혹은 수백 개의 아이디어나 대안을 생성해 냈더라도 아직 문제를 해결한 것은 아니다. 우리는 몇 개의 수행 가능한 해결책으로 가능성을 좁히고 그 해결책을 실행에 옮겨야 한다. 이러한 수렴적 사고 도구는 비판적인 판단, 보다 나은 아이디어의 선택, 평가 기준의 개발, 아이디어의 비교, 구체적인 실천 절차의 수립 등을 돕기 위해 설계된 것이다. 이러한 도구는 아이디어를 체계화하고 우선순위를 매기고 가장 확실한 대안을 선택하도록 도와줄 수 있다. 다음은 5가지의 수렴적 사고 도구에 대한 설명이다(Treffinger, 2008; Treffinger & Nassab 2011b; Treffinger, Nassab, et al., 2006).

히트 앤 핫 스팟

히트 앤 핫 스팟(Hits and Hot Spots) 도구는 수많은 아이디어를 실행 가능한 아이디어 목록으로 줄이고, 이러한 아이디어를 더욱 정교하게 다듬어 유망한 대안들의 목록을 얻기 위해 사용된다. 우선 제안된 모든 아이디어를 한눈에 보고 생각할 수 있는 방법으로 배열하는 것부터 시작된다. 이 목록 중 얼마나 많은 아이디어를 자세히 검토해야 할 것인지 결정해야 한다. 만약 팀 단위의 작업을 한다면 팀 구성원들로 하여금 나열된 대안들 중 3~5개를 선택하여 표시하도록 할 수 있는데, 이때 선택된 것들이 바로 히트(Hits) 아이디어이다. 즉, 눈에 띄고, 그럴 듯하고, 매력적이고, 효과적일 듯하고, 명쾌하고, 흥미롭고, 특이하고, 올바른 방향으로 가게 해 줄 것 같다는 등의 이유로 선택된 아이디어들이다. 만약 당신이 팀 구성원들에게 5개의 아이디어를 선택하도록 허용한다면 팀 구성원은 각자 개인적으로 히트 아이디어라고 생각하는 것들에 점이나 선으로 표시를 한다. 이때 다른 구성원들도 이미 동료 구성원이 표시한 아이디어에 중복 표시할 수 있다. 다만 이 과정을 진행하기 전에 모든 아이디어를 검토해야 하며, 참신한 관점에서 아이디어들을 살펴보아야 한다는 것을 기억해야 한다. 히트 표시를 한 후에 해당 아이디어를 검토해 보고 그것들 중 유사한 것끼리 묶어서 몇 개의 핫 스팟(Hot Spot) 묶음을 구성한다. 다른 아이디어를 다시 살펴보고 유사한 제안들을 해당 묶음에 포함시킨다. 각 묶음에 포함된 아이디어들의 공통점을 기록한다. 각각의 아이디어 묶음이 제시하고 있는 창의적인 방향은 무엇인가? 각 묶음에 해당하는 아이디어의 핵심적인 내용을 요약하여 각 묶음에 제목을 붙여 주도록 한다. 각 묶음이 담고 있는 핵심적 아이디어를 재진술해 본다.

한 고등학교의 진로상담 교사가 1학년 학생들에게 직업 선택에 관한 세미나를 하고 있었다. 교사는 이전 수업에서 학생들이 관심을 가지고 있는 직업을 적어오도록 하는 과제를 내주었다. 세미나가 시작될 때, 진로상담 교사는 학생들을 5명씩 한 그룹으로 배정하였고, 학생들은 모둠 내의 다른 학생들과 관심 직업 목록을 공유함으로써 해당 모둠의 학생들이 관심을 가지고 있는 직업을 확인할 수 있었다. 교사는 학생들로 하여금 자신이 속한 모둠의 학생들이 좋아하고 관심을 가진 3가지 직업 영역을 찾아보도록 하였다. 그런 다음 각 모둠별로 그 3가지 직업군을 해당 모둠의 핫 스팟 묶음으로 채택하고 각 묶음에 제목을 붙여 보도록 하였다. 각 모둠의 학생들은 토의를 통해 각 직업군을 요약해 줄 수 있는 간단한 설명을 적었다. 개별학생들은 3가지 직업군 중 하나를 택하여 더 깊이 탐색해 보고, 전체 학급을 대상으로 해당 직업 분야에 대한 짧은 프레젠테이션도 만들었다.

ALoU

ALoU(Advantages, Limitations and how to overcome, Uniqueness)란 아이디어의 장점, 한계점 및 그 한계점을 극복하는 방법, 특이한 점을 확인하도록 하는 기법으로, 아이디어를 긍정적인 관점에서 분석하고 공정하게 평가할 수 있도록 하는 방법이다. 또한 제안된 아이디어의 장점 및 단점을 파악하고, 특이한 측면과 미래의 잠재력을 고려하면서 그 난점이 해결될 수 있는지 판단하는 데 도움을 줄 수 있다. ALoU를 사용하면 각 제안의 부정적인 부분보다는 긍정적인 부분에 초점을 맞추어 제안된 아이디어를 보다 철저하게 탐색하거나 몇 가지 유망한 대안들의 가능성을 비교할 수 있다.

ALoU 사고 도구를 사용하려면, 먼저 제안된 아이디어의 모든 장점을 나열해 본다. 이 대안의 매력적인 면이 무엇이며 또 긍정적인 부분은 무엇인지 기록한다. 그다음은 단점을 나열해 보는 것이다. 그러나 이러한 단점들은 해결할 과제의 목록이라는 관점에서 다루어져야 한다. 예를 들어, 어떤 아이디어가 '불가능한 이유'들을 나열한다기보다는 이 아이디어를 실행하기 위해 어떤 추가적인 지원이 필요한지 고민하는 것이어야 한다.

아이디어의 모든 단점을 생각해 본 후에는 그 아이디어의 특이한 점에 대해 생각해 보라. 이 아이디어에서 진짜 특이한 것은 무엇인가? 과연 이 아이디어는 어떤 결과를 낳게 될까? 그리고 어떤 새로운 기회를 열어 주는가? 기존의 다른 아이디어보다 어떤 면에서 뛰어나다고 할 수 있는가? 마지막으로, 당신이 처음 기록했던 그 단점을 다시 살펴보도록 하라! 큰 염려와 어려움을 나타내는 단점들을 다시 살펴보고, 해당 아이디어가 채택될 수 있기 위해 그 단점들을 극복하거나 완화할 수 있는 방안을 찾아보도록 하라!

미술 선생님은 학생들을 인근 미술관으로 데리고 갔다. 학생들의 과제는 수집품 중에서 한 점의 작품을 고르고 수업 중에 공부했던 내용을 바탕으로 그 작품에 대해 비평하는 것이었다. 학생들은 그 작품의 5가지 강점을 적어내려 갔다. 이러한 과정은 그 작품을 대표하는 강점을 찾는 일이다. 그들은 긍정적인 관점의 방식으로 최소한 2개의 단점을 기록하도록 하였다. 예를 들어, '이 작품을 그릴 때 빛을 더 효과적으로 사용하는 방법에는 무엇이 있을까?'이다. 학생들은 또한 이 작품의 특이한 점을 기록했다. '무엇이 진정 독창적인가?' 이 작품이 미술계의 흐름을 바꿀 만큼 큰 영향을 끼쳤다면, 그 작품이 어떤 역할을 했는지 학생들은 주목해야 한다. 이후의 교실 수업에서 학생들은 발견한 것들을 발표했다. 각자 선택한 작품에 대한 학급 토론은 학생들이 선정한 작품이 가진 단점을 극복하기 위한 아이디어에 초점이 맞추어졌다.

평가행렬법

평가행렬법(Evaluation Matrix)은 보통 8~15개의 아이디어들을 특정 준거에 근거하여 체계적으로 평가하는 데 도움이 된다. 이 기법은 다른 유망한 대안이나 아이디어들과 관련하여 각 대안들에 대해 정확하고 상세한 분석 방법을 제공해 주며, 즉시 실행에 옮길 수 있는 아이디어, 좀 더 검토해 보아야 할 아이디어, 수정이 필요하거나 폐기되어야 할 아이디어 등을 구별할 수 있게 해 준다.

평가행렬법은 평가행렬 시트의 첫 행에 몇 개의 준거를 기록하고 첫 열에 현재 고려 중인 대안들을 하나씩 적어 넣음으로써 시작하게 된다. 선택한 준거는 모든 대안들과 관련이 있어야 한다. 도전 과제에 적합한 준거를 만들어야 하지만, CARTS(비용, 수용, 자원, 시간, 공간) 준거를 활용하는 것도 유용하다. 또한 평가에 활용할 척도를 선택할 필요가 있는데, 예를 들어 '매우 부족함'에 '0점'부터 '탁월함'에 '5'점까지 주는 방식의 척도를 활용할 수 있다.

모든 대안들은 개별 준거에 대해 동시에 평가하게 된다. 우선, 첫 번째 준거로 모든 대안에 대한 평가를 실시한다. 그런 다음 두 번째 평가 준거로 이동하여 계속 진행한다. 예를 들어, 첫 번째 평가 준거가 '비용'이라면, 비용 측면에서 특정 대안을 선택할 경우 비용이 얼마나 들지, 다른 대안들과 비교하거나 각 대안이 어떤 자원을 요구할지, 또 그러한 자원의 이용이 얼마나 용이할지 등을 고려하여 각각의 대안에 대한 평가를 실시한다. 이런 식으로 평가 준거별로 모든 대안들에 대한 평가를 마친 후, 마지막 세로 열에는 각 대안들의 '합산 점수'를 적는 칸을 추가한다. 간단하게 하나의 유력한 대안을 찾지는 못하지만 가장 성공 가능성이 있는 대안들을 찾을 수는 있다. 예를 들어, 어떤 대안이 '시간' 준거에서는 0점이고 나머지 4개의 준거에서는 5점을 받은 결과가 나왔다고 하자. 만약 그 대안을 실행에 옮길 시간이 확보되기 어렵다면 그 대안은 비현실적인 아이디어로 폐기 대상이 될 수 있다. 이러한 과정을 거쳐 여러분은 몇 가지 유력한 대안들을 가지게 될 것이다. 행렬표의 가장 오른편에 의사결정 결과를 기록하는 새로운 열을 만들 수도 있다.

학부모 참관수업을 통해 어느 학부모는 선생님이 수업 시간에 창의적 도구를 가르치려고 한다는 것을 알게 되었다. 학부모는 창의적 사고 도구에 관한 몇 가지 수업 자료

를 볼 수 있는데, 이들 중 평가행렬법을 활용하여 새로 구입할 자가용 차량을 선택해 보기로 하였다. 우선 그들은 연비, 가격, 공간, 유지비, 부가장치 등을 포함한 몇 가지 준거를 결정했다. 시장 조사를 한 후, 학부모와 자녀들은 각자 1가지 혹은 2가지 차량 모델을 추천하였고, 해당 차량 리스트는 평가행렬표의 첫 번째 열에 기입되었다. 각 차량 모델은 각각의 준거에 따라 평가되었는데, '가장 부족'에 1점, '가장 우수'에 5점을 주는 방식으로 진행되었다. 공간, 유지비, 부가장치 등에서 가장 우수하게 평가된 차량은 연비에서는 가장 낮게, 가격에서는 평균 수준으로 평가되었다. 각 모델에 대한 평가 결과를 하나씩 살펴본 후에 이 가족의 최종 선택은 가격이 덜 비싸면서 연비가 가장 좋은 차량이었다([그림 11] 참조).

운송수단	준거					합계
	연비	가격	공간	유지비	부가장치	
추천 상품 1	5	5	4	4	4	22
추천 상품 2	3	1	5	5	5	19
추천 상품 3	3	3	2	3	3	14
추천 상품 4	2	4	2	3	3	14
추천 상품 5	4	2	3	2	2	13

[그림 11] 평가행렬법 예시(자동차 구입)

쌍비교분석법

쌍비교분석법(Paired Comparison Analysis: PCA)은 다른 대안들이 얼마나 강력하게 지지받을 수 있는지에 따라 4~6개 대안들의 순위를 지정하여 가장 유망한 대안의 선택을 위한 의사결정을 내리는 데 도움이 된다. 또한 고려 중인 대안에 대한 생각, 감정 및 이해를 명확히 하고 그룹 내에서 합의를 도출하는 데 도움이 될 수 있다. 쌍비교분석법을 사용하려면, 우선 각 대안이 구별되도록 키워드나 문장으로 기록해 둔다. 각 대안에 대해 문자 기호(예: A~F)를 붙인다. 하나의 대안과 다른 하나의 대안을 비교하여 그 선호도의 정도를 표시할 수 있는 평가척도를 정한다. 선호의 정도가 약한 경우에는 1, 보통의 경우에는 2, 강한 경우에는 3이라고 할 수도 있다. 예를 들어, A/B, A/C, A/D 등과 같은 문자 기호를 조합하여 하나의 대안에 각각 다른 대안들을 쌍으로 만든다. 2개의 대안 중 선호하는 대안을 선택한다. 그리고 그 대안을 더 선호하는 강도를 표시한다. 모든 쌍의 비교 결과가 나오면 점수를 표에 작성한다.

가장 높은 점수부터 가장 낮은 점수까지 대안들의 순위를 매긴다. 그 대안들이 실행 가능성이 있는지를 확인하기 위해 가장 높은 순위의 대안들을 대상으로 ALoU 사고 도구를 적용해 볼 수도 있다.

쌍비교분석법을 사용하는 연습을 하기 위해 학생들에게 6곳의 목적지 중 한 곳의 여행지를 선택하도록 한다. 모든 학생들이 동의하는 목적지여야 한다. 6곳의 목적지를 적고 학생들은 이 사고 도구를 사용하여 그들의 최종 목적지를 합의하게 하라([그림 12] 참조).

대안: A(에버랜드), B(경주), C(서울), D(고흥), E(대전), F(임실)

각 대안들을 짝지어서, 둘 중 더 선호하는 것을 고르세요. 빈 네모 칸 안에 3, 2, 1점으로 얼마나 좋은지 표시하세요.

A/B	3	A/C	3	A/D	3	A/E	3	A/F	2
		B/C	2	B/D	2	B/E	1	B/F	2
				C/D	3	C/E	2	C/F	1
						D/E	1	D/F	2
								E/F	1

☆ 총 점수: A(14), B(2), C(5), D(1), E(3), F(6)

☆ 순위 혹은 우선사항: 1위(A), 2위(F), 3위(C), 4위(E), 5위(B), 6위(D)

[그림 12] 쌍비교분석법 예시(Treffinger & Nassab, 2011b)

계열화 기법

계열화(Sequencing, S-M-L) 기법은 과제 수행을 위한 잠재적 과정을 구체적인 업무와 그 수행 시기 그리고 각 업무에 대한 책임 소재 등으로 조직화하는 것을 돕기 위한 도구이다. 계열화 기법에서 사용하는 양식은 수행해야할 과제와 각 과제를 책임질 사람이 명확하게 적힌 시간표를 제공한다. 이 사고 도구는 프로젝트가 지속성을 가지고 진행될 수 있도록 해 주며 각 개인에게 적절한 책임을 부과할 수 있도록 해 준다.

계열화 기법 양식은 5개의 세로 열로 되어 있다. 첫 번째 열에는 완수해야 하는 과제를 기록한다. 그다음 3개의 열에는 단기, 중기, 장기라고 적고, 마지막 열에는 그 과제를 누가 해야 할지를 적는다. 단기, 중기, 장기가 무엇을 의미하는지 정의할 필요가 있다. 장기는 보통 그 과제의 마감일이며, 중기는 보통 예비적 단계가 마무리되어야 할 시기이다. 그리고 단기는 프로젝트가 착수되었음을 확인할 수 있는 매우 가까운 미래의 날짜이다. 프로젝트는 일단 시작되기만 하면 대부분 완수될 수 있기 때문에, 우리는 종종 단기를 24시간 이내의 시점으로 정할 것을 제안하곤 한다. 새로운 프로젝트를 시작하려는 우리의 동기는 특정한 실행 계획을 시행하기로 결정한 후 24시간 동안이 가장 높다.

첫 번째 세로 열에 수행할 모든 작업을 특정 순서 없이 나열한다. 여기에는 그 과제를 진행하는 데 도움을 줄 수 있는 자원과 요소들을 어떻게 동원할 것인지도 포함된다. 잠재적 장애물을 어떻게 자산으로 전환하거나, 상쇄하거나 피할 수 있는지도 고려한다. 그런 다음 그 과제가 성공적으로 수행되기 위해서 각 작업이 완료되어야 할 시점(단기, 중기, 장기)이 표시된 칸 옆에 확인란을 둔다. 일부 작업은 두 개 이상의 시간 프레임에서 처리되어야 할 수도 있다. 각 작업에 대한 시간대를 설정한 후 각 작업을 수행할 개인 또는 그룹의 이름을 지정한다. 이에 대해 당사자들이 동의하는지, 그리고 그들이 할당된 과제를 수행해 낼 역량이 있는지를 확인한 후에 S-M-L 차트를 작성해야 한다. 그런 후 계획을 실행에 옮긴다.

한 중학교 사회과 교사는 4명으로 구성된 학생 모둠에 프로젝트를 배정했다. 이 과제에는 계획 수립 시 계열화(S–M–L) 기법 도구를 사용하는 지침이 포함되어 있고, 5주라는 긴 시간 후에 프로젝트는 마감된다. 모둠 구성원들은 그다음 날 24시간 내에 성취해야 할 것들에 대해 모둠별로 보고하도록 하였다. 그리고 각 모둠 구성원들이 중간 체크 기간을 결정하도록 하였다. 모둠 구성원들은 성공적인 프레젠테이션을 위해 달성되어야 할 모든 작업들을 열거했다. 그러고 나서 그들은 각 활동을 즉시 달성해야 하는지, 그 기간의 중간에, 아니면 마지막에 달성해야 하는지를 결정했다. 그들은 임무 수행 기간 내내 어떤 활동들을 할 필요가 있는지도 결정했다. 마지막으로, 각 활동에 대한 책임과 서로의 진행 상황을 모니터할 방법도 계획했다.

사고 도구 가르치기

학생들에게 사고 도구를 가르칠 때에는 한 번에 하나씩 소개함으로써 각각의 사고 도구가 어떻게 사용되고 적용될 수 있는지 이해할 수 있도록 하는 것이 좋다. 또한 학생들은 각자 다른 창의적 문제해결 스타일을 가지고 있기 때문에 각자 다른 사고 도구를 선호하고 사용한다는 것을 기억할 필요가 있다(Schoonover & Treffinger, 2003). 6장의 〈표 2〉에서 제시한 창의적 문제해결 스타일의 예를 들면, 탐험가이면서 외향적인 사람은 일반적인 브레인스토밍 방식을 선호하는 유형으로서 아이디어가 떠오를 때마다 소리 내어 자신의 생각을 표현할 것이다. 반면에, 내향적이면서 개발자적인 성향을 지닌 사람들은 아이디어를 공유하기 전에 반성적으로 사고하고 구조화시키는 접근 방식을 가진 브레인라이팅이나 혹은 포스트잇 브레인스토밍 방식을 더 잘 활용할 수 있을 것이다.

사고 도구를 처음 사용할 때는 간단한 연습문제를 제공한다. 어느 정도의 역량이 구축되면 위험성이 낮은 실제 문제에 적용하거나 실제 상황과 유사한

221

과제를 해결해 볼 수 있는 기회를 제공할 수도 있다. 이러한 기회는 학생들이 다양한 상황에서 사고 도구를 사용하는 데 자신감을 가질 수 있도록 다양한 교과 영역에 걸친 다양한 과제의 문제해결 경험을 해 볼 수 있도록 해 주어야 한다. 창의성 교육은 단 한 번의 시도만으로 이루어지는 것이 아니며 강의실에서 재미로 제공되는 것도 아니다. 이는 학교나 교육청 수준에서 장기간에 걸친 교육 프로그램으로 제공될 때 가장 효과적이다. 그렇다고 해서 의미 있는 창의성 교육이 개별 교실 안에서 이루어질 수 없다는 것은 아니다. 학교 수준에서든 개별 교육 수준에서든 이미 제시한 내용을 토대로 한다면 좋은 창의성 교육이 이루어질 수 있다. 가능하면 1년 내내 그리고 다양한 교과에서 창의성 교육과 관련된 개념과 기법들을 활용해 보도록 하자.

한 번에 너무 많은 새로운 정보를 제공하고 싶은 충동을 자제해야 한다. 익숙한 사고 도구로 새로운 내용을 소개하거나 익숙한 내용을 새로운 사고 도구와 함께 소개해야 한다. 사고 도구를 소개할 때 도구의 용도와 사용 방법에 대한 설명은 명쾌해야 한다. 학생들이 일상생활에서 그리고 다른 내용 영역에서 그 사고 도구를 어떻게, 어디에 적용할 것인지를 생각하도록 도와주어야 한다. 이것은 그들의 메타인지 능력을 발달시키는 데 도움이 될 것이다. 교육과정의 맥락에서 사고 도구를 소개할 수는 있겠지만, 가능한 한 빨리 실생활의 맥락에서 적용해 볼 수 있도록 하는 것이 중요하다. 이러한 방식으로 학생들은 사고 도구를 사용하는 데 자신감을 쌓고 의미 있는 방식으로 사고 도구를 적용할 기회를 갖게 된다. 학생들이 사고 도구를 사용한 후에, 이 과정을 진행하는 동안 그들이 경험하고 생각한 것들을 들어보도록 한다. 학생들의 성적을 평가할 때는 내용뿐만 아니라 사고 도구를 사용하면서 성장한 부분도 초점을 맞추어야 한다.

어떤 교수-학습 상황에서든 그러하듯이 개별 학생들의 학습 준비 수준을 확인하는 것부터 시작해야 한다. 이 경우에는 13장에서 논의하였던 4가지 수준의 창의적 수행 능력이 고려되어야 할 것이다(Treffinger et al., 2002). 아직까지 창의적인 수행이 드러나지 않은 학생들을 위해서는 창의적 학습 토대를 구축하는 것이 중요하다. 그들이 생산적인 사고, 문제해결 과정, 그리고 창의성을 위한 안전하고 열린 학습 환경에서 사고 도구를 학습하도록 도와주어야 한다. 한편, 창의성에 대한 자신감이 나타나기 시작하는 학생들을 위해서는 그들이 자신의 메타인지 능력을 개발하고 사용하고 적용하는 것을 돕는 동시에 사고 도구들을 활용한 실제적인 문제해결 기회를 제공해야 한다. 또 어떤 학생들은 학습한 사고 도구에 대한 확고한 이해를 보여 줄 것이고 그들의 문제해결 능력을 자기 나름의 방식으로 적용할 수도 있을 것이다. 그들이 스스로 도구를 사용하는 적절한 방법을 인식할 수 있도록 도와주어야 하며, 10가지 기본적 사고 도구 이외에도 더 많은 기법들을 익힐 수 있는 기회를 제공해 주어야 한다. 그들은 그들이 배운 것을 적용할 수 있는 풍부하고 다양한 기회를 통해 좋은 결과를 얻을 것이다. 마지막으로, 타고난 능력과 훈련을 통해 사고 도구 사용과 적용에 있어 특별히 탁월한 학생들이 있다. 그들은 자기 스스로 계획하고 수행할 수 있도록 자유를 허락해 줄 때 다양한 사고 도구를 자기만의 방식으로 능숙하게 활용함으로써 실제 문제의 해결에 있어서 최적의 결과를 얻어 낼 수 있다.

　성공적인 문제해결자로서의 잠재력을 가진 사람은 기본적인 사고 도구들을 학습할 때 창의적 의사소통을 위한 도구들뿐만 아니라 다양한 연구 및 탐구 활동을 위한 도구들과도 익숙해질 필요가 있다. 연구 및 탐구 활동을 위한 도구에는 연구 기술(전통적인 문헌 검색 및 최신 온라인 검색 도구 포함)과 다양한 연령과 경력 수준에 적합한 데이터 수집, 분석, 보고 등을 위한 기술(인터뷰, 설문조사, 실험 설계, 통계 분석, 데이터를 활용한 그래프 및 표 작성 등)이 포함된다. 창의적 의사소통 도구에는 구두 발표를 계획하고 실행하는 방법, 토론을 진행하는 방법, 논쟁 상황에서의 설득과 소통의 기법, 가설, 일반화, 그릇된 논증 등의 파악 능력 등이 포함된다. 또한 이 도구 세트에는 멀티미디어 기기(예: 프로젝터, 미디어 플레이어, 스마트보드)나 프레젠테이션 및 그래픽 소프트웨어, 특정 분야에서 사용하는 기술 장비 등이 포함된다(19장 참조). 이러한 도구 기술에는 지적 재산의 적절한 사용 방법을 이해하고(무단 복제와 표절 문제), 발견한 자료에 대한 비판적 평가 능력을 개발하는 것도 포함된다(예: 인터넷에서 찾은 자료의 진실 여부 파악). 이러한 창의적 의사소통 도구 기술은 창의성과 혁신을 위한 도구로서뿐만 아니라 다른 이유로도 중요하다. 다양한 아이디어와 생각에 대해 창의적인 태도의 일환으로서 긍정적이고 열린 태도를 가지면서도 정보를 비판 없이 받아들이고 쉽게 속아 넘어가지 않는 데에도 창의적 사고 도구는 유용하게 활용될 수 있다.

학습자 특성 고려하기

학생들이 문제해결 과정과 기초 수준에서 적절한 사고 도구의 사용과 응용을 배울 수 있도록 돕고자 할 때, 우리는 개인 산출물과 개인의 문제해결 스타일에 대한 전반적인 이해와 성취도를 고려할 필요가 있다.

문제해결 스타일에 따라 적절한 사고 도구를 선택하고 사용해야 할 뿐만 아니라 가장 효과적으로 가르칠 수 있는 방식에서도 차이가 있다(Treffinger, Selby, & Isaksen, 2008). 우리가 6장에서 언급한 것처럼, 학생들의 다양한 스타일을 고려함으로써 창의적 수준과 스타일을 바탕으로 수업을 차별화할 수 있다. 탐색하는 것을 선호하는 학생들은 자발적이거나 예상치 못한 방식을 장려하는 프로세스와 사고 도구에 대한 설명으로 좋은 결과를 얻을 수 있다. 그들은 특이한 방향으로 나아가려는 그들의 노력을 인정함과 동시에 여러 가지 도전 혹은 한 가지 도전의 여러 측면을 동시에 처리할 수 있도록 허용할 때 용기를 얻게 된다. 한편, 단계적으로 진행되는 것을 선호하는 학생들은 CPS 과정에 의해 제공되는 적절한 구조와 도구 사용이 가능한 교수법이 유익할 것이다. 그들은 성공적으로 창의적 문제해결자가 되고 계획된 조직적 방법으로 한 번에 한 단계씩 진행하는 방식을 통해 격려받게 된다.

외향적인 학생들과 내향적인 학생들 모두 정보를 그들 자신의 방식으로 처리할 수 있도록 허락하는 수업 방식이 효과적일 것이다. 외향적인 성향의 학생들은 참여, 탐색, 토론을 통해 학습할 수 있는 기회를 선호할 것이다. 그들은 다른 사람들과 함께 일하고 그들이 새로 배운 지식과 기술을 적극적으로 적용할 수 있도록 허용되는 분위기 속에서 더 큰 동기를 얻게 된다. 내향적 스타일의 학생들은 새로운 정보에 대해 생각하고 숙고할 충분한 시간이 먼저 제공될 필요가 있다. 그들은 혼자서 또는 신뢰할 수 있는 특정 동료와 함께 프로젝트를 진행할 수 있도록 하는 것이 바람직하며, 충분한 사전 준비 시간이 주어진 이후에 다른 사람들의 생각을 들을 수 있도록 할 때 좋은 결과를 가져올 수 있다.

사람 중심의 의사결정 스타일을 가진 사람들은 협력하는 기회를 제공하는 도구들을 찾는다. 그들은 한 그룹이 합의를 이끌어 내는 데 도움이 되는 문제해결 도구를 선호한다. 일 중심의 의사결정자들은 근본적인 문제를 발견하고 명확히 해 주며, 향후 조치를 위한 견고한 토대를 개발하는 데 도움이 되는 문제해결 과정이나 도구를 선호한다.

학생들은 저마다 수업의 다른 맥락에서 흥미를 보이고 다른 사고 도구에 선호도를 나타낸다는 것을 관찰할 수도 있다. 외적인 성향이 강한 탐험자들은 전통적인 브레인스토밍을 선호하고 넘치는 에너지를 보여 준다. 내향적인 사람은 브레인라이팅이나 포스트잇 브레인스토밍을 사용할 때 더 편안함을 느끼고, 종종 더 생산적이다. 탐험가들은 짧은 시간에 새롭고 비범한 아이디어 1만여 가지를 제공해 주는 도구를 선호하는 반면, 개발자들은 형태학적 분석의 구조화된 성향을 선호한다. 일 중심의 의사결정자들은 제한점들을 목록화하는 것뿐만 아니라 그 제한점들을 어떻게 극복할 것인가를 고려할 기회가 주어질 때 동기를 얻는 반면, 사람 중심의 의사결정자들은 ALoU가 긍정적인 관점에서 아이디어를 살펴보는 것부터 시작한다는 사실에 용기를 얻게 된다.

생각해 보기

○ 10가지 사고 도구에 대해 생각해 보자. 당신의 삶에 어떻게 적용하고 싶은가? 어떻게 동료 교사들에게 이 사고 도구들을 소개할 수 있을까? 학생들에게 이 사고 도구들을 어떻게 가르칠 수 있을까? 어떤 형태의 연습문제를 제공할 것인가? 당신의 교실이 안전하고 개방적인 풍토를 가졌다고 어떻게 확신할 수 있을까? 당신의 교육과정을 더 잘 이해하기 위해 사고 도구들을 적용하면서 학생들에게 실전 연습과 관련하여 어떤 기회를 제공할 수 있을까? 학생들이 실생활에서 이 사고 도구들을 사용할 수 있도록 어떤 기회를 제공해야 할까?

창의적 문제해결
과정의 연습
(2단계)

- 발아 단계의 창의성 발단 수준을 보이는 학생들에게 적합한 학습 경험을 설계할 수 있다.
- 학생들이 아이디어 생성 및 수렴을 위한 사고 도구의 적용을 연습해 볼 수 있게 하는 수업 방법을 선택할 수 있다.
- 학생들이 창의적 문제해결 과정을 학습하고, 이를 실제 과정에 적용하도록 지도할 수 있다.

연습의 중요성

'연습이 필요한 사람은 누구인가?'라는 질문에 대한 간단한 대답은 '모든 사람'이다. 모든 훌륭한 음악가는 연습이 하루의 중요한 부분을 차지한다고 말할 것이다. 연습은 효과적인 수업에 있어서도 필수적인 요소이다. 〈표 13〉은 창의적 문제해결 과정의 연습 단계, 즉 2단계의 목표와 이 단계를 수행하는 교사, 학생, 학부모의 역할을 설명하고 있다.

〈표 13〉 2단계의 목표와 역할(실제적 과제)

목표(학생)

- CPS의 요소와 절차, CPS의 관련 용어, 그리고 CPS 과정을 진행하는 동안 유용한 기본적 사고 도구의 사용에 능숙해진다.
- 실제적 과제를 수행하는 동안 아이디어의 생성 및 수렴과 CPS의 효과적 사용에 대한 자신감을 갖는다.
- 효과적이고 생산적인 문제해결자로서의 신념을 강화한다.

교사의 역할

- 아이디어를 생성하고 수렴하기 위한 기본 사고 도구들을 사용하여 학생들의 역량을 검토하고 확장시킨다.
- 창의적 사고를 위한 가이드라인을 제공한다.
- 창의적 사고에 대한 긍정적인 태도를 강화시킨다.
- CPS의 모든 절차와 요소들을 학습하고 적용하도록 안내한다.
- 문제해결 과정에 참여하는 사람들의 역할에 대해 안내한다.
- 실제적 과제를 분석하고 문제해결 절차를 계획하는 방법에 대해 소개하고, 이와 관련한 메타인지 능력이 발달되도록 돕는다.
- 연습문제를 제공하고 이러한 문제에 대한 학생들의 활동을 이끌어 준다.
- 학생들이 성공적인 문제해결에 대한 자신감을 가질 수 있도록 격려해 준다.
- 창의적, 비판적인 사고와 문제해결을 위한 건설적인 분위기를 만들고 유지한다.
- 학생들이 문제해결 과정을 적용해 볼 수 있도록 수행 과제를 고안하고 활용한다.
- 학생들이 협업 및 팀워크를 발휘할 수 있도록 안내한다.
- 소규모 그룹의 효율적인 문제해결 활동을 위한 공간과 자원을 제공한다.
- 학생들이 사고를 확장하고 기꺼이 위험을 감수할 수 있도록 격려한다.
- 학생들이 자신의 사고 활동에 기대감을 가지고 다른 학생들도 자신의 문제해결 활동에 참여시키도록 독려한다.
- 학생들이 자신의 문제해결 활동에 대해 반성적으로 되돌아보고, 검토 결과에 대해 주도적으로 발표해 볼 수 있도록 함으로써 문제해결자로서의 역량을 키워나갈 수 있도록 지도한다.

학생의 역할

- 문제해결을 위한 모든 절차 및 구성 요소와 관련된 용어를 숙지한다.
- 각 단계와 구성 요소의 목적을 파악하고 연습문제 해결 시 적절히 선택한다.
- 코치나 교사가 제공하는 도전 과제의 해결에 열심히 참여한다.
- 도전 과제와 관련된 가상적 이해 당사자들의 입장을 고려해 보고, 문제해결 방안의 구상에 있어서 이를 반영해 보도록 한다.

- 실제적 과제를 분석하고 문제해결 절차를 계획할 때 다른 사람들과 협력한다.
- 다양한 문제해결 과제를 성공적으로 수행할 수 있는 능력에 대한 자신감을 보여 준다.
- 개별적으로 또는 소규모 그룹으로 아이디어 생성 및 수렴을 위한 사고 도구를 적용할 때 자신 있게 역량을 발휘해 본다.
- 복잡한 과제와 도전에 참여하여 끝까지 해내고자 노력하는 긍정적 태도를 보여 준다.
- 문제해결 활동의 보고에 참여하고 기여한다.
- 새로운 문제해결 도구를 계속 배우고 사용하는 데 적극적인 관심을 보인다.

부모의 역할

- 일상 속에서 맞닥뜨리는 문제를 걱정이나 어려움으로만 이야기하지 말고 기회와 도전으로 이야기하도록 의도적으로 노력한다.
- 책, 영화, 비디오, TV 프로그램 등에서 효과적인 사고와 문제해결의 예가 있을 때 이에 대해 토론할 수 있는 기회로 삼는다.
- 신문, 방송 등의 매체에 나오는 최신의 사건들 중에 생산적 사고를 적용해 볼 수 있는 사례들을 찾아보고 그 사건들을 어떻게 창의적으로 바라볼 수 있는지 자녀들과 함께 탐구한다.
- 학생들의 스포츠 활동 참여를 지원하는 것과 마찬가지로 창의적 활동과 프로그램에 참여할 수 있도록 지원한다.

연습은 학생들의 학습을 강화하여 어떤 새로운 기술을 그들이 수행할 수 있는 레퍼토리의 일부로 확립할 수 있도록 돕는다. 새로운 창의성과 문제해결 도구 및 기술을 학생들에게 소개할 때, 연습은 학생들이 '발아 단계'(Treffinger et al., 2002)를 거치는 동안 그러한 기술을 다듬고 적용하는 데 도움을 줄 것이다. 이 수준의 교육목표는 학생들이 자신의 초기 단계 특성을 활용하여 3C, 즉 역량, 자신감, 열정(Competence, Confidence, Commitment)을 강화할 수 있도록 도움을 주는 것이다. 〈표 14〉는 이러한 요소에 대한 일부 지표를 요약한 것이다.

〈표 14〉 2단계에서의 3C 완성

역량(방법, 도구, 응용에 대한 지식과 능숙함)
- 아이디어를 생성하고 수렴할 수 있다.
- 창의적 사고의 가이드라인을 숙지하고 준수한다.
- 사고 과정 진행에 필요한 용어를 파악하고 적절하게 사용한다.
- 사고 도구를 숙지하고 적절히 선택 및 적용한다.
- 유창성, 융통성, 독창성, 정교성을 드러낸다.
- 문제해결을 하는 동안 자기평가, 모니터링 및 조정 등이 가능하다.
- 문제해결을 위해 새로운 아이디어 및 해결책으로 대응한다.
- 상황에 적절한 사고 과정 도구를 찾아낸다.

자신감(사고 과정을 성공적으로 활용하거나 적용하는 능력에 대한 확신)
- 주도성을 보여 준다.
- 리더십을 보여 준다.
- 다른 사람들이 위험하거나 어렵다고 생각하는 문제에 대해 기꺼이 도전할 준비가 되어 있다.
- 아이디어와 해결책을 다른 사람과 공유하기 위해 노력한다.
- 도구의 전략 및 사용에 대해 설명할 수 있다.
- 장애물에 겁먹지 않고 이를 극복할 준비가 되어 있다.
- 문제해결을 위해 다른 사람들과의 협력관계를 형성하고 주도할 수 있다.
- 성공 가능성에 대한 믿음을 표현할 수 있다.
- 도전, 장애 또는 어려움에 굴하지 않는다.

열정(주도성, 열망, 흥미, 열의)
- 창의성과 문제해결 기회에 대해 열정과 흥미를 보인다.
- 문제해결이 어려운 경우에도 그 문제에 몰두한다.
- 문제해결 활동에 대해 자부심을 보이고, 낙관적이며, 동기화되어 있다.
- 아이디어와 해결책을 다른 사람과 공유하기 위해 노력한다.
- 문제해결에 필요한 최소한의 노력에 만족하지 않고 최선의 해결책 도출을 위해 지속적으로 노력한다.
- 늘 다른 사람들에게 에너지를 제공해 주는 역할을 한다. 높은 기준을 수용하고 성취하기 위한 협력과 경쟁을 즐긴다.

초기 연습을 통해 창의적인 과정과 사고 도구의 응용 능력을 습득할 수 있으며 이에 관한 의미 있는 피드백을 받을 수 있다. 음악가 또는 다른 여러 분야의 전문가와 마찬가지로 창의적 문제해결자는 어떤 기술을 숙달한 이후에는 오랜 시간 동안 그 기술을 계속 연습함으로써, 다양한 문제와 상황에서 그 기술을 쉽고 일관되게 적용할 수 있게 된다.

학생들에게 제공되는 활동과 도전은 매우 낮은 수준이지만 의미 있는 위험성을 갖도록 설계된다. 이 경우 학생들이 노출될 수 있는 가장 큰 위험은 만약 그들의 노력이 성공하지 못할 경우 느끼게 될 감정적 실망이겠지만, 그러한 좌절은 새로운 기회로 이어질 수 있다. 먼저, 잘 짜여진 연습 기회를 제공하도록 하라. 그런 다음 학생의 능력이 발달함에 따라, 연습 과제는 더 복잡하고, 비구조적이며, 도전적인 것이 될 수 있다. 당신은 간단한 연습이나 활동으로 시작할 수 있다. 이러한 문제는 10~20분 이내에 완료할 수 있는 기발하거나 장난스러운 개방형 문제로 배경 조사나 준비가 거의 필요하지 않은 것일 수도 있다. 기본적인 아이디어 생성도구나 아이디어 수렴도구의 적용을 강조하는 문제가 그러한 예가 될 수 있다. 이 외에도 이벤트 과제, 간략한 시나리오, 학급 또는 소그룹 단위로 45~60분 내에 해결할 수 있는 연습문제 등이 포함될 수 있다. 이러한 종류의 과제는 다음과 같은 저서에서 찾아볼 수 있다.

- Pickles, Problems, and Dilemmas (Draze, 2005a)
- Primarily Problem Solving (Draze, 2005b)
- CPS for kids (Eberle & Stanish, 1996)
- Be a Problem Solver (Stanish & Eberle, 1997)
- Practice Problems for Creative Problem Solving (Treffinger, 2000)

[그림 13]은 연습문제의 예를 보여 준다(Treffinger, 2000).

아빠는 낚시광

(문제 유형: 혼란한 상황)

늘 그랬던 것처럼, 지난 며칠 동안 아버지는 이번 주말에 함께 낚시를 가자는 이야기를 반복적으로 하고 있다. 아버지는 낚시는 단지 물고기가 미끼를 물기를 기다리다가 미끼를 물면 그때 물고기를 잡으면 된다고 말한다. 평소에 당신은 아버지와 함께 많은 시간을 보내지 못하기 때문에, 함께 주말을 보내자는 아버지의 제안을 무척 고맙게 생각하고 있기는 하다.

아버지는 굉장한 낚시꾼이다. 그는 어떤 낚시 여행에서든 가장 큰 물고기를 잡곤 한다. 그는 주말에 낚시를 하고 싶은 동시에 또 당신과도 시간을 함께 보내고 싶기 때문에 낚시 여행을 가자고 제안하는 것을 당신은 잘 알고 있다. 아버지는 일주일 내내 회사 일로 바빠서 당신과 거의 함께하지 못한다.

아버지는 몇 년 전부터 당신을 주말 낚시 여행에 데리고 가기 시작했고, 두 사람의 낚시 장비 구입에 많은 돈을 투자했다. 당신은 값비싼 낚시 장비를 가지고 있지만 낚시를 잘하지는 못한다. 아버지는 낚시 기술이 늘어감에 따라 낚시에 대한 애정도 날로 깊어가고 있었지만, 당신의 낚시 기술은 여전히 초보 수준에 머물러 있다. 당신의 낚시에 대한 관심은 오히려 줄어들었다. 낚시하러 갈 때마다 당신은 물고기를 거의 잡지 못하며 여행 기간 내내 지루할 뿐이다. 낚시 여행은 아버지와 함께 시간을 보낼 수 있는 중요한 기회였지만 당신은 이제 무언가 다른 방법이 있기를 바라고 있다.

아버지가 제안한 이번 주말의 낚시 여행은 실제로 이번 주말에 계획되어 있는 학교 행사를 구실로 거절할 수 있었다. 물론 당신이 학교 행사에 별 흥미를 느끼는 것은 아니지만 낚시만큼 지루하지는 않기 때문이다. 아버지는 낚시 여행을 함께 떠날 것을 거듭 제안하였으나 당신은 끝까지 거절하였다. 당신은 아버지가 학교 행사가 있다는 것을 못미더워하는 것 같아 아버지가 마음이 상하지는 않을까 신경이 쓰인다. 그러나 당신은 또다시 낚시 여행으로 지루한 주말을 보내고 싶지도 않다.

방금 기상 캐스터는 이번 주말이 여행 떠나기에 완벽한 멋진 날씨가 될 것이라고 예보했고, 아버지는 혼자서라도 낚시 여행을 가기 위해 준비하고 있다. 이 문제에 대해 당신은 어떤 행동을 할 것인가?

[그림 13] 연습문제 예시

학생들이 문제해결 과정과 사고 도구에 대한 역량이 증가함에 따라 배경조사가 필요한 보다 복잡한 사례를 포함하거나 더 긴 활동 시간이 요구되는 확장된 문제와 과제에 참여시킬 수 있다. 확장된 문제해결 과제의 예로는 문제기반학습을 기반으로 제안된 과제들(Gallagher, 2009)이나 교사 주도 소그룹 프로젝트(Buck Institute, 2011) 등이 포함된다.

점점 더 어려워지는 문제를 해결하는 활동을 위해 끊임없이 학생들을 지속적으로 근접발달영역으로 유도한다(Vygotsky, 1978; Woolfolk, 2010). 이는 학생들로 하여금 창의적 활동에 보다 적극적일 수 있도록 도와줌으로써 학생들이 새롭고 도전적인 상황에 직면했을 때 창의적 사고 능력을 적용하기 위한 의도적인 노력을 할 수 있는 자신감을 제공해 준다(Davis, 1987).

학생의 창의적인 사고 능력이 발화하는 단계인 2단계에서, 교사는 코치의 역할을 하며 학생들이 자신의 강점을 식별하고 발전시키고 약점 영역을 강화하는 전략에 참여하도록 돕는다. 개인 또는 그룹 단위로 활동하면서 학생들은 창의성 도구의 활용 기술을 다듬고 도구 및 프로세스를 자신에게 더 의미 있는 상황에 적용하기 시작한다. 교사는 학생들이 좀 더 실제적인 도전을 받아들이도록 유도하고, 비판 없는 분위기 속에서 더 많은 위험을 감수하도록 지도한다(Treffinger et al., 2002).

연습의 연습

연습은 학습을 강화하므로, 새로운 정보를 학습한 후 암기된 알고리즘이나 규정된 순서의 기계적 반복이라는 의미에서의 연습이 아니라 효과적이고 자신감 있게 수행해 내기 위한 연습을 시작할 필요가 있다. 어떤 분야에서 오랜 시간에 걸친 연습을 하게 되면 그 분야에서의 역량을 형성하게 되고 나아가서는 전문성의 개발로 이어지게 된다. 의미 있고 지속적인 연습을 통해 학생들은 필요한 도구를 어디서 어떻게 선택하고 적용할지, 그리고 그 도구들을 다양한 상황에서 어떻게 조합해야 할지를 학습할 수 있다. 진행 중인 학습 활동의 일환으로 다양한 사고 도구를 연습하고 문제해결 기술을 다양한 환경에서 적용하는 것은 한 분야의 전문 지식이 증가함에 따라 학생들이 창의적 사고와 다양한 관점을 잃는 위험에 희생되지 않도록 하는 데 도움이 된다(Runco, 2003a). 연습한 사고 도구와 각 사고 도구를 적용하는 방법을 다양화하고, 그 도구의 연습을 특정 시간 또는 교실 상황으로 제한하지 않아야 한다. 이런 식으로 학생들은 사고 도구가 특정한 상황이나 특정한 조합에서만 사용될 수 있다는 잘못된 인상을 피할 것이다. 사고 도구의 연습 기회를 교육과정 전반은 물론 일상생활의 다양한 상황에서도 제공해 주어야 한다. 이를 통해 사고 기술에 대한 폭넓은 접근과 사용을 독려하고, 그들의 전문성이 성장해 감에 따라 직면하게 되는 수많은 열린 도전들 속에서 그 기술들이 더욱 활발하게 활용될 수 있도록 해 줄 것이다. 교사와 학부모들은 학생들이 사고 도구를 사용함에 있어 전문가가 될 때까지 연습하는 것을 장려하고 도구 및 문제해결 과정 기술을 적용하는 다른 방법을 탐구하기 위해 협력할 수 있다.

사고 도구의 연습

학생들에게 사고 도구와 문제해결 요소들을 가르치고 연습시킬 때 당신은 아마도 한 번에 하나씩 가르치고 학생들이 그것을 능숙하게 다룰 수 있게 되면 비로소 새로운 것으로 넘어가게 될 것이다. 음악가들은 한 번에 한 세트의 음계를 배우고 연습한다. 그들은 코드와 화음을 인식하고 그 지식을 적용하는 데 능숙해짐에 따라 그들의 지식과 기술을 결합하여 더 어려운 작곡을 할 수 있다. 이처럼 학생들도 창의성과 문제해결을 위한 사고 도구의 사용 및 적용에 능숙해짐에 따라 점점 더 복잡한 과제를 해결하기 위해 적절한 조합으로 이를 적용하는 연습을 하게 된다.

학생들에게 사고 도구를 소개하고 연습하도록 할 때, 아이디어 생성을 위한 도구와 수렴을 위한 도구를 균형 있게 다루어야 한다. 어떤 연습 활동을 위해 하나의 아이디어 생성 도구를 소개하고 나서 하나의 아이디어 수렴 도구를 다룰 수도 있다. 연습이 계속됨에 따라, 학생들이 특정한 사고 생성 도구가 항상 특정한 사고 수렴 도구와 연결되어 있다고 가정하지 않도록 다양한 조합의 도구를 사용하도록 장려한다.

우선, 사고 도구들이 다양한 상황에서 어떤 식으로 성공적으로 적용될 수 있는지를 보여 주고 있는 15장의 예제를 검토해 보도록 하라. 제작자에 의해 의도되었든 의도되지 않았든 그러한 사고 도구 중 하나를 활용한 결과로 볼 수 있는 다양한 제품이나 혁신을 살펴보는 것도 흥미로울 수 있다. 예를 들어, Reese's사의 한 캔디 제품은 3가지 종류의 재료, 즉 초콜릿, 땅콩버터 그리고 딱딱한 캔디를 결합한 것이다. 혹시 이 제품을 개발할 때 강제결합법과 같은 사고 도구가 사용된 것은 아니었을까?

문제해결의 학습과 연습

너무나도 다양한 문제 상황이 있기 때문에 특정 사고 도구에 의존하여 모든 문제를 해결하고자 하는 것은 그다지 효과적인 접근 방식이라고 할 수 없다. 그럼에도 특정 문제해결 모형이나 특정 사고 기법에 대해 배우고 익히는 것은 여러 가지 유익을 준다. 어떤 문제해결 모형을 알고 적용하는 것은 자신의 타고난 문제해결 능력에 대해 인지하고 더 개발해 나가는 데 도움을 줄 수 있다. 문제와 관련하여 올바른 질문을 하고 있는지, 그리고 문제 속에 있는 실제적인 기회와 도전을 파악하고 있는지 확인하는 데도 도움이 된다. 또 문제해결을 위한 아이디어의 수, 다양성, 질 등을 향상시키고 나아가 당신의 관점 자체를 변화시킬 수도 있다. 잘 구조화된 문제해결 절차는 관련 데이터 및 아이디어에 집중하고, 저항과 방해의 미로에서 헤쳐 나올 수 있게 해 주며, 실행 가능한 해결책이나 실행 계획을 수립하고 실천할 수 있도록 도와준다.

이 모든 과정은 잘 구조화된 문제해결 절차의 틀 안에서 이루어지며 당신은 그 안에서 한 단계씩 나아갈 때마다 합리적인 의사결정을 할 수 있게 된다. Ken Robinson은 이 점에 대해 다음과 같이 강조한 바가 있다.

> 창의적인 과정은 번뜩이는 하나의 새로운 생각과 직감으로 시작될 수 있다. 예를 들어, 문제에 대해 이리저리 생각해 보던 중 어떤 신선한 아이디어를 얻는 식으로 시작될 수도 있다. 이것은 과정이지 독립적인 사건이 아니다 (Azzam, 2009, p. 22).

문제해결 절차와 모형에는 창의성과 문제해결을 설명하는 몇 가지 방법이 있다. 몇몇 초기 모델들은 광범위한 단계를 묘사했다. 예를 들어, Wallas(1926)는 준비 단계, 부화 단계, 발현 단계 및 검증 단계 4가지를 설명했다. 창의적 사고에 대한 Torrance의 선구적 연구(Millar, 1995; Torrance, 1995)에서는 문제인식, 아이디어 구성, 가설 검증, 결과 제시 등 4가지 단계를 제안했다. 그동안 제안된 많은 문제해결 접근법들은 일련의 단계에 의한 문제해결 방식이라고 할 수 있다(Polya, 1975; Simon & Newell, 1970; Simpson, 1922). 15장에 제시된 확산적 사고 도구 및 수렴적 사고 도구와 같은 기본 도구는 흔히 그러한 단계 진행을 위한 기본 구성 요소로 제공된다. 이러한 기본 사고 도구에 대한 자신감을 얻은 후, 학생들은 문제해결 과정에 대한 교육을 통해 기본 사고 도구가 그 과정의 일부로서 얼마나 적합한지, 그리고 문제해결의 각 단계가 어떻게 가장 잘 적용될 수 있는지 배울 것이다.

Edward de Bono의 인지사고 프로그램과 육색사고모자

de Bono(1981)는 인지사고 프로그램(CoRT Thinking Program)에서 광범위한 사고 도구 세트를 소개하였다. 여기에는 사고, 조직, 상호작용, 창의성, 정보 및 감정, 실행 등으로 구분된 6개 도구군이 포함되어 있으며, 이들 도구군에는 각각 10개씩의 도구가 제시되어 있다.

　de Bono(1985)는 문제해결자들이 종종 한꺼번에 너무 많은 일을 하려 한다고 했다. 그는 사고를 6가지의 요소로 구분하고, 문제해결자가 어떠한 요소의 사고에 관여함에 따라 수행하는 역할이 변화되도록 하였다. 그는 그 과정의 각 요소를 상징하기 위해 색깔 있는 모자를 사용했다. 사실이나 정보 수집의 역할에는 흰색 모자, 상황이나 아이디어의 긍정적인 측면을 탐구하는 역할에는 노란색 모자, 예상되는 어려움을 찾는 역할에는 검정색 모자, 두려움·감정·직관·증오·호감·비호감 등 감정이나 직관 등을 다루는 역할에는 빨간색 모자, 가능성, 대안, 새로운 아이디어, 새로운 개념, 그리고 새롭거나 다양한 관점 등 창의성에 초점을 맞추는 역할에는 녹색 모자, 마지막으로 사고 과정을 관리하고 어떤 사고 기능이 언제 활용되어야 하는지를 결정하는 메타인지적 역할에는 청색 모자 등이 그것이다.

6 시그마

　6 시그마(Six Sigma) 접근법은 원래 모토로라사가 기업의 품질 관리를 위해 개발한 것이었다. 이 모델의 특징은 통계적 기법을 활용한 접근법이고 고객과 창의적 프로세스 개선에 초점을 맞춘 사고방식이며, 품질 개선을 위한 전략적 방법이라는 점이다(Brue, 2002; Goffnett, 2004). 이 접근법은 DMAIC(Define/문제 정의, Measure/측정, Analyze/분석, Improve/개선, Control/관리)라는 약자로 표현되는 5단계로 이루어져 있는데, 혁신적인 사고와 주의 깊게 고안된 개선 방법을 모색함에 있어서, 문제해결 절차에 상응하는 요소들을 포함하고 있다. 이 방법론은 먼저 고객 요구에 부합하는 목표를 정의하고 관련 데이터를 수집함으로써 현재의 수행 수준을 측정하도록 한다. 그런 다음 데이터를 분석하여 원인과 효과 관계를 결정하고 모든 관련 요소에 대해 적절히 고려되었는지 확인한다. 문제해결자는 데이터에 기반함으로써 작업 방식을 개선할 방법을 찾고 목표에 보다 효과적으로 집중한다. 그

들은 개선 방법을 생산 과정에 투입하기 전에 시범운영을 실시해 보고 난 후 추가적인 개선의 여지가 있는지 생산 과정에 대한 모니터링을 계속한다. Kowaltowski, Bianchi와 de Paiva(2010)는 건축 디자인 교육에서 창의성을 자극할 수 있는 방법들을 리뷰하면서 6 시그마를 그중 하나로 검토하였다. Ruff는 교육 상황에서 6 시그마가 적용된 사례를 보고했는데, 일부는 구매 절차나 학교 공기 개선과 같은 경영 관련 문제에 적용된 사례였고, 나머지는 학생 진단평가와 교사들의 수업 배정 절차 등과 같은 교육과정 관련 문제에 대한 적용 사례였다.

시네틱스

시네틱스(Synectics) 기법은 Gordon(1961)과 Prince(1970)에 의해 개발되었다. Gordon과 Prince는 Arthur D. Little이라는 유명한 경영 컨설팅 회사에서 일하고 있었다. 그들은 문제를 해결하고 새로운 아이디어를 개발하기 위해 관리자와 다른 사업가들이 사용하는 프로세스와 전략에 관심이 있었다. 그들의 연구와 개인적인 경험은 창의적 혁신을 가져다 준 많은 새로운 아이디어들이 은유와 비유를 통해 나올 수 있었다고 결론짓게 하였다. 이를 통해 그들은 창의적 생산성을 높이기 위해 개인과 그룹을 위한 전략을 고안하였다. 이후 Gordon과 Prince는 각자의 독특한 방법으로 시네틱스와 관련한 훈련과 상담에 적극적으로 참여하였다. Prince는 주로 비즈니스 분야에서의 시네틱스 적용에 집중하였고, Gordon은 교육분야에 적극적인 관심을 가졌다. 2가지 기초적인 방식이 시네틱스 접근법의 시작점을 제공해 준다. 즉, 익숙한 것을 낯설게 만들고, 낯선 것을 익숙하게 만드는 것이 바로 그것이다. 시네틱스는 이러한 원리로 자주 창의적인 아이디어를 불러일으킨다. 첫 번째 방식, 즉 사람들은 익숙한 것을 새로운 방식으로 바라볼 때 다른 사람들이 간과하였던 새로운 가능성을 발견함으로써 새로운 관계를 만든다. 예를 들어, "우리는 이 문제를 새로운 시각으로 봐야 할 것이다."라는 일반적인 충고 속에 우리 주변의 익숙한 것들에서 새롭고 낯선 것들을 발견하고자 하는 중요성이 잘 드러나 있다.

이와 반대의 방식, 즉 낯선 것을 친숙하게 만드는 것도 창의성의 촉매제가 될 수 있다. 사람들이 매우 낯설거나 특이한 무언가를 자세히 살펴볼 수 있고, 그것을 그들이 이미 경험한 친숙한 것들과 연관시킬 수 있을 때, 새로운 생각이나 경험을 다루는 것이 더 쉬울 수 있다. 낯선 아이디어도 새롭고 창의적인 방법으로 다루거나 적용될 수 있다. 은유와 유추를 사용하는 것은 이 2가지 기본 원리를 실용적인 전략이나 방법으로 해석하는 데 매우 도움이 될 수 있다. 어떤 것이 친숙하고 이에 대한 우리의 생각을 확장하거나 새로운 관점을 갖기를 원할 때, 완전히 다른 무언가와 비교하는 데 도움을 줄 수 있다. 반면에 새롭고 낯선 도전에 직면했을 때, 우리가 이미 다루는 방법을 알고 있는 유사한 문제나 상황과 비교할 수 있다면 더 쉽게 다룰 수 있다.

창의적 문제해결 모형

창의적 문제해결(Creative Problem Solving: CPS)의 기본 틀은 Osborn(1953)에 의해 처음 만들어졌고, Parnes 등(Parnes, 1967; Parnes, NoIIer, & Biondi, 1977)에 의해 확장되었다. 마침내, 이 모델은 관심영역 발견, 자료 발견, 문제 발견, 아이디어 발견, 해결책 발견, 수용 발견이라는 6단계 CPS 모델(Isaksen & Treffinger, 1985)로 발전되었다.

CPS 모형은 지속적으로 다듬어져 왔다. Isaksen 등(2011)은 창의적으로 문제를 생각하고 해결하는 과정이 항상 정해진 순서대로만 진행되는 것은 아니지만 어떤 문제로부터 시작하여 그 해결에 이르기까지 일련의 단계를 거쳐야 하는 것으로 보았다. 어떤 특정한 순서에 대한 단계별 접근이 흔히 활용되고 있기도 하지만, 해결해야 할 문제의 특성에 따라 각각의 해결 과정은 다른 양상을 띨 수밖에 없는 것이 사실이다. 만약 그들이 문제와 도전들을 잘 이해했다면 대안을 찾기 위한 아이디어 확산 과정에 들어갈 수 있다. 최신의 관련

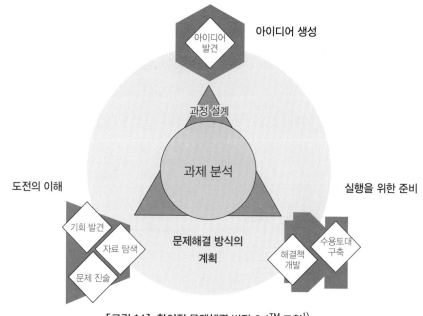

아이디어 생성

과정 설계

과제 분석

도전의 이해

실행을 위한 준비

기회 발견

자료 탐색

문제 진술

문제해결 방식의
계획

해결책
개발

수용토대
구축

[그림 14] 창의적 문제해결 버전 6.1™ 모형[1]

연구를 통해, 메타인지적 요소의 관리 기능을 강조하는 보다 유동적이고 역동적인 방식, 즉 CPS 6.1 모형으로 발전되었다(Isaksen et al., 2011; Treffinger et al., 2006). 〈그림 14〉는 이 모델을 시각적으로 모형화한 것이다.

최신 CPS 모형에서는 문제해결자들이 이 모델의 구성 요소들을 모두 활용할 수도 있고, 문제의 특성에 따라 특정 단계에서도 시작할 수도 있다고 주장했다. CPS의 각 단계에는 확산 단계(아이디어 생성 도구 선택)와 수렴 단계(수렴적 사고 도구 적용)가 모두 포함된다. CPS 구성 요소 및 단계는 다음과 같은 요소들이 있다.

- 도전의 이해: 기회 발견, 자료 탐색, 문제 진술이라는 3단계를 통해 도전적 문제 혹은 상황에 대해 명확하게 파악한다.

1) Treffinger, D. J., Isaksen, S.G., & Dorval, K.B. (2006). *Creative Problem Solving: An Introduction* (4th ed., p.18). Waco, TX: Prufrock Press. Copyright 2006 by Center for Creative Learning, Inc., and Creative Problem Solving Group, Inc. Reprinted with permission.

- 아이디어 생성: 잘 정의된 문제 진술에 근거한 다양한 대안적 아이디어를 생성한다.
- 실행을 위한 준비: 해결책 개발 및 수용 토대 구축 단계를 통해 유망한 해결책을 구체적인 실천 계획으로 발전시킨다.
- 문제해결 방식의 계획: 과제 분석 및 과정 설계를 통해 효과적이고 효율적인 문제해결 절차를 준비하고 관리한다(메타인지적 요소).

효과적인 창의적 문제해결 연습을 위한 도전 과제의 제공

교사에게 창의성 교육 프로그램을 위해 어떤 창의적 문제해결 모형을 선정할 것인가 하는 것보다 더 중요한 과제는 특정 모형과 관련 사고 도구들을 연습해 볼 수 있는 적절한 난이도와 위험도를 가진 도전 과제를 제공해 주는 것이다. 예를 들어, 한 과학 선생님은 봄에 열리는 과학 박람회에서 발표될 과학 프로젝트를 수행하도록 하기 위해 학생들을 소그룹으로 나누었다. 그녀는 학생들이 CPS 모형과 다양한 확산 및 수렴적 사고 도구를 사용하여 프로젝트 주제를 선택하고, 해당 프로젝트의 수행 계획을 수립한 후, 박람회 일정에 맞추어 그 계획을 실행하도록 하였다. 그녀는 학생들에게 그들의 프로젝트가 다룰 수 있는 가능한 문제들의 목록을 제공했지만, 그녀의 승인하에 다른 문제를 선택할 수 있는 선택권도 주었다.

한 소그룹의 학생들은 특정 주제를 선택하기 전에 선생님이 제안한 주제에 대해 더 많이 알아야 한다고 결정하였다. 그들은 주제 목록을 나누었고, 학생들은 과학자들이 여전히 의문을 품고 있는 주제도 포함하여 몇 가지 주제에 대해 온라인 검색을 하였다. 그들이 찾은 결과물을 공유한 후, 자신들의 그룹이 탐구할 수 있다고 생각하는 흥미로운 질문이 있는 4가지 주제로 목록을 줄였다. 쌍비교분석법(PCA) 사고 도구를 사용하여 주제와 관련 질문을 선정하였다. 그러고 나서 그들은 "이 질문에 답하기 위해서는 어떤 연구 프로젝트를 고안해야 할까?"라는 문제 진술의 단계까지 오게 되었다.

그들은 프로젝트를 시작하기 전에 가능한 한 이 주제에 대해 많이 알아야 한다는 것을 깨닫고, 이 주제에 대해 이미 행해졌던 선행 연구에 주목하면서, 질문과 관련된 자료를 다시 수집했다. 조사 결과에 대한 분석을 통해 필요한 자료의 범위를 좁히고 앞서의 문제 진술을 재확인할 수 있었다. 그것은 또한 그들의 연구 프로젝트를 설계하는 방법과 관련한 아이디어를 생성하기 위한 토대를 마련하였다. 브레인스토밍 외에도, 연구문제의 특성을 검토해 보고, 관련 선행 연구를 살펴보았으며, 강제결합법을 적용해 보기도 하였다. 그들은 또한 '이 문제는 우주선과 어떤 면에서 비슷한가?'와 같은 시네틱스 기법도 적용해 보았다. 이 소그룹은 여러 가지 수렴적 사고 도구를 사용하여 유망한 대안들의 범위를 좁혀나감으로써 연구문제에 대한 데이터를 수집하는 데 도움을 주었다. 그 후 학생들은 활용 가능한 자원과 그들이 극복해야 할 장애를 확인하면서 계획을 세워나갔다. 계획이 세워짐에 따라 그들은 구체적인 실천 절차를 정하고, S-M-L(계열화 기법, Sequencing) 사고 도구를 사용하여 개별적인 책임을 할당하고 그들이 수행해야 하는 순서를 결정하였다.

기본적인 사고 도구를 가르치고 연습하는 것과 마찬가지로, 창의적 문제해결 과정의 학습 및 연습도 학교 교육과정, 방과후 활동, 가정 등에서 이루어질 수 있다. 예를 들어, 15장에 제시된 평가행렬법의 예를 보면, 그 가족은 그들의 필요에 맞는 완벽한 차가 너무 비싸다는 것을 깨달을 수 있었다. 그러고 나서 그들은 자동차를 구입하는 데 필요한 자원을 확보할 방법을 찾기로 결정했을 것이다. 브레인스토밍과 같은 생성 도구를 사용하여 30~40개의 대안들을 나열한 다음 힛트 앤 핫 스팟(Hits and Hot Spots) 기법과 같은 도구를 사용하여 5~10개 정도로 좁힐 수 있었다. 그들이 대안 목록을 계속 검토하는 동안, 평가행렬법을 사용하여 그것들을 다시 한번 더 좁혀 보았을지도 모르며, 그 결과 2, 3가지의 유망한 대안이 나왔을지도 모른다. 최종적 해결책을 찾기 위해 가족 구성원들은 문제와 해결책의 진술 내용을 살펴보면서 그 문구와 의도가 명확하고 적절한지 확인하였을 것이다. 이들은 해결 가능한 단점을 찾기 위해 ALoU 사고 도구를 사용했을 수 있으며, 가족 구성원이 차량을 구매하기 위한 단기, 중기, 장기적 행동 계획을 마련했을 수도 있다.

결과 보고 및 피드백

2단계의 체계적인 연습은 학생들 자신의 사고 과정을 모니터링하고 그들이 경험한 것에 대해 성찰하는 방법을 학습함으로써 메타인지 기술을 개발하는 데에도 도움을 준다. 이러한 과정을 결과 보고(debriefing)라고 하는데, 여기에는 사고 도구 또는 문제해결 방법이 적용된 어떤 활동이나 그 활동을 통해 이루어진 선택, 또 그러한 노력의 결과나 효과성 등에 대한 검토 활동이 포함된다.

결과 보고 및 피드백의 주요 목적은 역량, 자신감 및 헌신을 구축하거나 미래의 성과를 개선하거나 강화할 방법을 찾는 것이다. 단순히 작업에서 '좋거나 나쁜' 또는 '맞거나 틀린' 것이 무엇인지 확인하는 것만이 아니다. 〈표 15〉와 같이 4가지 범주에 의한 결과 보고 양식을 활용하면 도움이 되는 경우가 많다. 긍정적인 부분, 명확히 해야 할 부분, 개선할 부분, 독창적인 부분의 4가지 범주로 이루어진 결과 보고 양식은 de Bono가 성인학습자들을 위해 제안한 예이다.

긍정적인 결과 보고 활동을 통해 학생들은 교육적 경험을 성찰해 보고 그 과정 중에 자신들의 결정에 대해 검토해 볼 수 있다. 교육적인 피드백은 학생들의 내면의 목소리를 듣는 것을 편안하게 하고, 도전에 대한 새로운 접근 방식을 생각해 보도록 마음을 여는 것에 도움이 되며, 적절한 결론을 내기 위한 가능성 있는 행동 과정을 추구할 용기를 갖도록 도와준다. 학생들은 피드백을 통해 문제해결 도구 및 절차를 독립적으로 활용할 수 있는 적절한 방법을 배우고 자신만의 사고 기술 활용 능력을 확장할 수 있다(Treffinger et al., 2002).

〈표 15〉 4가지 범주를 활용한 결과 보고 방법

긍정적인 부분	명확히 해야 할 부분
진행된 프로젝트 활동의 긍정적이고 성공적인 측면을 우선 나열한다. 그리고 다음과 같은 질문을 해 보자. • 실제로 효과적이었던 것은 무엇인가? • 가장 좋았던 부분은 무엇인가? • 계획하고 예상한 것 그대로 진행된 것은 무엇인가?	진행된 프로젝트 활동의 불확실하거나 불명확했던 측면을 나열한다. 그리고 다음과 같은 질문을 해 보자. • 명확하지 않았던 점은 무엇인가? • 확신이 없거나 혼란스러웠던 것 또는 당황스러웠던 것은 무엇인가? • 더 잘 이해하거나 더 많이 알고 있어야 했다고 생각되는 부분은 무엇인가?
개선할 부분	독창적인 부분
진행된 프로젝트 활동에서 효과적이거나 성공적이지 못했던 측면들에 대해 다음과 같은 건설적 질문을 해 보자. • 어떻게 개선하거나 더 효과적으로 수행할 수 있었을까? • 어떻게 다르게 처리했으면 좋았겠는가? • 우리가 간과했거나 잊은 것은 무엇인가? • 더 많이 또는 더 적게 했어야 한다고 생각되는 것은 무엇인가?	진행된 프로젝트 활동에서 새롭게 발견한 것이나 예상치 않게 얻었던 결과는 무엇인지, 그리고 그것들의 시사점은 무엇인지 생각해 보자. 이를 위해 다음과 같은 질문을 해 보자. • 우리가 이전에 알지 못했던 새로운 발견은 무엇인가? 또 이와 관련하여 새롭게 떠오른 아이디어는 무엇인가? • 예기치 않은 방향으로 진행되어 우리를 놀라게 했던 것은 무엇인가? 또 우리는 그것으로부터 무엇을 배웠는가? • 미래에 시도해 보고 싶은 새로운 아이디어가 있는가?

244

○ 이 장에서는 7장에서 소개된 생산적 사고를 위한 교수–학습 모형의 2단계에 대해 다루었으며, 창의적 사고 도구와 문제해결 절차를 이용한 체계적인 연습에 대해 논하였다. 2단계는 학생들에게 실제적인 도전적 과제를 제공함으로써 학생들의 역량, 자신감, 열정 등의 증진을 도모한다. 많은 출판물 및 온라인 자료(예: Schunover, Treffinger, & Selby, 2012)들은 실제적인 연습문제에 대한 아이디어를 제공한다. 이러한 자료를 살펴보고 학생들과 함께 몇 가지 활동을 시도해 보자.

지역, 국가 및 국제 수준의 많은 구조화된 프로그램과 대회들이 개인 또는 팀 단위로 참여할 수 있는 기회를 제공하고 있다. 이러한 프로그램 중 일부는 당신의 교실 환경에 적용해 볼 수 있는 연습문제들을 담은 출판물도 제공해 주고 있다. 이러한 프로그램은 17장에서 주로 다루고자 한다.

구조화된 창의성 프로그램
(2단계/3단계)

구조화된 창의성 프로그램

많은 구조화된 프로그램이 학교 안팎에서 제공되고 있는데, 학생들은 이런 프로그램을 통하여 특정한 과제를 해결해 나가는 가운데 문제해결 능력을 활용해 볼 수 있는 실제적인 기회를 갖는다. 이 프로그램들은 정규 수업의 일부로 제공될 수 있으며, 때로는 방과후 수업이나 영재학생들을 위한 심화 수업으로 제공될 수도 있다. 대부분의 경우 프로그램의 참여 여부는 학생들의 결정에 맡기며 관심 있는 모든 학생들에게 개방된다. Meador, Fishkin과 Hoover(1999)는 창의성을 육성하기 위한 여러 교육 모형과 프로그램에 관한 연구 결과를 검토하고 초기 단계의 사고기술 개발에 있어서 이와 같은 교육 활동의 유익한 효과를 뒷받침하는 증거가 있다고 결론지었으며, 또한 이러한 사고기술의 학습이 실생활 문제해결에 전이될 수 있도록 촉진하기 위해서는 추가적인 지원과 훈련이 필요할 수도 있음을 지적했다.

이는 창의성 교육이 7장에 제시된 모형의 3개 수준 모두로 확장되어 실시되어야 할 필요성을 확인해 준다. 창의성 교육을 사고 도구의 학습만으로 다루거나, 연습문제의 해결 또는 관련 프로그램에의 참여만으로 충분하다고 여겨서는 안 되며, 사고 도구, 연습문제, 실제 문제해결 프로그램 등을 종합적이고 지속적인 교육적 접근을 위한 필수적 요소로 다루어야 한다. 종합적인 교육적 접근법의 중요한 구성 요소로서의 구조화된 창의성 프로그램은 학생들이 실제 문제를 발견하고 해결해 나가는 가운데 창의성과 문제해결을 위한 그들의 전문성을 확장하고 구축하기 위한 최적의 기회를 제공할 수 있다. 구조화된 창의성 프로그램은 정규수업 중 추가적인 과제로 제공될 수 있으며 수업 내용을 실제적 맥락에 적용시켜 볼 수 있도록 도움을 준다. Ozturk와 Debelak(2008)은 "학습활동과 관련된 여러 경진대회의 참여를 통해 수업내용의 깊이와 폭을 무제한적으로 확장시켜 줄 수 있다."(p. 47)라고 하였다.

구조화된 학교단위 프로그램

창의적인 문제해결 과정과 도구의 사용과 연습을 장려하는 방식으로 학교 단위 프로그램을 구성할 수 있는 많은 기회가 있다. 학교신문 편집부원들이 CPS 과정과 도구의 활용에 능통하고 편집부원들 각자가 그룹 단위의 활동 과정에서 적절히 역할을 수행한다면 학교신문 편집부의 역량이 극대화될 수 있다. CPS 과정과 관련 도구는 과학의 날 행사를 위해 학생들을 지도하는 교사에게도 큰 도움을 줄 수 있다. 어떤 음악 교사는 학생들이 스스로 독창적인 뮤지컬을 작곡하고 연출하는 프로그램을 25년 동안 지도하였다. 중학교 1학년과 2학년 학생들은 5월 말에 활동을 시작하여 여름과 가을 동안 대본과 악보를 만들고 오디션을 실시한 후 1월경에는 리허설을 거쳐 3월 말경에 지역사회를 대상으로 공연을 갖는다. 뮤지컬 프로젝트의 초기에는 아무도 문제해결 과정에 관심이 없었으며 브레인스토밍 외에는 문제해결 사고 도구에도 관심을 기울이지 않았다. 그러나 담당 교사의 지속적인 연구와 훈련을 통해 문제해결 사고 도구와 과정이 도입되어 해당 프로그램의 효율성과 결과물의 수준이 개선되었다. 결국 대본 및 악보 개발, 무대장치 및 의상 디자인, 안무 및 티켓 판매 등 프로젝트의 거의 모든 요소에서 개선이 이루어졌다. 학생들은 여러 가지 아이디어 생성 및 수렴 도구를 사용했다. 준비 과정에서 학생들과 전문 스태프 사이의 피드백이 자유롭게 이루어졌다. 문제는 공동으로 해결하였다. 작품의 수정 및 개선은 마지막 공연 때까지 지속적으로 진행되었다. 또한 작품 제작을 위해 학생들은 작가, 작곡가, 디자이너 및 엔지니어 등의 역할을 수행하면서 자신들이 습득한 교과 지식을 폭넓게 활용하도록 하였다. 일반적으로 한 작품이 무대에 올려지기까지 전체 학생의 25% 이상이 일정한 역할을 수행하였다.

국내대회와 국제대회

대부분의 구조화된 프로그램과 대회는 학교 외부의 조직에서 후원한다. 이들 대부분의 프로그램에 개인 또는 팀 단위로 참여하기 위해서는 참가비를 지불해야 한다. 또 많은 프로그램은 인쇄물이나 온라인 프로그램을 통한 교육 자료를 유상으로 제공하기도 한다. 여기서는 학생들이 창의적 문제해결 기술을 적용하고 연습할 수 있는 기회를 제공해 주는 많은 프로그램 중 4가지를 선정하여 간단히 살펴보도록 한다.

국제 미래 문제해결 프로그램

Torrance는 창의성 연구의 선구자로서 미래 문제해결 프로그램(Future Program Solving Program: FPS 또는 FPSP)을 창설하였고 이후에 이 대회는 국제대회(Future Program Solving Program International)로 발전되었다. 이 프로그램은 40년 이상 창의성과 문제해결에 대한 관심을 자극하고 여러 분야의 재능개발 기회를 제공하기 위해 학생들에게 도전 과제를 제공하였다(Treffinger, Nassab, & Selby, 2009). 교사나 코치의 지도에 따라 초등학교 고학년부터 고등학교 3학년까지의 학생들은 6단계의 문제해결 과정을 활용하여 복잡한 사회 문제에 대한 실천 계획을 세워보게 된다. FPS는 학생들이 비경쟁적인 상황에서 사고 도구를 학습하여 지역대회나 국제대회에서 경쟁할 수 있는 기회를 제공한다. 해당 프로그램이 제시하고 있는 교육적 목표는 다음과 같다.

- 창의적 사고 기술의 개발 및 활용
- 미래를 형성할 복잡한 문제에 대한 학습
- 미래에 대한 적극적인 관심의 개발
- 글쓰기와 말하기를 통한 의사소통 기술의 개발 및 사용
- 문제해결 전략을 개발 및 활용
- 팀워크 기술의 개발 및 활용
- 연구기술의 개발 및 활용
- 비판적, 분석적 사고 기술의 개발 및 활용

이 프로그램은 이러한 목표를 달성하도록 설계된 4가지 주요 구성요소를 제공한다. 각 구성요소는 미래에 대한 관심을 강조하면서 창의성, 문제해결, 팀워크 및 협력 기술 등을 개발하고 연습할 것을 참가자들에게 요구한다. 정규학급에서 참가팀이 구성되는 경우에는 교사가 코치의 역할을 하며 도전 과제 및 기타 프로그램 자료를 문제중심학습 접근법에 따라 활용하게 된다. 공

정한 경쟁을 위해 초등학교 고학년부, 중등부, 고등부의 3그룹으로 나뉘어 진행된다. 지역대회에서 우수한 성적을 거둔 참가팀은 매해 봄에 열리는 국가별 대회(미국의 경우 주별 대회)에 초대된다. 국가별 또는 주별 대회에서 수상한 팀들은 국제대회에 참가할 수 있도록 초대된다. 이 프로그램의 주요 구성요소는 다음과 같다.

- **글로벌 문제해결**(Global Issues Problem Solving: GIPS): 개인 또는 4인 1조의 소그룹으로 참여할 수 있으며, 연구, 분석 및 작문 기술을 발휘할 수 있는 기회가 제공된다. 참가자들은 2개의 연습문제와 1개의 예선문제를 풀고 숙련된 평가자에 의해 심사를 받는다. 심사 결과는 개선 의견을 포함한 피드백과 함께 제공된다. 지역별 대회와 국제대회를 위한 새로운 도전 과제 주제가 매년 선정된다. 예를 들어, 2010~2011년 대회의 주제는 건강한 생활, 항공 운송, 유전자 테스트, 수질 오염 및 재난대책 등이었다. 2011~2012년 대회의 주제는 하루의 일과, 산호초, 인권, 무역 장벽 및 의약품 등이었다. 또 2012~2013년 대회의 주제는 유명인사들의 문화, 로봇 시대, 거대 도시 및 해양 생물 등이었다.

- **시나리오 작성**(Senario Writing): 매년 학생들은 GIPS 구성요소와 동일한 주제를 선택하여 미래에 대한 단편 소설을 작성한다. 이 도전 과제를 해결하기 위해 학생들은 시대적 변화 양상에 대해 연구하여 20년 후의 문제에 대한 해결책을 제시한다.

- **지역사회 문제해결**(Community Problem Solving: CmPS): 개인 또는 소그룹 단위로 참가할 수 있다. CmPS 팀은 그들이 채택하는 도전과제와 지역 상황에 따라 4명을 초과하여 구성할 수도 있다. 지역사회 문제해결자들은 FPSPI 웹사이트에서 제시한 '학교, 지역사회 또는 국가가 당면한 문제'에 해당하는 자신의 학교 또는 지역사회의 실제 문제의 해결에 학교에서 배운 지식과 문제해결 능력을 적용한다. CmPS는 학생들에게 실천 지향적인 기회를 제공함으로써 창의적 문제해결을 지역사회에 직접 적

용해 보고 자신의 문제해결 노력이 초기 아이디어에서 시작하여 실천과 그 결과에 이르기까지의 과정을 경험해 볼 수 있도록 한다.

- **활동기반 문제해결**(Action-based Problem Solving): 1년 동안 지속되는 이 요소는 비경쟁적으로 운영된다. 이것은 특별히 교실에서 사용할 수 있도록 설계되었다. 이 방식의 창의적 문제해결 프로그램은 학생들이 심리적 부담으로부터 자유로우며 신체 활동을 중심으로 이루어진다는 특징이 있다. 4명에서 6명의 학생들로 구성된 팀들은 매 학기마다 하나의 주제에 대해 연구한다. 다른 요소들과 달리, 활동기반 문제해결은 초등학교 저학년부, 초등학교 고학년부, 중학생부의 3그룹으로 운영된다.

FPSPI 프로그램은 학생들이 재능과 문제해결 능력을 개발할 수 있는 기회를 제공하며, 각 분야는 각각의 고유한 방식으로 교육적 가치를 실현한다. 학생들은 자신들의 강점, 관심사 및 열정을 적용하여 실제 문제에 참여한다. 성인 지도자를 대상으로 한 훈련 프로그램도 가능하며 이를 위해 잘 개발된 다양한 훈련 및 교육 자료를 이용할 수 있다. 이 프로그램의 효과와 영향은 여러 출판된 연구에서 뒷받침되었다(Buckmaster, 1994; Cramond, Martin, & Shaw, 1990; Crenwelge, 1992; Olenchak, 1994; Tallent-Runnels, 1993; Treffinger, Selby, & Crumel, 2012). FPSPI에 관한 더 자세한 정보는 http://fpspi.org를 방문하면 된다(국내대회에 대한 정보는 https://www.fpspi.org/korea/를 방문하면 된다). 다음에 제시된 FPSPI 참가자들의 소감문은 해당 프로그램에 참여함으로써 얻을 수 있는 개인적인 영향과 가치에 대해 알 수 있게 해 준다.

제가 처음으로 출전한 FPS 국제대회는 바로 이곳 위스콘신에서 열렸습니다. 저는 제가 쓴 유독성 폐기물에 대한 시나리오를 가지고 무대 중앙에 서서 읽었고 청중 속에 앉아 계셨던 어머니는 발표하고 있는 저를 자랑스럽게 바라보고 계셨습니다. 제 어머니는 다시 이곳에 계십니다. 제가 학생 여러분께 말씀드리고 싶은 것은, 오늘 FPS 대회에 참여한 여러분의 부모님들은 앞으로 영원히 FPS 참여 학생의 부모라는 것에 자부심을 갖고 살게 되실 것이라는 점입니다. 제가 8학년 때 쓴 그 시나리오는 여러모로 생각해 볼 때 저의 글쓰기 경력의 시작이었고, 또한 FPS 대회에서 얻은 글쓰기 능력은 저의 경력을 한 단계 더 끌어올릴 수 있는 계기가 되었습니다.

저는 이후 4년 동안 FPS 국제대회의 '글로벌 문제해결' 부문과 '시나리오' 부문에 참여하였습니다. 여기 계신 분들 중에 '글로벌 문제해결' 부문에 참가하고 있는 분이 얼마나 계신가요? 제가 속해 있었던 팀에는 정말 여러 유형의 팀원들이 있었습니다. 종종 농담을 하면서 팀 분위기를 밝게 해 주던 기발한 사상가, 항상 공상 과학 소설 같은 아이디어로 가끔씩 팀원들을 화나게 했던 공학도, 완성품을 위해 최고의 해결책만이 필요하다고 고집하던 작가, 그리고 팀원들끼리 서로 의견 충돌로 으르렁거릴 때 서로 이성을 찾을 수 있도록 돕던 중재자 등…. 아, 여러분 팀원들 이야기 같다고요? 솔직히 말씀드리면, 그 팀 안에서 보고 배운 기술은 제가 후에 할리우드에서 성공하는 데 도움이 되었지요.

저는 새로운 TV 프로그램의 작가로 활동하며 8명의 다른 재능 있는 작가들과 같은 공간에서 하루 종일 같이 일하였습니다. 그러는 동안 서로의 강점과 약점을 알게 되었고 마감일을 맞추기 위해 팀으로 열심히 일해야 했습니다. 우리는 종종 서로 동의하지 않는 경우도 있었지만, 마감시간을 맞추기 위해선 서로가 협력해야 한다는 것을 알았기에 좋은 팀워크를 유지하기 위해 노력했습니다. 그러던 어느 날 프로듀서가 우리에게 와서 출연 예정이었던 여배우가 갑자기 출연할 수 없게 되어 그날 촬영하려던 에피소드를 폐기해야 한다고 말했죠. 우리 작가들은 기절할 정도의 공포의 시간을 약 3분 정도 겪은 후, 모두 정신을 차리고 다시 브레인스토밍을 시작했습니다. 여러분과 저와 같은 FPS 참여자들은 두뇌의 양면을 모두 쓸 줄 압니다. 논리적 사고를 하는 두뇌와 창의적 사고를 하는 두뇌를 동시에 사용할 수 있다는 것은 흔치 않은 훌륭한 재능이지요. FPS 덕분에 키울 수 있었던 이런 재능은 여러분이 대학에서 남들보다 뛰어난 성적을 받을 수 있게 해 주기도 하고 때로는 여러분 룸메이트의 미움을 사게도 해 줍니다(저의 대학 1학년 때 룸메이트는 제가 글을 빨리 쓸 수 있는 것에 대해 무척이나 질투했었죠). 우리 팀은 새로운 대본을 만들려고 노력했고, 저 또한 새로운 줄거리를 만들기 위해 고민했습니다. 하루만 더 준비할 수 있었다면 촬영에 들어갔을 때 맞닥뜨리게 될 문제들을 예견하고 대비할 수 있었을 텐데 하는 아쉬움은 있었지만 말이죠. 그날 밤 퇴근 후 정신적으로 지쳐 있는 상태에서 저녁식사를 하기 위해 친구들과 만났을 때, 많은 직장 동료들이 문제 파악 단계에서 머물러 고민하는 동안 저는 문제 이해에서부터 해결책까지 정신없이 오락가락하는 것에 대해 동료들이 재미있어 한다고 이야기했습니다. 그러자 친구들은 "맞아! 넌 항상 그렇잖아."라고 하더군요. 그래서 저는 웃으면서 "난 미래문제 해결자잖아."라고 말했죠. 제 생각엔 이런 이유로 주위 사람들이 제가 있을 땐 미리 계획을 세우려 하지 않는 것 같아요. 혹시 여러분 중에도 저와 같은 문제가 있는 사람이 있나요?

우린 인생에서 좋든 나쁘든 항상 팀의 일원으로만 살아갈 수는 없지요. 저희 팀의 관심사가 다른 분야로 옮겨가게 되면서 저는 10학년 때 개인 자격으로 대회에 참여하기 시작했습니다. 어떠한 거대한 프로젝트를 맡아 마감 시간까지 혼자 해결해야 하는 상황을 어린 나이에 경험할 수 있었던 건 세상 그 무엇보다 좋은 배움의 기회였다고 생각합니다. 그리고 이런 배움을 통해 얻은 여러분의 글쓰기와 비판적 사고에 대한 자신감을 여러분의 현재와 미래의 동료들은 존경하게 될 것입니다(오늘 여러분이 여기에 있다는 것은 여러분 모두가 바로 그런 능력을 가지고 있다는 것이겠고요).

저의 가장 최근의 프로젝트는 Lindsey Lohan의 원작 〈Mean Girls〉의 속편인 〈Mean Girls 2〉를 쓰는 것이었습니다. 자세한 얘긴 안 하겠지만 FPS 경연대회에 참여하며 배웠던 기술(스토리 라인을 분석해서 숨어 있는 논리적 오류를 발견하고 해결책을 내놓기)을 〈Mean Girls 2〉 작품 속의 몇 가지 익살스러운 장면들에 적용했습니다. 이와 같이 기존 대본을 분석해서 수정하는 것이 저의 업무였습니다. 저는 대본을 읽은 후에 즉시 몇 개의 문제들, 특히 주요 인물들의 부자연스러운 변화 과정, '무례한 여성들'이라는 제목과 맞지 않게 '무례한 행동'이 드러나지 않는다는 것, 극의 재미를 높여 줄 수 있는 몇 개의 장면들 등을 제시할 수 있었습니다. 작가는 스토리와 관련한 문제를 파악하는 것뿐만 아니라 그것들의 해결책도 내놓을 수 있어야 하지요.

저는 본 대회의 시나리오 부문에 참여함으로써 제가 글을 쓰고 새로운 세계와 인물을 창조하는 것을 좋아한다는 것을 알게 되었습니다. 가족이나 선생님이 아닌 그 누군가가 "당신은 훌륭한 작가로서의 재능이 있습니다."라고 제게 말해 주는 것은 큰 의미가 있다고 생각합니다. 인생에서 자신의 꿈을 이루기 위해 항상 노력하는 것이 쉬운 일은 아니지만, 내가 무엇을 잘하고 진정으로 사랑하는 것이 무엇인지 알면 성공할 수 있을 것입니다.

〈Mean Girls 2〉 작업은 특히 7월에 영화 촬영을 시작하였기에 너무나 재미있었습니다. 이제는 장소, 시간, 예산 등과 같은 문제들의 해결도 저의 업무가 되었습니다. 저의 프로듀서는 많은 작가들이 어떠한 방법으로 그들의 대본이 실현될 수 있을지를 생각하지 않고 상상력만을 불태우며 시나리오를 쓰는데, 저는 촬영 예산까지 염두에 두고 장면을 설정하기 때문에 저의 작업을 좋아한다고 하였습니다. 바로 여기에 우리 모두가 찾고 있는 것이 있습니다. 즉, 문제를 해결하는 최선의 방법, 미래에 언젠가 실제로 실현될 수 있는 그런 방법입니다.

여러분이 해결하고자 하는 이 세계가 직면한 심각한 문제들, 예를 들어 최근 기름 유출로 인해 주목받고 있는 환경문제 등을 보며 저는 여러분 중 누군가가 이러한 문제를 해결할 방법을 찾아내는 것뿐만 아니라 이러한 문제들이 일어나기 전에 미리 생각하고 피할 수 있는 방법을 찾는 데 이러한 기술을 사용하기를 바랍니다. 해결해야 하는 문제가 예술이든 과학 분야이든 상관없이, 또한 세계적 규모의 사회문제이든 예술성을 요구하는 한 편의 영화이든 상관없이 문제해결을 위한 당신의 모든 노력은 매우 가치 있는 것입니다. FPS는 여러분들을 학교에서뿐만 아니라 앞으로의 경력에서도 탁월한 성과를 거둘 수 있도록 도와줄 것입니다. 여러분이 이룬 성과와 미래에 하게 될 훌륭한 일들에 대하여 축하드립니다.

Allison Schroeder, 극작가

−2010년 FPSP 국제대회 참가자−

미래 문제해결 프로그램은 저에게 창의적으로 생각하는 방법을 가르쳐 주었습니다. Florida 대학교에서 학부 과정을 밟고 있을 때 저는 매우 비싼 청바지 한 벌이 갖고 싶어서 부모님께 사달라고 부탁드렸습니다. 그때 부모님은 "네가 벌어서 사!"라고 하시더군요.

부모님의 말씀을 듣자마자 저의 FPSP 본능이 꿈틀대며 돈을 벌 수 있는 방법을 궁리하기 시작했고 완벽한 아이디어를 찾을 때까지 브레인스토밍을 하였습니다. 그 결과 수업을 마친 후 청소 아르바이트를 하면 제가 원하는 청바지를 살 수 있을 것이라는 결론을 내렸죠.

그 후 3년이 지난 지금, 청바지를 사기 위해 짜낸 저의 작은 아이디어는 대규모 비즈니스로 바뀌었고, 이 회사 'Student Maid'는 창립 이후 900명 이상에게 일자리를 제공하였고 75명에게 인턴십을 제공하였습니다. 저희는 최소 학점 3.5점 요건을 충족하는 학생들을 고용하여 청소 업체에 대한 이미지를 바꾸었습니다. 저는 작은 창의적인 아이디어로 활력을 잃은 청소 사업을 완전히 새로운 사업으로 만들었습니다.

부모님과 선생님이 항상 저희에게 말씀하시죠. 너희가 배우고 있는 것들은 나중에 인생에서 모두 사용될 것이라고…. 저 또한 이것을 믿지 않았지만 이것은 사실입니다. 저는 젊은 기업가로서 FPS 프로세스의 모든 단계를 사용했고, 제가 성공한 이유는 이 프로그램 덕분이라고 확신할 수 있습니다. 비즈니스 아이디어를 브레인스토밍하고, 가장 좋은 것을 선택하기 위한 기준을 마련한 다음, 실천 가능한 행동 계획을 수립해야 했습니다. 또한 저는 팀의 좋은 일원이 되는 법을 배웠기 때문에 더 나은 CEO가 될 수 있었습니다.

저는 진정으로 FPS에서 배운 기술들이 제가 가진 강점이라고 믿으며, 저를 다른 사람들과 차별화시킬 수 있는 점이라고 생각합니다. 이러한 기술은 여러분의 것도 될 수 있습니다. 이 프로그램을 통해 창의력과 다양성을 강화시키며 여러분이 원하는 목표를 달성하리라 확신합니다.

Kristen Hadeed, 'Student Maid' 창립자
－2011년 FPSP 플로리다주 대회 참가자－

DI 대회

DI 대회(Destination Imagination)는 창의성, 문제해결 및 팀워크에 대한 긍정적이고 흥미로운 경험을 학생들에게 제공할 글로벌 프로그램을 만들기 위해 약 200명의 자원봉사자들에 의해 1999년 여름에 만들어졌다. 이 프로그램은 현재 30개국 이상의 학생들에게 서비스를 제공한다. 이 대회의 핵심은 학생들이 토너먼트 환경에서 자유로운 도전에 대한 해결책을 개발하고 제시해 보도록 하는 것이다. 이 프로그램의 도전 과제에 대해 다음과 같이 설명하고 있다.

학습자들은 도전 과제를 해결하는 가운데 즐거움을 느끼고 모험을 즐김으로써 STEM(과학, 기술, 공학, 수학), 예술 및 봉사정신을 학습한다. 참여 학생들은 인내심, 융통성, 끈기, 윤리의식, 타인의 아이디어에 대한 존중, 그리고 협력적 문제해결 과정 등을 배운다(Destination Imagination, 2012b).

DI 대회의 도전 과제는 열린 문제이며 학생들로 하여금 최대 7명이 한 팀이 되어 팀 과제와 즉석 과제를 창의적으로 해결하도록 한다. 도전 과제는 간학문적인 특성을 갖는다. 팀이 도전 과제를 선택하여 독창적인 방법으로 해결하고 토너먼트에서 발표할 자료를 준비하는 데에 보통 수주에서 수개월이 걸린다. 매년 제공되는 새로운 도전 과제들은 http://www.destinationimagination.org에서 확인할 수 있다.

매년 7가지의 새로운 도전 과제를 제공하여 참가자들이 선택할 수 있도록 하고 있다. 각 도전 과제는 교과내용 및 성취기준을 고려하여 교육자와 산업체 전문가가 팀을 이루어 개발한다. 주요 분야로는 기술, 과학, 미술, 즉흥연주 등과 같은 것들이 있다. 나이 어린 참가자들이 사회적 기술 및 문제해결 기술을 개발할 수 있는 기회를 제공해 주기 위해 비경쟁 프로그램(예: Early Learning Challenge)도 운영하고 있다(Destination Imagination, 2012b).

미국대회에 대한 긍정적인 프로그램 평가 결과가 보고된 바 있다(Callahan, Hertberg-Davis, & Missett, 2011; Treffinger, Selby, & Schoonover, 2004). 학생들은 DI 도전 과제를 해결하기 위해 연습하는 동안 21세기를 살아가면서 활용하게 될 실제적인 기술들을 개발하게 된다. 예를 들어, 이 프로그램에 참여했던 Kristen Jerger 박사는 외과 의사들을 위한 많은 첨단 의료장비에 관한 특허 보유자이다. 그녀의 특허에는 신경 및 간 수술 과정에 사용되는 Cavitron 초음파 외과 흡입기(Cavitron Ultrasonic Surgical Aspirator: CUSA) 설계가 포함되어 있다. 앞의 사이트를 방문하면 DI 대회를 통해 큰 변화를 경험한 사람들의 더 많은 사례를 확인할 수 있다.

OotM 대회

OotM(Odyssey of the Mind: OM) 설립자인 Sam Micklus 교수는 뉴저지주의 Rowan 대학교에서 산업디자인과 교수로 재직했다. 파이 던지는 기계와 같은 흥미로운 장치를 만드는 도전 과제를 대학생들에게 주었을 때, 학생들이 제시한 해결책은 독창성과 위험 감수성의 견지에서 그다지 성공적으로 평가되지 못했다. 시간이 지남에 따라 이 도전 과제에 유치원생부터 대학생들까지 다양한 연령의 학생들이 참여하게 되면서 상대적으로 낮은 위험 수준의 창의적인 문제해결 능력을 겨루는 경진대회로 발전되었다. 현재 OotM은 약 25개국에서 수천 팀이 참여하는 국제적인 교육 프로그램이 되었다. CPS 프레임 워크와 사고 도구가 프로그램의 일부로 공식적으로 제시된 것은 아니지만, 학생들이 해결해야 하는 문제들은 암묵적으로 이런 도구들과 관련성을 갖고 있으며 실제 OotM 팀을 지도하고 있는 많은 코치들은 이를 활용하고 있다. 학생들은 그들 자신의 창의성을 깨우고 창의적 사고 과정을 거쳐 최종적인 해결책에 이르기까지 상상력을 발휘하도록 독려된다.

팀 구성원들은 광범위한 교과내용과 관심 영역에 걸친 개방형 문제를 다룸으로써 확산적 사고기술을 연습하는 가운데, 협업 능력도 기르게 된다. 이러한 도전 과제는 2가지 문제 유형으로 제시되는데 하나는 장기 과제이고 다른 하나는 즉흥 과제이다. 장기 과제는 한 달 또는 그 이상의 기간 동안 운영된다. 이 문제들은 이 기관의 웹사이트에서 만족스러운 해결책을 만드는 데 시간을 필요로 하는 '재미있는 활동'이라고 설명되어 있다. 학생들은 기계 혹은 차량, 기술 퍼포먼스, 고전, 구조, 공연 등 5가지 분야의 장기적 과제로 경쟁할 수 있다.

즉흥 과제는 10~30분 내에 해결책을 고안하거나 수행하도록 한다. 이러한 과제들은 언어적 기술, 기계적 기술, 또는 이 2가지의 결합으로 구성할 수도 있다. 교사들은 이러한 과제를 포함한 OotM이 제공하는 다양한 내용들이 균형 잡힌 교육의 기초를 제공할 수 있다고 생각한다.

OotM 참가팀은 학년과 나이에 따라 만 12세 미만(Division I), 만 12세 이상부터 만 15세 미만(Division II), 만 15세 이상부터 만 19세 미만(Division III), 그리고 대학생(Division IV) 등의 4개 그룹으로 나뉜다.

학생들에게 사고력을 개발하고 팀 경쟁에 대비할 수 있도록 교사와 코치에게 관련 자료를 제공한다. 여기에는 창의적인 경쟁을 위한 서적들, 학습 활동들, 온라인 게임, OotM과 NASA가 공동으로 고안한 교육과정 등이 포함되어 있다. 학습 활동들은 학부모와 교사에게 과학과 같은 교과 영역에 적용할 수 있는 다양한 활동을 제공하여 학교교육을 보다 흥미진진하게 만들어 준다. Meador와 공동 연구진(1999)의 연구에 따르면 학생들이 정서적/인지적 영역에 대한 OotM의 긍정적 효과를 지지해 주는 여러 연구결과들을 제시한 바 있다. OotM에 대한 자세한 내용은 https://www.odysseyofthemind.com에서 볼 수 있다.

발명 캠프

앞서 소개한 3가지의 프로그램과 달리 발명 캠프(Camp Invention: CI)는 학교 환경에 기반한 비경쟁적 프로그램이다. 이는 초등학교 1~6학년을 대상으로 지방교육청에서 제공하는 과학교육 프로그램을 지원하도록 설계되었다. 혁신적인 교육과정과 이를 위해 필요한 모든 교육 자료가 패키지 형태로 참여한 교사들에게 제공된다. 이 패키지에는 자세한 단계별 지침과 교직원 연수 자료가 포함되어 있다. 일반적으로 CI 프로그램 운영비는 학부모 부담으로 충당된다.

CI는 미국의 National Inventors Hall of Fame(발명가 명예의 전당)으로 유명한 Invent Now사의 프로그램이다. 이 기관은 창의성과 혁신 및 기업가 정신의 증진을 도모하고, 발명과 발명가에 대한 인식을 제고하는 것을 목적으로 하는 비영리 단체이다. Invent Now 교육과정의 개발자들은 주정부와 국가의 학력 표준에 부합하는 혁신적인 교육 활동 및 교육 자료를 제작한다. 문제 중심 접근 방식에 기반한 이와 같은 교육은 팀워크, 창의적인 문제해결 등을 포함한 21세기의 성공을 위해 필수적인 다양한 생활 기술들을 길러준다.

CI 프로그램은 일반적으로 일주일에 걸쳐 진행되며 학생들은 매일 4가지 모듈에 차례로 참여하게 된다. 각 모듈은 "다양한 팀 작업에 참여해 보고, 조사와 실험을 수행해 보며 재미난 활동을 통해 과학, 기술, 공학, 수학(STEM)을 경험해 볼 수 있는 도전 과제를 수행해 볼 수 있도록 한다"(Camp Invention, n.d., 1항). 다양한 모듈의 주제에는 다음과 같은 것들이 포함된다.

- WILD: Wondrous Innovations and Living Designs (놀라운 혁신과 생활 디자인)
- The Curious Cypher Club (호기심 많은 암호해독 클럽)
- Bounce! An Atomic Journey (원자력 여행)
- Problem Solving on Planet ZAK (외계 행성에서의 문제해결)
- Saving Sludge City (쓰레기 도시 살리기)
- Hatched (껍질 깨기)
- I Can Invent: Edison's Workshop (나는 발명가: 에디슨 워크숍)

대부분의 모듈에서 학생들은 아이디어 생성을 위한 지침뿐만 아니라 아이디어의 생성과 수렴에 관한 직접적인 지도를 받는다. 학생들은 개별 수업마다 제공되는 문제를 해결하기 위해 자신의 사고기술을 적용해 본다. 예를 들어, '나는 발명가: 에디슨 워크숍' 모듈에서는 완전히 새로운 것을 발명하는 과정에서 실제 발명가가 경험하게 되는 도전과 희열을 배우게 된다. 참가자들은 소그룹 활동을 통해 망가진 가전제품의 부품과 재활용 재료를 사용하여 발명 활동을 한다. 이 모듈은 학생들이 발명품의 설계뿐만 아니라 대회 참가 기간 동안 발생하는 다른 문제 및 과제에 대해서도 자신들의 창의적이고 비판적인 사고를 적용해 볼 것을 요구한다.

CI 프로그램에 대한 평가 연구(Saxon, Treffinger, Young, & Wittig, 2003)에서는 이 프로그램에 참여한 사람들(교사, 학생 및 참여 학생의 부모)의 전반적인 만족도가 매우 긍정적이었다고 보고하였다. 참여자들은 프로그램 평가에서 '도전적이다' '흥미롭다' '재미있었다' 등과 같은 단어들을 사용하였다. 교육과정의 실제적 특성과 자녀가 보여 준 프로그램에 대한 열정은 평가 연구에 참여한 부모들에게 깊은 인상을 심어주었던 것으로 보인다. CI 대회에 대한 자세한 내용은 http://www.invent.org에서 확인할 수 있다.

기타 프로그램

2008년에 Ozturk과 Debelak은 앞에서 소개한 프로그램들과 같은 유형의 총 32개의 유사한 대회에 대하여 보고하였다. 다음은 이 프로그램들의 예이다.

- 외교관이 되는 길(Doors to Diplomacy): 미 국무부는 의사소통 및 협업 기술을 가르치고 외교의 중요성에 대한 인식을 제고하기 위해 온라인으로 진행되는 '외교관이 되는 길' 프로그램을 후원한다. 이 프로그램은 Global SchoolNet Foundation에 의해 운영된다. 만 12세에서 만 19세 사이의 2~4명의 학생들로 구성된 팀은 1명 혹은 2명의 성인 코치가 지도하여 국제 업무와 외교의 중요성을 가르치는 온라인 프로젝트를 수행하게 된다. 학생들은 협력적 온라인 프로젝트(Collaborative Web Project) 부문, 작문 프로젝트(Project Narrative) 부문, 토론(Peer Review Process) 부문 등 세 영역에서 경쟁한다. 자세한 정보는 http://www.globalschoolnet.org/gsndoors에서 확인할 수 있다.
- 미래기술 탐험(ExploraVision): 미국과학교사협회(National Science Teachers Association)는 1992년 유치원, 초·중·고등학생들을 대상으로 이 과학경시대회를 시작했다. 2~4명으로 한 팀을 구성하여 수업 시간에 선생님의 지도를 받거나 코치의 지도를 받아 특정 테크놀로지를

선택하여 깊이 탐구하고 20년 후에 그 테크놀로지가 어떻게 변화될지 추측한다. 대회 우승자에게는 상금이 수여된다. 자세한 내용은 http://www.exploravision.org에서 확인할 수 있다.

- 미래도시 경진대회(Future City Competition): 미래의 도시를 상상하고, 설계하고, 건설하는 도전을 경험해 보고자 하는 중학생들을 대상으로 설계된 프로그램이다. 교사는 경쟁 없이 교실에서 이 프로그램의 도전 과제와 자료를 사용할 수 있다. 학생들은 교사나 엔지니어 멘토와 함께 작업하고 SimCity 소프트웨어를 사용하여 미래도시의 설계를 시도해 본다. 이 프로그램은 학생들이 수학, 과학을 실제 문제에 적용해 볼 수 있도록 해 주고, 의사소통 기술, 연구 기술, 팀워크 기술 등을 포함한 21세기 기술을 개발하는 데 도움을 준다. 자세한 정보는 http://futurecity.org에서 확인할 수 있다.

- 초등학교 및 중학교 수학 올림피아드(Math Olympiads for Elementary and Middle Schools): 1977년에 설립된 이 프로그램에는 미국 50개 주와 전 세계 30여 개국의 나라에서 초등학교 고학년 및 중학생들이 참여한다. 이 프로그램의 목표는 수학에 대한 사랑을 자극하고, 문제해결을 위한 주요 전략을 가르치며, 수학 창의성과 독창성을 육성하는 데 있다. 자세한 내용은 http://www.moems.org에서 확인할 수 있다.

- 과학 올림피아드(Science Olympiad): 이 프로그램은 유치원, 초ㆍ중ㆍ고등학교 학생들을 대상으로 30여 년간 운영되었다. 학생들은 학교 환경에서 재미있고 흥미로운 프로그램에 참여한다. 중학생과 고등학생들이 경쟁에 참여한다. 이 프로그램은 50개 주에서 운영되며 매년 약 6,200개 팀이 경쟁한다. 이 프로그램에 참여하는 학생들은 과학자 및 멘토들과 함께 연구하는 기회가 주어진다. 자세한 정보는 http://soinc.org에서 확인할 수 있다.

- 3M 청소년 과학자 발굴대회(The Discovery Education 3M Young Scientist Challenge): 초등학교 고학년 및 중학교 학생들을 위한 이 대회는 매년

수백 명의 학생들이 참여한다. 결승 진출자들은 일련의 도전 과제 후에 상금을 놓고 경쟁한다. 학생의 과학적 지식과 과학적 프로세스를 창의적으로 전달하는 능력이 심사 기준으로 고려된다. 이 프로그램은 수업 지도안, 웹 세미나, 상호작용 영상 및 기타 자료를 제공한다.

- 청소년 작가 발굴 프로그램(The Promising Young Writers Program): 미국영어교사협회(National Council of English Teachers of English)는 1985년에 이 프로그램을 시작했다. 중학교 2학년 학생들을 위해 학교에서 작문 기술을 개발하고 작문 인재를 발굴하기 위해 고안되었다. 매년 교사는 글쓰기를 위한 주제를 그 해의 교육과정에 통합하도록 한다. 학생들은 독서와 작문 활동을 통해 해당 주제에 대해 탐구하고 그 결과를 학교위원회에 제출하면 자체 평가를 거쳐 수상 후보자들을 대회 본부에 추천한다. 자세한 내용은 http://www.ncte.org/awards/student/pyw에서 확인할 수 있다.

- 청소년 극작가 발굴대회(Young Playwrights, Inc. National playwriting Competition): 이 대회는 18세 미만의 학생들을 대상으로 극작가를 육성하겠다는 목표로 Stephen Sondheim이 설립한 조직에서 후원한다. 연극 전문가는 각 제출물을 읽고 평가하며 선정된 학생작가는 뉴욕에서 열리는 청소년 극작가 대회에 초대된다.

학생들이 재미있고 흥미로운 응용 프로그램에서 문제해결 능력을 연습할 수 있는 구조화된 기회의 전체 목록을 다루기에는 공간이 부족하다. 저자들은 이러한 프로그램 중 몇 가지를 직접 경험해 볼 수 있었다. 말 그대로 수천 명의 학생, 학부모 및 교사의 경험과 피드백을 살펴보면 잘 지원되고 잘 운영되며 또한 잘 지도되는 프로그램은 학생들이 교과지식을 확대하고 삶을 위한 중요한 기술을 개발함에 있어 자신감, 역량, 열정 등을 키워줄 수 있는 충분한 잠재력이 있음을 알 수 있다.

생각해 보기

○ 이 장에서 소개된 프로그램 중 가장 관심 있는 것들을 온라인으로 조사해 보자. 이
러한 프로그램 중 하나 이상을 자신의 수업에 통합하는 방법을 생각해 보자. 당신
의 학교나 교육청 또는 지역사회의 학생들에게 이미 제공되는 프로그램이 있는
가? 그렇지 않다면 우리는 학생들에게 이 프로그램 중 하나 이상을 제공하는 데
도움이 될 수 있는 누군가와 이야기해 볼 필요가 있다. 장기적으로 볼 때 이 프로
그램을 통해 당신이 받는 혜택은 학생이 얻는 것보다 결코 적지 않을 것이다.

실제 문제와 도전의 해결 (3단계)

7장에서 논의된 생산적 사고를 가르치고 배우는 모델의 세 번째 단계는 실제 문제와 도전을 다루고 있다. 이것은 교육자와 학생 모두에게 흥미롭고 도전적인 경험이다. 〈표 16〉은 3단계 활동의 목표와 교사, 학생 및 학부모의 역할을 설명하고 있다.

〈표 16〉 3단계의 목표와 역할(실제 문제와 도전)

목표(학생)

- 학생들은 실제 문제와 도전의 해결을 위한 활동에 있어서 주도적으로 참여하고자 하는 태도를 갖는다.
- 실제 문제와 도전에 대한 건설적인 태도를 갖는다.
- 여러 가지 복잡한 과제, 기회 혹은 도전 등을 다룸에 있어 전문성과 상상력을 보여 준다.

교사의 역할

- 문제해결 과정의 관리자이자 조력자인 교사는 실제 문제 해결이 가치 있게 여겨지는 환경을 조성한다.
- 정규 교육과정 내에서뿐만 아니라 교육과정 외에서도 실제 도전 과제를 찾아보도록 한다.
- 학생들이 실제 문제와 기회를 발견하고 관련 당사자들을 발견하고 파악할 수 있도록 도움을 준다.
- 문제해결 과정에 있어서 자신의 행동에 책임감을 갖도록 한다.
- 문제해결 과정에서 단계별 접근을 활용할 수 있도록 도와준다.
- 문제해결을 위해 활용할 수 있는 자료에 대해 안내해 준다.
- 격려와 지원을 제공한다.
- 타인으로 인한 제약과 편견을 헤쳐 나갈 수 있도록 도움을 준다.
- 학생들이 실제 문제를 해결할 수 있는 적절한 시간과 자료를 제공한다.
- 학생들의 노력을 통해 제시된 문제해결의 대안이 어떤 결과를 얻게 되었는지 확인해 볼 수 있도록 도와준다.
- 책무성 이슈에 대한 안내를 한다(기록하기, 문서화하기).
- 필요할 경우 새로운 문제해결 도구를 소개한다.
- 문제해결 과정을 발표해 볼 수 있는 기회를 제공한다.
- 자신의 문제해결 활동에 대해 높은 수준의 기대치를 갖도록 도와준다.
- 문제해결의 방식을 개인적인 행동과 일상적인 업무처리에 적용하는 모습을 보여 줌으로써 학생들의 귀감이 된다.
- 문제해결을 통한 학생들의 성취와 성공을 인정해 주고 축하해 준다.

학생의 역할

- 학생들은 문제해결을 위해 실제 문제와 도전을 적극적으로 찾는다.
- 문제해결 과정에서 문제의 당사자 또는 참고인으로서의 역할을 할 수 있는 기회를 가져본다.
- 개인적인 차원의 과제와 도전에 대한 책임감을 갖고 문제해결을 위해 적절한 행동을

취한다.
- 자신의 성공적인 CPS 적용 사례에 대해 적절한 용어를 활용하여 다른 사람들에게 설명할 수 있어야 한다.
- 개인적으로 또는 그룹 단위의 문제해결 과정을 위한 시간을 생산적으로 사용한다.
- 문제해결 프로젝트의 활동 및 결과에 대해 기록한다.
- 문제해결 활동을 기반으로 한 산출물을 만들고 공유한다.
- 문제해결 기술과 성취를 기록하는 개인 포트폴리오를 만들고 공유한다.
- 새로운 문제해결 도구를 배우고 사용하는 것에 대한 호기심과 흥미를 표현한다.
- CPS 프로젝트의 성공적인 성과를 자랑스럽게 생각한다.
- 가정, 지역사회 등 학교 밖에서 문제해결 도구를 활용해 본다.
- 새로운 과제에 대해 CPS 사용을 주도한다.
- 다른 사람들의 CPS 활용을 위한 조력자로서의 역할을 시도해 본다.

부모의 역할
- 부모는 가족구성원들이 문제와 도전을 제기하고 적절한 방법과 도구를 사용하여 창의적으로 해결하기 위해 함께 노력해 볼 수 있는 시간을 제공한다.
- 형제 또는 학교나 이웃의 또래들과 문제에 직면했을 때 자녀가 학교에서 배운 문제해결 방법과 도구를 생각해 보고 적용해 볼 수 있도록 권장한다.
- 다양한 실제 문제 해결 활동 및 프로그램에 학생들을 참여시키기 위한 학교의 노력을 지원한다.

실제 문제의 정의와 중요성

아이디어를 생성하고 수렴하는 다양한 도구를 학습하고 연습(모형의 1단계, 15장 참조)하거나 실제적 연습문제(모형의 2단계, 16장 참조)를 다루는 것은 학생들에게 필요한 역량, 자신감, 실생활의 기회와 도전에 성공적으로 대처하려는 의지 등을 개발할 수 있도록 도와준다. 학생들이 1단계와 2단계만을 경험한다면 창의적 학습과 창의적 문제해결이 필요한 가장 중요한 이유를 놓치게 될 것이다. 3단계는 창의적이고 비판적인 사고자와 효과적인 문제해결자가 되는 것이 왜 중요하고 가치 있는지 확인시켜 주는 경험을 학생들에게 제공해 준다.

1장에서 윌리엄(William)의 밴드반 지도교사는 작품의 편곡에서 좀 더 모험적인 시도를 해 보도록 격려해 주었다. 그의 다음 단계 과제는 대중 공연을 위한 작품을 제작하는 것이었다. 에릭(Eric)의 첫 번째 발표는 상대적으로 안전한 교실에서 이루어졌다. 그와 친구 지미(Jimmy)가 학교 밖에서 공연했던 경험은 더욱 책임감 있는 학생이 될 수 있도록 해 주었다. 이러한 성공을 거두며 중학교로 진학하면서 그들은 계속해서 이러한 도전들을 시도할 수 있었다. 수지(Suzie)는 매우 실제적인 과학 문제를 다루는 몇 차례의 기회를 가질 수 있었다. 이러한 기회 덕분에 그녀는 자신의 분야에서 배우고 자라면서 더 창의적인 사람으로 성장할 수 있었다. 이러한 학생들을 지도하는 교사들은 그들이 독립적인 문제해결자로서의 기술을 갖춘 성인이 될 수 있도록 하는 데 도움을 준다.

유명한 교육 이론가이자 철학자인 John Dewey(1933, 1938)는 학생들이 실생활에서의 문제를 발견하고, 사고하고, 해결해 보도록 함으로써 교육을 실제 경험과 관련시키는 것의 중요성에 대해 주장했다. 그는 이러한 일들이 교육의 전 과정에 필수적이라고 보았다. 사람들이 새롭고 불확실하거나 변화하는 상황에 직면하여 새로운 아이디어와 해결책을 생각해 내고 적응해야만 할 때, 단지 예전의 기억을 떠올리는 것만으로는 부족하다. 이때 그들이 어떤 사고를 하는가는 그들의 인생에서 매우 중요하며 큰 변화를 가져오게 될 것이다.

우리는 종종 '실제적인' 문제와 '실제' 문제를 구분한다. 〈표 17〉에는 이들을 서로 구별해 주는 핵심 요소가 요약되어 있다.

'실제 문제'를 이해함에 있어 누가 그 문제에 대해 이해관계를 갖고 있는지, 누가 그 문제를 해결하고자 하며 행동을 취하고 새로운 아이디어를 실천하는 것에 책임이 있는지 등을 분명히 하는 것은 중요하다. 그렇지 않으면 문제가 실제처럼 보일 수 있지만 학생은 창의적 노력과 문제해결을 행동으로 옮기지 못할 수 있다. 문제해결을 위한 행동에 대해 책임을 가지고 있는 사람 또는 그룹을 '문제 당사자'라고 하며 아이디어를 제공하고 문제 당사자가 해결책

<표 17> 실제적인 문제와 실제 문제의 비교

실제적인 문제의 과제 또는 상황	실제 문제의 과제 또는 상황
• 개연성: 학생들이 실제로 일어날 수도 있다고 여기는 문제 • 흥미로움: 학생들이 호기심을 느끼는 문제. 학생들이 어디선가 읽거나 보거나 들어본 문제. 자기 자신보다는 타인에 관한 것이라고 느끼는 문제 • 가치로움: 학생들이 자신의 시간과 노력을 들일 만한 가치가 있다고 여기는 문제 • 분리됨: 학생들의 개인적 경험을 벗어난 문제 • 실천 가능성 낮음: 학생들이 해결책을 실천에 옮길 가능성이 낮은 상황	• 현실적 경험: 학생들이 경험한 문제 • 관련성: 학생들의 삶과 경험에 개인적인 영향력을 갖는 문제 • 절실함: 학생들이 시간과 노력을 투자하는 것이 불가피하다고 느끼는 문제 • 몰입함: 학생들이 현재 겪는 개인적 경험의 중요한 부분이 되는 문제 • 실천 가능성 높음: 학생들의 행동이 반드시 요구되는 상황

을 선택하고 의사결정을 하는 것에 대해 도움을 제공하는 사람들을 '참고인 그룹'이라고 부르기도 한다.

때때로 학생들은 자신의 개인적 도전 과제나 소속 집단의 도전 과제를 직면하게 되며, 그들 자신의 해결책을 수행하게 될 수도 있다. 이 경우, 이들은 스스로 문제당사자인 동시에 참고인 그룹(문제해결자)이 될 수 있다. 또 어떤 경우에는 학생들이 교사나 학교운영자, 학부모 또는 지역사회의 특정 인사나 단체의 실제 문제를 다루게 될 수도 있다. 실제 문제를 식별하기 위한 주요 질문은 다음과 같다.

• 당신(또는 당신에게 중요한 그룹)이 그 문제를 다루기 위해 새로운 아이디어가 정말로 필요한가?
• 당신은 도전 과제를 해결하기 위해 필요한 시간과 노력을 투자할 의사가 있는가?
• 당신은 혼자서(또는 함께 일하는 사람이나 그룹과 함께) 새로운 해결책과

아이디어를 수행할 권한이 있는가?

실제 문제를 해결하는 일은 연습이 아니다. 그것은 실제 생활이며, 과제나 프로젝트에서 받는 성적 이상의 의미가 있다. 우리가 해결할 수 있기를 바라는 실제 문제에 관해 중학교 학생들과 이야기할 기회가 있었는데, 학생들은 다양한 응답을 해 주었다. 〈표 18〉은 학생들의 응답을 요약한 것이다.

〈표 18〉 중학교 1학년 학생들이 발견한 실제 문제의 예

• 용돈 관리	• 단순 업무를 요령 있게 하기
• 다른 사람들과 어울리기	• 고양이 먹이 주기
• 고양이가 할퀴지 못하게 하기	• 스쿨버스 놓치지 않기
• 시간 관리: 과도한 방과후 활동	• 숙제를 기한 내에 끝내기
• 아침에 일찍 일어나기	• 공부와 놀이 시간을 균형 있게 하기
• 청소년 문화에 대해 부모님 이해시키기 (유행, 스타일, 이성친구)	• 학교에서 매일 일어나는 일을 설명하기
• 의사소통하기	• 늦게 잠드는 것과 관련된 시간 관리
• 부모님께 원하는 것 사달라고 하기	• 음악 듣기
• 동생들 돌보기	• 오래된 것이 멀쩡할 때도 새로운 것 사기
• 춥지 않다고 엄마 납득시키기	• 학교까지 따라오는 강아지
• 내가 누군가를 좋아하는지 친구들이 물어볼 때 대답 안 하고 넘어가기	• 귀찮게 하는 동생 따돌리기
• 한 친구가 잘못했을 때 단체로 벌 받는 문제	• 선생님이 나에 관한 모든 것을 엄마에게 말하는 문제
• 숙제가 없는 동생이 나를 귀찮게 하는 것	• 사적인 시간의 부족
• 마약, 음주와 관련한 또래집단의 압력	• 내가 원하는 옷 구입하기
• 맞벌이하는 부모로 인해 내 고민거리를 상의할 사람이 없음	• 10대 누나가 남자친구를 집에 데리고 올 때 내가 쫓겨나는 것
• 부모님은 자신들이 학교에 다녔을 때 했던 것보다 자녀들이 공부를 더 잘하기를 요구함	• 선생님들이 나를 형, 누나와 비교하는 것
	• 비디오 게임을 오래 할 때 잔소리하는 부모님
• 부모님이 집에 안 계실 때 나를 못살게 구는 형	• 컴퓨터 사용 시간을 제한 받는 문제
• 학교에 준비물 빠뜨리지 않고 가기	

실제 문제와 도전의 발견

어떤 종류의 과제나 도전이 실제 문제가 될 수 있는가? 또 학생과 교사는 어떻게 그 문제들을 찾을 수 있는가? 실제 문제는 학생들의 개인적인 관심사를 학교 교육과정과 관련된 프로젝트로 연결짓는 기회로 활용될 수도 있다. 또 어떤 경우에는 중요한 도전적 과제에 대해 도움을 필요로 하는 학교 외부의 문제당사자들에 의해 제기된 이슈가 학생들의 실제 문제로 주어지기도 한다.

Treffinger와 Shepardson(2012)은 그들의 저서『실제 문제해결 프로그램(Real Problem Solving Program, 2nd ed.)』에서 학생들이 다루게 될 문제의 잠재적 문제당사자를 찾는 일부터 시작하여 계획 및 설계, 실천 계획의 실행 및 평가 등의 과정에 이르기까지 실제 문제의 해결을 위한 프로젝트를 수행하는 데 도움이 될 수 있는 지침을 제공했다. 실제 문제는 다양한 형태 또는 종류를 취할 수 있다. 이 책에 소개된 다양한 프로그램들은 학생들에게 다른 개인 및 팀과 경쟁할 수 있는 기회를 제공하고, 그들의 프로젝트, 해결 방안, 제품 등을 지역, 주, 국가 또는 국제 수준에서 다른 학생들과 비교할 수 있는 기회를 제공한다. 학생들은 창의성, 문제해결, 지역사회에서의 봉사 등에 대해 관심과 열정을 가진 다른 학생들과 함께 여행하거나 교류할 수 있는 기회를 갖는 등 풍부하고 유익한 경험을 할 수 있다.

프로젝트 기반 학습 또는 심화 프로젝트

버크 연구소(Buck Institute, 2011)에 따르면 프로젝트 기반 학습(Project Based Learning: PBL)은 학생들이 "복잡한 문제 또는 도전의 해결을 위해 탐구의 과정을 수행하는" 학습 경험이다. 엄격하고 심층적인 PBL은 결말이 열려진 문제나 도전을 해결하는 과정이다. 이를 위해 관련 내용지식과 기술이 반드시 필요하며 새로운 것을 학습하거나 만들어 내고자 하는 탐구과정이 요구된다. 또한 학생들에게 선택의 기회를 제공해 주고 적절한 피드백과 이를 통한 개선의 기회를 제공한다. PBL은 의사소통, 협업 그리고 비판적 사고 및 문제해결 등의 고차원적 사고를 포함한다. 이러한 과정을 통한 최종 결과(산출물 또는 발표)는 대중의 평가와 비평을 받게 된다.

Renzulli와 그의 동료들이 3단계 심화활동으로 설명한 많은 프로젝트들 (Burns, 1990; Renzulli, 1977a, 1982)도 실제 문제 해결 활동의 특성을 갖고 있다. Renzulli(1982)에 따르면 실제 문제는 정해진 해결책이 있어서는 안 된다. 그는 실제 문제를 퍼즐 풀기, 연습문제 풀이, 시뮬레이션 활동, 사회적 문제에 대한 연구모임 등과 구별했다. Renzulli(1982)는 실제 문제의 수행목적은 한 분야에 있어서 변화를 불러일으키거나 새로운 공헌을 하는 것이라고 주장했다.

구조화된 창의성 프로그램의 구성요소

구조화된 창의성 프로그램은 실제 문제를 찾아 해결할 수 있는 훌륭한 기회를 제공한다. 예를 들어, 국제미래문제해결 프로그램의 지역사회 문제해결 부문(Community Problem Solving, CmPS; http://www.fpspi.org/Components.html 참조)에서 수행하는 프로젝트는 학생들이 다니고 있는 학교나 살고 있는 지역사회 등에서 실제 문제를 발견하여 해결하게 된다.

독립연구 프로젝트

Johnsen과 Johnson(2007)의 저서 『독립연구 프로그램(Independent Study Program)』에는 실제 문제를 포함하는 독립연구 프로젝트에 참여할 때 교사 또는 학생들이 활용할 수 있는 광범위한 자료가 제공되고 있다. 여기에는 주제 선택, 질문하기, 학습 방법 선택 및 사용, 정보 수집, 제품 개발, 정보 제시, 독립연구 평가 등을 위한 자료가 포함되어 있다. Johnsen과 Goree(2005)는 학생들이 독립연구 프로젝트의 선정, 계획, 실행, 평가 등을 수행할 수 있도록 안내하는 자료도 제공하였다.

교실 또는 학교 기반의 실제 문제

아이디어의 생성 및 수렴 도구나 CPS 버전 6.1(Isaksen et al., 2011; Treffinger, Isaksen, et al., 2006)과 같은 구조화된 문제해결 과정을 배우는 학생들도 다양한 기회와 도전 과제들을 다루는 실제 문제해결 활동에 참여할 수 있다. 학생들은 실제 문제해결을 위한 구조화된 경쟁 프로그램에 참여하지 않더라도 그들 스스로 설계한 문제나 학교 또는 지역사회에서 발생하는 도전 과제들을 해결하는 활동을 할 수 있다.

창의적 문제해결 자료집(Treffinger et al., 2016)에는 아이디어의 생성 및 수렴을 위한 도구나 CPS 모형 등을 배우고 적용할 수 있는 다양한 활동과 자원들이 포함되어 있다. 이 자료집에는 실제 문제해결 프로젝트의 결과를 기록하고 문서화하는 데 사용할 수 있는 양식들도 포함되어 있다. 학생들은 자료집을 사용하여 다양한 실제 문제들을 해결할 수 있다. 〈표 19〉는 문제가 학생 스스로 발견한 것인지 또는 외부 문제당사자에 의해 제기된 것인지, 그리고 문제가 개별 학생 차원에서 해결될 것인지 또는 그룹 단위로 해결될 것인지에 따라 4가지 범주로 나뉘어 제시하고 있다.

사람들은 "외부 문제당사자가 학생들에게 문제를 제기한다면, 그것은 학생들에게 실제 문제가 될 수 있는가? 그것은 문제당사자에게만 적용이 되는 '실제'가 아닌가?"라고 생각할 수 있다. 문제의 특성이나 내용에 관계없이 문제당사자가 제기한 문제는 많은 학생들에게도 실제 문제가 될 수 있다. 많은 학생들, 특히 많은 청소년들이 학교와 지역사회에서 중요한 문제에 큰 관심을 보이고 있다.

또한 그들은 가치관이 충돌하는 사회적 이슈에 대해 큰 관심을 보이기도 한다. 그들은 어른들의 세계에서 벌어지는 공정성이나 정의에 대한 이슈에 민감하다. 특히 청소년기에 들어서면서 학생들은 다른 사람(부모 또는 교사)

〈표 19〉 실제 문제: 기회와 도전

> **1. 학생 발견: 개인 해결**
> 개별 학생은 개인적인 관심사와 관련한 도전의 기회를 발견하고 CPS에 참여하기 위해 혼자 해결하거나 참고인 그룹의 도움을 받는다.
>
> **2. 학생 발견: 그룹 해결**
> 학생 그룹은 자신의 학교 환경, 학습 또는 관심 분야와 관련된 과제를 발견하고 협업을 통해 해결하고자 한다.
>
> **3. 외부 당사자 제기: 개인 해결**
> 학생 그룹은 외부에서 제기된 과제(기회, 도전 또는 관심 영역)를 발견하고 CPS 활동을 위한 지원을 얻을 수 있는 외부 참고인을 찾는다.
>
> **4. 외부 당사자 제기: 그룹 해결**
> 외부 문제당사자(개인, 에이전트 또는 개인이 대표하는 그룹)는 실제 문제의 기회와 도전을 학생집단에 제기하고 CPS 활동 그룹으로서의 참여와 지원을 이끌어 낸다. 외부 참여자는 문제당사자 또는 그 그룹의 문제 활동을 위한 지원자로서의 역할을 할 수 있다.

의 판단과 결정에 의존하는 역할을 넘어서서 독립성과 책임을 입증해야 하는 새로운 역할로 성장하게 된다. 그들은 자신의 독립성이 가치 있고 행복한 미래를 가져다줄 수 있도록 해 주는 기술을 학습하고 적용해 볼 건설적인 기회가 필요하다. 그들은 종종 다른 사람들(특히 어른들)이 그들의 말을 듣고 그들의 생각과 공헌을 진지하게 받아들일 수 있는 도전에 관심과 동기를 가지고 있다. 한 고등학교 3학년 학생은 학생 그룹이 제기한 지역사회의 문제에 대해 학교 이사회가 실제로 수용하는 것을 보고 나서 "아이들이 하는 이야기를 귀담아 듣는 어른이 있다는 것을 12년 만에 처음 본다!" 라고 하였다.

문제당사자가 제기한 실제 문제는 문제당사자가 진심으로 새로운 아이디어를 원하고 필요로 한다는 것을 분명히 밝히고 새로운 아이디어와 해결책을 행동으로 옮길 수 있는 위치에 있을 때 특히 의미가 있다. 행동의 필요성과 실천 가능성은 학생들의 참여와 동기부여에 기여한다. 해결책이 단순히 수업에서의 발표, 에세이, 포스터 또는 프로젝트 등의 형식으로 머문다면 별 의미가 없으며 문제의 해결을 위해 그 해결책을 행동으로 옮길 수 있는 사람이 있어야 한다. 마지막으로, 미래의 어떤 직업을 갖고 어떤 삶을 살 것인가에 관심이 있는 학생들은 미래의 자신이 하고자 하는 일과 유사한 일을 해 볼 수 있는 기회로부터 이익을 얻을 것이다. 직업 가능성과 미래의 개인적 선택을 탐구하는 데 관심이 있는 학생들은 미래의 가능성을 모델링하는 상황과 과정에 참여할 수 있는 기회로부터 이익을 얻을 것이다. 따라서 다른 사람들이 제기하는 문제는 학생들에게 가치 있고 동기부여가 되는 진정한 기회이자 도전일 수 있다.

변화하는 교사의 역할

교사의 역할이 1단계의 사고 기술을 제공하는 것에서 2단계의 문제해결 기술의 훈련을 지원하는 것으로 바뀌었던 것처럼 3단계에 참여할 때도 또 다른 변화가 일어나게 된다. 학생들을 인도하는 리더에서 촉진자의 역할로의 변화라고 할 수 있다. 학생들의 목표는 새로운 기술을 습득하고 연습하는 것으로부터 배운 기술을 실생활에서 발견한 관심사와 도전 과제에 적용하는 것으로 바뀌게 된다. 이 단계의 중요한 결과는 문제를 발견하고 해결하는 것이지 그 과정과 기술을 학습하는 것이 아니다. 따라서 이제 교사의 역할은 문제 당사자 및 학생들과 협력하는 가운데 효과적인 사고와 문제해결이 일어날 수 있는 환경을 조성하고 유지하는 촉진자로서 봉사하는 것이다.

독립연구를 통한 실제 문제해결 활동에 관한 우려와 극복 방안

일부 학부모 또는 동료 교사는 개인 프로젝트 및 실제 문제해결 활동의 중요성과 가치와 관련하여 우려를 드러내기도 한다. 〈표 20〉은 이러한 우려와 이에 대응할 수 있는 방법을 제시하고 있다.

〈표 20 〉 개인 프로젝트 및 실제 문제해결 활동에 관한 우려 및 극복 방안

우려	극복 방안
개인 프로젝트는 수업이나 학교 프로그램의 가치 있는 요소가 될 수 없다.	• 사람들에게 프로젝트 활동을 관찰하고 참여하도록 권유한다. • 구체적인 수업 일정이나 계획서를 미리 배포한다. • 다른 교사 및 학부모와 결과물을 공유한다. • 다양한 프로젝트 단계에서 학생들의 발전 과정을 알려 줄 수 있는 보도 자료를 준비한다.
학생들은 필수 기초 기술을 배우는 교육과정을 다루지 않거나 중요한 주제를 놓칠 수 있다.	• 학생들이 배우고 사용하는 과정과 내용에 대한 구체적인 목록을 제공한다. • 직업과 직장을 위한 과정과 팀워크 기술의 중요성을 보여 준다. • 학생 성과 데이터를 수집하여 진도를 모니터링한다.
학생들은 너무 광범위하거나 너무 좁은 주제를 선택할 것이다.	• 학생들이 적절한 질문을 제기할 수 있도록 학생들에게 질문하는 방법을 가르치고 적용하게 한다. • 학생들이 생산적 사고 과정을 알고 적용할 수 있도록 안내한다. • 프로젝트를 시작하기 전에 평가 기준을 개발한다. • 구체적인 계획서와 계약서를 활용하여 학생들의 프로젝트가 개별화될 수 있도록 지도한다.
특정 주제를 공부하는 학생들에게 필요한 자료가 너무 어렵거나 확보 불가능할 수 있다.	• 인쇄물 형태의 정보를 쉽게 얻을 수 없는 경우에는 인터뷰, 전문가 초청, 온라인 자료 등을 사용한다. • 학부모 및 지역사회의 인사를 활용한다.
학생들은 해당 주제나 문제에 대해 매우 피상적인 정보를 얻는 데 그침으로써 의미 있는 연구문제를 발견해 내지 못할 것이다.	• 학술 행사를 활용하여 도전 과제를 탐색한다. • 높은 수준의 결과물에 보상을 제공하는 평가 기준을 둔다. • 프로젝트를 시작하기 전에 전체 그룹과의 협의를 통해 결과물의 평가 기준을 결정한다.
학생들은 연구 기술, 데이터 수집 및 구성 기술, 생산적 사고 기술 등을 알지 못하거나 사용할 수 없을 것이다.	• 활동 전, 활동 중에 연구 기술과 생산적 사고 전략의 교육 및 실습을 제공한다.

대부분의 학생들은 교사에 의존하는 학습 방식을 버리지 못할 것이다.	• 세분화된 단기 목표를 설정하여 학생들 스스로 성공적인 목표 달성 과정을 모니터링할 수 있도록 한다. • 교사와의 협의 일정을 명문화한다. • 동료 학생들과의 지원 체계와 역할 분담을 명문화한다. • 교수-학습 방법의 다양화를 통해 점진적으로 자기주도성을 증진한다.
학생들은 결과를 보여 주거나 발표하기를 꺼릴 수 있다.	• 동료 또는 팀원들과 결과를 공유할 수 있는 기회를 제공한다. • 다양한 발표 방법을 제공한다. • 학생의 학습 스타일에 따라 보고서 제출이나 공개 발표 중 선택할 수 있도록 한다.
학생들은 자신이 선택한 주제 또는 산출물을 반복적으로 변경하려고 할 수 있다.	• 처음부터 프로젝트 각 단계에 대한 일정을 수립한다. • 활동 계획에 대한 계약서 양식을 사용한다. • 동료 학생 및 교사의 검토를 통해 변경 요청의 정당성에 대한 절차를 수립한다.
프로젝트를 평가하거나 점수가 부여되는 방식에 대해 확신하지 못한다.	• 계약서 또는 세부 채점 기준을 사용한다. • 평가 기준을 성립하는 과정에 학생들을 참여시킨다. • 다양한 평가 양식을 사용한다. • 중간보고 및 피드백의 기회를 갖는다.
일부 프로젝트는 학생 자신의 작품이라기보다는 열의 넘치는 학부모의 작품인 것으로 보인다.	• 프로그램 초기에 목표, 과정, 기대치 및 평가 기준 등을 학생과 학부모에게 알려준다(예: 회의, 뉴스레터). • 학생 작품의 독창성을 입증하도록 학생과 학부모가 서명하는 계약서를 사용한다.
많은 학생이 프로젝트를 완료하지 못할 수도 있다.	• 계약서를 사용하고 프로젝트의 단계별 기준 및 마감일을 정한다. • 전체 프로젝트 보고서를 작성하기 위해 완료해야 할 단계별 하위 목표를 설정한다.
소그룹 프로젝트의 경우 한두 명의 학생이 전체 그룹의 모든 과제를 수행할 수 있다.	• 각 그룹 구성원의 의무를 규정하는 단체 계약서를 사용한다. • 참여와 진도를 모니터링하기 위해 각 그룹과 교사가 주기적으로 검토한다. • 각 학생이 프로젝트에 기여한 시간과 활동을 기록하는 작업 기록부를 사용한다. • 모든 그룹 구성원이 서로를 평가하는 동료평가 체크리스트를 사용한다.

학생들은 사실을 조사하는 데 지나치게 의존하며 지식 습득의 수준에 머물기 쉽다.	• 프로젝트 활동 전과 활동 중에 창조적·비판적 사고 전략을 연습한다. • 소그룹 브레인스토밍 활동을 통해 어떤 문제를 제기할 것인지, 어떤 자원을 활용할 것인지, 결과를 어떻게 조직화하여 제시할 것인지 등에 관하여 아이디어를 발전시킬 수 있도록 한다. • 학생들이 지식수준을 뛰어넘을 수 있도록 잘 고안된 전략을 사용한다. • 단순지식과 기억의 테스트만으로 평가하지 않는다. 성과 기준 및 평가서를 개발하고 사용한다.
부모 또는 다른 사람들은 개인 프로젝트 때문에 학생들이 고립되거나 사회적 또는 집단적 기술을 배우지 못할까 봐 두려워할 수 있다.	• 개별 활동을 다른 형식의 활동(예: 소그룹 및 전체 수업 활동)과 조화시키는 방법을 명확히 한다.
학생들은 하나의 프로젝트에 너무 몰두하여 다른 공부를 하고 싶어 하지 않을 수도 있다(특정 분야에 대한 과도한 몰입으로 균형 잡힌 학습 기회 결여).	• 다른 학습 분야도 어떻게 배워야 하는지 정확하게 전달한다. • 훌륭한 사람이 되기 위한 배움의 열정에 대한 중요성을 공유하고 토론한다. • 학생들의 특별한 분야에 대한 관심이 다른 기술을 배우는 데 어떻게 도움이 될 수 있는지 보여 준다.

○ 15장, 16장에서 설명했듯이, 모든 학생들은 창의적 사고와 비판적 사고를 위한 1단계 도구를 성공적으로 학습하고 적용할 수 있다. 또한 문제해결 과정 또는 모형을 학습하고 다양한 교육과정 영역에 적용하며 여러 연습문제, 문제 기반 또는 프로젝트 기반 학습 활동을 수행할 수 있다. 이 분야에서 학습과 교육을 지원하기 위해 다음과 같은 활동이 가능하다.

▶ 웹기반 자료를 찾아 활용하라. 예를 들어, Creative Learning Center(http://www.creativelearning.com)는 CPS와 관련된 자료를 제공한다. Prufrock Press 웹사이트(http://www.prufrock.com)도 다양한 자료와 다른 유용한 사이트에 대한 링크를 제공해 준다. 16장과 17장에서 설명한 창의적이고 비판적인 사고와 문제해결을 위한 여러 구조화된 모델들은 유사한 목적과 목표에도 적용될 수 있다. 학교 환경에서의 창의성 및 문제해결 프로그램의 주요 목표 중하나는 교육자가 특정 방법 및 절차를 활용하여 모든 학생들이 더 나은 사고능력을 갖출 수 있도록 돕는 것이다.

▶ 교사 또는 학부모로서 창의적이고 비판적인 사고와 문제해결을 위한 구체적인 기술과 도구를 가르친 다음 학생들이 다룰 수 있는 실제 문제와 도전 과제를 찾도록 한다.

▶ 학생들이 실제 문제와 도전 과제를 수행하는 경험을 통해 더 큰 자신감과 기술을 갖게 될 것이다. 그러나 모든 학생들이 실제 문제에 똑같은 방식으로 참여하지는 않는다. 학생들에게 개인적으로 관심이 있는 문제해결 방식을 선택할 수 있도록 해 준다. 어떤 학생들은 팀 또는 그룹의 일원으로 프로젝트를 수행하는 것을 선호하지만, 어떤 학생들은 독립적으로 프로젝트를 수행하는 것을 선호한다.

▶ 다양한 환경에서 실제 문제와 도전의 해결 기회가 있을 수 있음에 유의하라. 그 도전은 한 교실, 학교 전체, 가정 또는 지역사회 등 다양한 수준에서 다루어질 수 있다. 지역사회에서 봉사활동에 CPS 과정을 적용할 기회를 제공하는 구조화된 프로그램도 고려해 볼 수 있다(17장 참조).

21세기 교육과 창의성

풍부한 기회와 도전

수십 년 동안 교육과 창의성 사이에는 애증의 관계가 있어 왔다. 한때는
교육이 창의성을 중요시하는 듯 보이다가도, 또 어떤 때는 매우 부차적인 것
으로 무시하는 등 교육에 있어서 창의성의 중요성은 수시로 부침을 겪어 왔
다. 시대를 불문하고 그 시대를 살았던 사람들은 이전 세대가 겪지 못했던 기
회와 도전 그리고 우려들을 대면하게 되는 것으로 보인다. 어린 학생들이 자

라서 부모가 되고 조부모가 되어 가다 보면, 또는 교육 분야에서 오랜 기간 동안 전문가로서 일하다 보면, 당신은 그러한 부침을 반복적으로 경험하게 될 것이고, 어느 시대의 사람들이든 이전 세대의 사람들은 그처럼 크고 복잡한 도전을 접해 본 적이 없을 거라고 생각하는 것을 보게 될 것이다. 당신은 다양한 형태의 문제와 이에 대한 우려가 끊임없이 나타나 새로운 세대의 사람들을 성가시게 하는 것을 볼 수 있을 것이다. 예를 들어, 1950~1960년대의 많은 이들은 '프로그램 학습(programmed learning)'과 '교수 기계(teaching machines)'가 '인간 선생님(human teachers)'을 대신하고 교육을 기계적인 조립 라인의 경험으로 바꾸어 버릴 거라고 걱정하였다. 한편, 오늘날의 우리는 컴퓨터가 교실 속으로 들어와 통합되는 것에 대한 우려를 들어왔고, 인터넷과 가상현실의 영향에 대한 새로운 우려가 제기되고 있다. 현재에도 과거 세대들과 마찬가지로 교육과 관련한 수많은 기회와 도전이 있다.

많은 저자들이 학교교육이 창의성 향상을 위해 건설적인 역할을 수행하는 것과 관련한 다양한 문제와 도전에 대해 계속해서 다루었다(예: Beghetto, 2010). 그리고 21세기의 첫 10년 동안 교육이 직면하고 있는 많은 도전들을 열거했다. Boyerand와 Hamil(2008)은 교사들의 이직과 교육에 대한 부모의 참여 부족 등 몇 가지 주요 이슈를 검토하였다. Boling과 Evans(2008)는 학생들의 읽고 쓰는 능력 부족과 관련한 문제의 심각성을 강조하였다. Jalongo와 Heider(2006)는 미국 신규 교사의 46%가 5년 안에 교직을 떠났다고 보고하였고, Kopkowski(2008)는 신규 교사의 교직 유입과 이탈에 대한 문제를 설명하였다. Sitler(2007)는 많은 신규 교사들이 교직에서 느끼는 낙심과 환멸에 대해 다루었다. Anhorn(2008)은 교사 이직률 증가의 여러 가지 원인들에 대해 살펴보고, 부적절한 교육자원, 업무의 과중, 역할 갈등 등이 주요한 원인임을 밝혔다. 이 책의 저자들이 활동하고 있는 현재도 여전히 교육과 관련한 다양한 도전들에 직면하고 있다. 그 도전들은 다음과 같다.

- 정부 정책: 아동낙오방지법(No Child Left Behind), 국가 수준의 핵심 성

취 기준(Common Core State Standards), 학교 혁신 지원 프로그램(Race to the Top, Investing in Innovation 등), 성취도 검사에 의한 학교 평가(high-stakes testing), 차터 스쿨(charter school) 등과 관련한 논란

- 테크놀로지: 교실과 학교에서의 소셜 미디어, 스마트폰의 사용과 남용, 아이팟, 태블릿, 팟캐스트, 웹세미나(Webinars), 실시간 화상회의 등
- 취약 계층 학생들: 경제적 이슈(미국 10명 중 4명의 학생이 급식비 지원을 받음); 잦은 가족 이주로 인한 전학 및 학교 적응의 어려움, 성취도 차이를 줄이기 위한 정책적 노력과 이와 관련한 형평성 문제
- 행정 및 관리의 이슈: 훈육의 방법으로서의 정학과 퇴학, 복장 규정, 교복, 남학교 또는 여학교, 통학 버스, 방학 없는 학교, 성과급제, 교사 정년 제한, 교원 평가 및 책무성, 시스템적 접근에 의한 학교 개선
- 개인적 이슈: 집단 따돌림, 부정행위와 표절, 학교폭력, 십대 임신, 성소수자 문제

창의적 해결이 요구되는 교육 분야의 문제들

교육 분야의 여러 문제들을 제시하는 이유는 교육 분야에서 활동하고 있는 이들에게 좌절감이나 절망감을 느끼게 하려는 것이 아니라 오히려 이러한 고민이 학생뿐 아니라 이들을 가르치는 성인들에게 창의성과 혁신을 위한 사고 기술의 중요성과 필요성을 강력하게 보여 주고 있기 때문이다. 창의성과 문제해결을 위한 기회로서 앞에서 언급되어 있는 각 도전과 고민은 교수, 학부모, 지역사회 리더, 학생들이 협력하는 가운데 긍정적인 변화를 이끌어 가게 될 것이라고 믿는다.

창의적 해결이 요구되는 도전적 기회의 4가지 예는 교육적 도전에 창의성을 적용하는 방법을 보여 줄 것이다. 그 4가지 예는 멘토링, 취약 계층의 학생, 국가 수준 교육과정, 테크놀로지 등이다. 이 각각의 예를 통해 학생들은

물론 성인들의 창의성과 관련한 시사점을 찾아볼 수 있다.

멘토링

멘토링(mentoring)에 관한 정의는 많은 문헌에서 찾아볼 수 있다. Roberts 와 Inman(2001)은 멘토링을 "어떤 분야의 전문가이거나 그 분야에 대한 열정과 지식이 풍부한 사람과 젊은이 간의 일대일로 맺어진 관계"라고 정의하였고, 멘토와 멘티가 멘토링 관계를 통해 얻을 수 있는 많은 상호 이익에 대해 설명하였다. Torrance(1984)는 "멘토는 창의적 생산성이 높은 사람으로서 학생을 가르치고 상담하고 감화시킬 수 있어야 한다. 멘토링 관계는 상호간에 보살펴 주고, 깊이 있게 상호 반응하는 특성을 갖고 있다."라고 정의하였다. 이러한 관계를 통해 얻을 수 있는 창의적 기회와 유익은 멘토와 멘티 모두에게 적용된다.

이러한 정의들은 멘토링의 특성에 관하여 단순히 한 사람에서 다른 사람으로 정보가 전달되는 것을 넘어서서 훨씬 높은 수준의 학습과 이를 통한 유익에 대해 시사해 주고 있다는 점에서 매우 매력적이다. 이러한 특징은 멘토링을 코칭 또는 튜터 활동과 구분해 준다.

Treffinger(2003b)에 의해 제시된 멘토링 관계의 주요한 특성은 다음과 같다.

- 멘토링은 단지 이벤트나 활동이 아니라 관계이다.
- 창의적 활동에서 멘토와 학생 모두 의미 있는 방식으로 기여를 하며, 상호 참여를 강조한다(즉, 단순히 일방적인 관계가 아니다).
- 멘토링 관계는 자아실현이다. 이는 멘토와 멘티 모두를 위한 성장과 자아실현을 자극한다.
- 스스로의 능력 및 책무성에 대한 높은 지각을 하게 해 준다.
- 창의적이고 비판적인 사고를 요하는 과제, 문제해결 그리고 탐구활동 등에 자주 참여한다.

- 과정과 산출물의 측면에서 실질적인 지적, 정서적 참여를 포함한다.
- 단순히 연습문제를 해결해 보는 것이 아니라 실제로 그 분야에 참여한 사람들이 하는 활동을 수행하게 되며, 멘토나 학생은 물론 그 분야에 있는 다른 사람들에게도 의미 있는 주제나 문제를 다룬다.
- 참여자들의 개인적, 전문적 성장뿐만 아니라 현실적인 결과나 산출물로 이어질 수 있는 프로젝트나 계획을 포함하기도 한다(Treffinger, 2003b).

멘토링은 창의성 개발 프로그램(Torrance, 1984)이나 재능 개발 프로그램(Haeger & Feldhusen, 1989; McCluskey & Mays, 2003; Purcell, Renzulli, McCoach, & Spottiswoode, 2001)에 참여한 어린이와 청소년, 소수자 그룹에 속한 취약 계층 청소년(Royce, 1998), 교사 양성 프로그램(Baker, 2008), 성인 직장인들을 위한 연수 교육 프로그램(Noller, 1997; Noller & Frey, 1983, 1994) 등 다양한 맥락에서 수행 능력 증진을 위한 강력하고 긍정적인 효과를 가져올 수 있다. 또한 멘토링은 의사결정 기술의 연마(Ferguson & Snipes, 1994), 학교 출석률 제고(Lee, Luppino, & Plionis,1990), 약물 사용 억제(LoSciuto, Rajala, Townsend, & Taylor, 1996) 등의 방식으로 어려운 환경에 처한 청소년들을 도와주고 있음이 확인되었다. 멘토링 프로그램의 영향을 평가하는 50개가 넘는 연구들을 메타분석한 결과, 멘토링은 특히 소외된 젊은이들에게 많은 이점이 있음을 확인했다(DuBois, Holloway, Valentine, & Cooper, 2002). Nash(2001)는 부모들을 대상으로 한 멘토링의 중요성을 이야기했고 청소년들을 위한 두 가지의 구조화된 멘토링 프로그램에 대한 정보를 제공하였다.

Bennetts(2004)는 댄스, 무대공연, 음악, 시, 소설, 회화, 조각 등 예술계 종사자들을 대상으로 멘토와의 경험에 대해 인터뷰하였다. 이 분야의 전문가들은 멘토들이 전문가로서 피드백을 제공해 주고, 창의적 성취에 대한 지원 및 확인을 해 주었으며, 새로운 개념 또는 프로젝트 아이디어에 대한 공명판의 역할을 했다고 보고했다. 이러한 방식으로, 멘토들은 각 예술가의 삶 전반에 걸쳐 자아상, 자아존중감, 자신감, 자기 가치 등의 형성에 기여하였다. 유년기의 멘토들은 아이의 창의성을 검증하고 인정해 주며, 아이의 있는 모습 그대로의 '자아'를 존중하여 자아존중감의 발달을 도와주고 창의적인 성취를 위한 기회를 제공하였다. 청소년기의 멘토들은 협력적 또는 개인적 성취를 위한 기회를 제공함으로써 창의성을 지원하고, 청소년기에서 청년기로 성장하는 데 도움을 주었으며, 창의성의 불꽃을 피울 수 있는 자원과 영감을 제공했다(Bennetts, 2004). 성인기의 멘토들은 예술가들의 창조적인 작품을 진지하게 인정해 주고, 존경 어린 비평과 피드백을 제공하였으며, 새로운 아이디어에 호의적으로 귀를 기울여주고, 창조적 활동의 주기를 이해해 주었다.

Nash와 Treffinger(1993)는 CPS의 절차와 사고 도구를 적용하는 것은 성공적인 멘토링 계획을 수립하고 수행함에 있어서 중요하다고 설명했다. Frey와 Noller(1992), Nash와 Treffinger(1993), Noller(1997)는 멘토링 관계에 있어서 창의적 사고와 창의적 문제해결의 중요한 역할에 대해서도 설명했다. 창의적 문제해결 과정에서 활용되는 다양한 사고 도구들은 다양한 연령과 능력 및 경험의 단계에서 중요하다. 효과적인 문제해결 과정과 사고 도구의 적용을 통해 어린이와 청소년들은 높은 수준의 멘토링 관계를 형성할 수 있다. 성공적인 멘토링 프로그램과 경험에 기여하는 다른 중요한 요소로는 강력한 양방향 의사소통 및 멘토와 멘티 간의 관계를 촉진하는 것이 포함된다. 또한 서비스의 시작 전과 중간, 그 후에 멘토에 대한 지원과 방향을 제공하고, 결과를 객관적으로 평가하는 것을 포함한다.

Noller와 Frey(1995)는 멘토와 멘티, 그리고 활동에 동기를 부여하는 몇 가지 요인을 설명했다. 그들은 멘토링 관계에서 정서적, 대인관계적 요인의 중요성을 강조했고 상호 투자, 비전, 창의성의 필요성을 강조했다. Noller와 Frey(1995)는 팀워크, 혁신, 재능의 발견 및 계발, 장애물의 제거, 그리고 필요할 때 관계를 지원하고 방향을 전환해 줄 수 있는 세심한 노력이 있을 때 효과적인 활동이 이루어진다고 제안했다. Noller(1997)는 효과적인 멘토링을 위한 12가지 전략으로 긍정적인 태도, 가치평가, 열린 마음, 상호관계, 창의적인 문제해결, 효과적인 의사소통, 발견 감각, 강점과 독특함에 초점 맞추기, 자신감, 지각, 위험 감수, 유연성 등을 제시했다.

Noller(1997)는 성공적인 멘토링을 위한 효과적인 훈련 방법으로 달성하고
자 하는 목표에 대해 긍정적인 태도를 가지기, 자신의 이상과 신념 및 가치를
검토해 보기, 적극적인 질문자이자 주의 깊은 경청자가 되기, 독립적으로 사
색할 수 있는 사람이 되기, 자신의 행동에 대해 책임지기, 구경꾼이기보다는
적극적인 참여자로서 위험을 감수하기 등을 제안했다.

멘토링은 젊은이들에게 다가갈 수 있는 매력적이고 비용 효율적인 방법을
제공하고, 예비교사와 현직교사 모두를 위한 실무 교육과 전문성 함양의 기
회를 제공한다. 멘토링은 예비 교사들에게 실제 현장의 경험을 얻게 할 수 있
는 매우 좋은 방법으로서 학생들에게 역할모델이 되어줄 수 있는 동시에 창
의적인 관계를 형성할 수도 있다. 또한 숙련된 교사들에게는 교실과 학교 밖
세계와의 연결 다리를 만들어 주는 방법을 제공한다.

취약 계층의 학생

취약 계층의 학생을 적절히 지원하여 그들이 개인적인 성공과 학문적인 성
공을 이룰 수 있도록 해야 하는 엄청난 도전도 창의적 기회를 수반한다. 이러
한 도전을 수용하는 어른들은 창의적이고 비판적으로 생각하며 다양한 방식
의 문제해결을 할 줄 아는 사람들이어야 한다. 한편, 우리는 취약 계층 학생
들이 창의적 활동 프로그램에 참여함으로써 스스로의 가치에 대해 새로이 발
견하고 성취동기를 얻게 함으로써 그들의 삶이 긍정적인 방향으로 변화될 수
있다는 것도 확인한 바 있다.

한 지역의 교육 행정가들은 학교를 중퇴했거나 그만두려고 하는 학생의 수
가 많은 것에 대해 걱정하였다. 이러한 학생들은 성공적인 학습자가 될 수 있
었으나 그들에게 학교 상황은 사회적, 정서적, 지적으로 전혀 만족스럽지 못
하였고 동기부여도 해 주지 못했다. 그들의 불만이 커질수록 그들은 더 자주
문제행동을 했고, 교사 및 다른 학생들과 갈등을 겪었으며, 이는 학업 성취에

서 좋지 않은 결과를 가져왔다. 사람들은 종종 이 학생들을 성가신 아이들, 말썽꾸러기, 부적격자 등의 부정적인 호칭으로 불렀다. 많은 학생들이 너무나 부정적이고 자아존중감이 부족하였으며 그들 스스로를 장점이나 재능이 없는 사람으로 생각하였다. 그들은 목적 없이 떠돌았고, 심각한 약물 남용 문제를 겪었으며, 또는 범법 행위로 재판 중인 경우도 있었다.

어른들은 학교를 중도 포기한 학생들이 미래의 직업을 얻거나 삶을 살면서 매우 불리한 상황에 있게 될 것에 대해 걱정한다. 교육을 제대로 마치지 못한 학생들은 그들의 미래 직업 전망에 심각한 해를 입게 될 것이다. 많은 중퇴자들은 갱단으로 들어가거나 범죄 활동에 연루될 위험에 처해 있었다. 어른들은 이러한 젊은이들이 가진 재능과 잠재력이 발견되어 개발되지 못한다면, 이는 결국 그들의 삶에 불리하게 작용할 것이고, 사회적으로도 치명적인 손실이 된다는 것을 알고 있다.

많은 복잡한 사회 문제 및 이슈들과 마찬가지로, 이 문제에 대해서도 처음에는 좌절감, 부정적인 경험과 태도, 그리고 여러 이해당사자들에 대한 걱정이 많았다. 학생들은 불행했고, 교직원, 부모, 그리고 다른 지역사회 구성원들과 기관들도 행복하지 않았다. 관리자는 또한 일부 교사들과 학생들의 저항을 극복하고, 전통적인 학교 환경 밖의 활동을 계획하고, 학습을 위한 긍정적인 환경을 조성하는 등 여러 가지 과제에 직면하게 될 것이라는 것을 알고 있었다. 관리자는 취약 계층 학생들에 관한 서류를 읽고, 많은 학생, 교사, 부모 및 지역사회 지도자들과 대화함으로써 관련 내용을 연구했다. 관리자 그룹 중 한 명이 표현한 바와 같이 '잃어버린 상을 되찾기(reclaiming lost prizes)'라는 개념이 핵심 쟁점으로 떠오르기 시작했다. 학생들은 그들 자신의 개인적 '상(강점과 재능)'에 대한 감각을 잃었는데, 만약 그들이 다시 되찾아 오려는 노력을 하지 않는다면, '가치 있는 상'들은 사회에서도 또한 사라질 것이다.

이러한 도전에 대처해야 했던 행정가들은 취약 계층 학생들과의 관계를 형성하고 그들이 가진 재능의 발견 및 개발을 위해 CPS를 적용한 다년간의 계획안을 수립하였다(McCluskey, Baker, Bergsgaard, & McCluskey,

2001; McCluskey, Baker, & McCluskey, 2005; & McCluskey, Baker, O'Hagan, & Treffinger, 1995, 1998; McCluskey, Baker, O'Hagan, & Treffinger, 1998; Place, McCluskey, McCluskey, & Treffinger, 2000).

이 프로젝트에 참여한 여러 지역사회의 많은 젊은이들이 다양한 대안 경로를 활용하여 중등교육을 성공적으로 마칠 수 있었다. 그렇게 함으로써 효과적인 삶의 관리 기술을 갖출 수 있었고, 취업을 하거나 대학교육의 기회를 얻을 수 있었으며, 그들의 재능을 발견하고 발휘할 수 있었다. 3년간의 프로젝트 기간 동안 88명의 학생들이 참여했다. 프로그램의 첫 번째 달에는 학생들을 교실 밖 수업에 참여시켰다. 교육과정의 내용은 CPS 집중 훈련 코스와 더불어 갈등 해결 방법, 학습 스타일, 비언어적 커뮤니케이션, 자아개념 및 진로 의식에 관한 워크숍 등이었다. 학생들은 CPS 도구를 사용하여 '지금 처한 현실'에서 '희망하는 미래'로 옮겨가는 방법을 배웠다(Treffinger et al., 2006). 참가자들은 자신의 목표를 깨닫고 그것을 향하여 나아갈 수 있도록 개인 성장 계획을 수립하였다. 그들은 현실 세계의 문제에 맞서고, 새로운 아이디어와 대안들을 생성해 보고, 실천해 보는 경험을 하였다. 이 교실 수업 중심의 과정을 마친 학생들은 고등학교 과정에서 1학점을 인정받았다. 이 프로그램의 두 번째 달에는 학생들의 진로 현장 체험이 있었다. 학생들은 실제 직업 현장에 배치되고, 그 직업 분야 멘토의 도움을 받으며 실제 삶의 현장에서 이슈들을 해결해 나가는 기회를 가질 수 있었다. 이 과정에서 학생들의 관심 분야와 체험하는 직업 영역을 맞추기 위해 최대한 노력했다. 이 프로그램을 성공적으로 마친 참가자들은 추가적으로 1학점을 인정받았다.

이 2가지 훈련을 하면서 학생들은 매우 적극적으로 그 과정에 참여했고, 자신이 재능을 갖고 있음을 확인하게 되었다. 실제로 현장 체험에 도움을 주었던 기업체 임직원들은 그들에게 훈련의 장을 제공하고 지원을 해 줄 수 있음에 행복해했다. 그들 중 몇 분은 학생들의 멘토가 되었고, 프로젝트가 끝난 뒤에도 지속적으로 서로 연락하며 지냈다.

참가자들은 CPS 사용의 커다란 장점을 발견했다. 그들 중 많은 이들이 초창기에는 불행했고, 관계-제한적 중퇴자들이었는데 '잃어버린 상'을 찾는 기회를 통해 그들의 삶은 드라마틱하게 바뀌었다. 프로그램 참가자 88명의 취약 계층 젊은이들 중 57명(65%)이 고등학교로 돌아가서 잘 적응하였고, 대학에 진학하여 성공적으로 학위를 받거나 또는 정규직 직장을 얻었다. 이후 이 프로그램은 다문화 배경을 가진 사람들로 대상자를 확대해서 적용되기도 하였다(Baker, McGluskey, Bergsgaard, & Treffinger, 2005).

국가 수준 교육과정

미국에서는 21세기 이후 교육과정과 교수-학습의 핵심 내용기준을 명확히 하는 것에 관심이 지속적으로 증가해 왔다. 많은 주에서 교육과정 또는 내용의 기준을 채택하고 발전시켜 왔다. 국가 공통 핵심 성취 기준(Common Core State Standards, http://www.corestandards.org)은 국가 차원에서 사용될 (그리고 대부분의 주에서 채택된) 수학과 어학에서의 기준을 개발하는 데 도움을 주었다. 몇몇 캐나다 지역에서도 교육과정 개정을 추진하고 있고, 핵심 내용 영역에서의 학생들의 수행 수준을 높이기 위한 노력이 세계의 여러 다른 나라에서도 이루어지고 있다(많은 국가에서는 이미 교육과정이 국가 수준에서 수립되어 있다). 새로운 혹은 확장된 성취 기준의 수립을 지지하는 사람들은 이것이 모든 학생들에게 중요한 학습 성과를 안내하는 정보를 제공한다고 주장하면서 이를 교육자, 학부모, 커뮤니티 지도자들을 설득하고자 하였다.

국가 공통 핵심 성취 기준은 학생들이 배워야 할 것으로 기대되는 것이 무엇인지에 대한 분명한 이해를 제공하여, 교사와 학부모는 학생들을 돕기 위해 무엇이 필요한지 알게 된다. 그 기준은 신중하게 설계되었고, 현실 세계와 밀접하게 관련되어 있으며, 우리의 젊은 세대가 대학생활과 직장생활을 성공적으로 해 내기 위해 필요한 지식과 기술을 반영하고 있다. 미래를 위해 준비가 잘 된 미국 학생들과 함께 지역사회들은 경제적으로 번영하게 될 것이다(Common Core State Standards Initiative, 2012b).

이 성취 기준은 국내외에 걸쳐 가장 우수한 연구 결과와 최고 수준의 국가 기준을 참고하였으며, 우리 아이들과 그들의 학교에 대해 희망하는 바를 반영할 수 있도록 다양한 교사, 전문가, 학부모, 행정가 그룹에 의해 설계되었다. 이 기준은 고등학교를 졸업하는 학생들이 대학에 가거나 직장에 들어갈 준비가 될 수 있고, 또 그렇게 되기 위해서 학생, 부모, 교사가 어떻게 해야 할 것인가에 대해 분명한 이해를 할 수 있도록 돕기 위해 설계되었다. 이 기준은 우리 학생들이 글로벌 시장에서 경쟁력을 갖출 수 있도록 보장하기 위해 국제 표준을 벤치마킹하였다(Common Core State Standards Initiative, 2012a).

그러나 성취 기준 운동(standards movement)에 대한 다양한 비판과 우려가 있는 것도 사실이다(예: Kohn, 2010). 그러한 비판의 예로는, '교육과정의 폭과 범위를 좁힘으로써 교육을 시험 준비를 시키는 것으로 몰아간다.' '고등사고능력과 탐구력을 약화시킨다.' '주 또는 지역 교육구에서 적합한 교육내용과 관련한 유연성과 선택권을 감소시킨다.' '최소한의 능력을 지나치게 강조하며 수월성을 희생시킨다.' '지식과 암기를 지나치게 강조하고, 학생들이 활용하기 어려운 쓸모없는 정보들의 축적을 강조한다.' 등을 들 수 있다. 그래서 일부 비평가들은 성취 기준 운동과 창의성 교육을 대립적인 구조로 바라보기도 한다.

우리는 미국의 국가 공통 핵심 성취 기준을 포함하여 미국 여러 주들의 교육과정에 나타난 성취 기준과 다른 나라의 교육과정에 나타난 성취 기준을 검토해 보았다. 이와 함께 성취 기준에 대한 다른 연구자들의 문헌들도 검토해 본 후 우리가 내린 결론은 성취 기준에 근거한 교육과정이 표준화되고 객관화된 검사에 의해 평가되어야 한다는 불필요한 전제를 가정하지 않는 한 성취 기준과 창의성 교육은 실제로 양립 불가능한 것이 아니라는 것이다. 물론 창의적이고 비판적으로 생각하는 것과 어떤 교과내용에 기반한 문제를 해결하는 것은 모두 필요한 일이다. 창의적인 사고를 통해 심오한 도전적인 교과내용을 담은 문제를 해결할 수 있으며, 이것은 당연히 수준 낮은 교과내용을 담은 문제를 해결하는 것보다 훨씬 가치 있는 일이다. 따라서 우리는 교사나 교육과정 개발자가 창의적 사고, 비판적 사고, 문제해결력 등을 길러 주기 위해 교육과정의 성취 기준과 사고 도구를 조화롭게 통합시킨 학습 활동을 설계하는 것이 가능하다고 결론을 내렸다. 이러한 믿음을 실천으로 옮기기 위해 우리는 교육과정의 특정 성취 기준과 아이디어의 생성과 수렴을 위한 특정 사고 도구를 활용한 다양한 학급 활동을 설계할 필요가 있다.

우리는 현재 언어, 과학, 사회, 수학의 성취 기준을 아우르는 80개 이상의 활동안을 완성한 상황이다. 이러한 활동안들은 교사들이 수업에 직접 활용함으로써 유용할 수도 있지만, 교사나 교육과정 작성자들이 사고 도구들을 도전적인 교육과정의 내용과 연결 지을 수 있도록 돕는 방법적 모형으로서의 역할을 할 수 있다는 점에서 더 큰 의미가 있다(http://www.creativelearning.com을 방문하면 자세한 정보와 함께 이와 관련한 활동의 무료 샘플을 다운로드할 수 있다).

테크놀로지

오늘날 모든 사람들은 나이와 상관없이 테크놀로지에 매료되어 있는 것 같다. 컴퓨터, 스마트폰, 태블릿 기기 등은 우리 사회에 널리 보급되어 있다. 테크놀로지는 교육 현장에도 강력한 영향을 미치고 있다. 한편, 이러한 테크놀로지는 교육자, 부모, 지역사회의 리더 및 학생들의 창의적 활동의 기회와 도전을 창출해 낸다. 성인들은 그들 자신의 일상생활을 위해서는 물론 젊은이들과의 상호작용을 위해 새로운 기술에 적응해야 하는 필요성에 직면해 있다. 또한 오늘날의 테크놀로지는 학생들이 그들의 창의적이고 비판적인 사고 기술을 표현하고 적용하는 새로운 방법을 제공한다. 테크놀로지를 통해 학생들의 창의성을 증진시키는 방법은 다양하다. 이는 단순히 모든 학생에게 태블릿 기기를 제공하는 것 이상을 말한다.

테크놀로지의 영향은 가정과 학교에서의 개인용 컴퓨터 보급의 급속한 증가를 넘어서 하드웨어의 폭발적인 변화도 가져왔다. 훨씬 더 커다란 변화와 도전이 Web 2.0으로 알려진 현상으로 나타났다. Web 1.0은 전통적인 웹사이트를 중심으로 한다. 즉, 문서를 게시하거나, 다른 사용자가 읽거나 복사할 수 있도록 정보를 올리고, 무제한으로 정보에 엑세스할 수 있는 전통적인 웹사이트를 포함한다. 반면, Web 2.0은 사용자의 참여, 상호작용, 기여 및 관계를 포함한다. 이것은 다이내믹하고 이동 중에도 많은 휴대용 장치를 통해 광범위하게 엑세스할 수 있다. 이것은 속도가 빠르고, 이동 가능하고, 유연하다. 블로깅(blogging), 위키(wikis), 소셜 네트워킹(social networking), 소셜 북마킹(social bookmarking), 미디어 공유 서비스(media-sharing services) 및 사회적 존재 시스템(social presence systems), 협업 편집 도구(collaborative editing tools), 신디케이션(syndication) 및 알림 기술(notification technologies) 등을 통해 집단 지능을 모으고 활용하는 플랫폼이다(Franklin & van Harmelen, 2007). 학교에서의 기술은 이제 창의성, 협업, 연계성에 관한 것을 이야기한다.

Web 2.0은 대중의 지혜를 끌어낼 수 있는 잠재력을 지닌 동시에 사용자에게 주어지는 무제한적인 자유로 인해 군중의 광기를 불러일으킬 가능성도 있다. 사용자들은 Web 2.0 도구를 활용하여 그들 스스로 데이터를 통제하기 때문에, 더 많은 사람들이 그것을 이용할 수 있도록 시스템이 개선되어야 한다. 다양한 Web 2.0 도구들은 학생들이 보다 다양하게 학습활동을 할 수 있고 경험을 공유할 수 있게 해 준다. Ausband와 Schultheis(2010)는 이러한 도구가 학생들 간의 의사소통과 학생에 의한 지식의 구축을 촉진할 것이라고 주장했다.

그러나 중요한 것은 단순히 기술을 이용하는 것 자체가 그것을 활용한 교수−학습이 창의적인지 아닌지를 결정하지는 못한다는 것이다. 기술은 화이트보드, 칠판, 연필과 같은 단지 하나의 도구일 뿐이다. 학생들의 창의적이고 비판적인 사고 기술과 창의적 문제해결 능력을 키우기 위해서는 당신이 이러한 도구를 사용해서 무엇을 하느냐가 중요하다. 학생들이 그림을 그리기 위해 화려한 색상의 매직펜이나 크레용을 사용한다고 해서 그들의 작품이 창의적이 되는 것은 아니다. 이는 원작과 수많은 모사작 간에 커다란 창의성의 차이가 있는 것과 같다.

컴퓨터 기술은 학생과 교사, 교사와 교사, 학생과 학생 및 학교와 가정 간의 연계와 협력, 창의성을 증가시킬 수 있다. 예를 들어, Fish(2009)는 샌프란시스코의 학생들이 홀로코스트 생존자, 일본 포로수용소 희생자, 그리고 기타 생명의 위협을 받는 현장에 있었던 사람들과 인터뷰했던 사례를 소개하였다. 학생들이 녹음한 오디오 인터뷰는 필사되었고, 그들의 이야기를 전하는 사이트인 Telling Their Stories(http://tellingstories.org)에 디지털 사진과 함께 업로드되었다. 학생들은 사진과 함께 정보들을 정리하여 웹사이트에 올리면서 역사가로서의 역할을 수행한 것이다.

Google Docs와 같은 온라인 도구들은 공동 작업 문서(collaborative documents), 블로그, 슬라이드 쇼 등을 만들어 내고 정보를 구성하기 위해 사용된다. Google Docs와 Google+는 개인과 조직들 간의 정보를 나누기 위한 도구이다. Google+를 사용하여 교사들은 학생들이 함께 교실에 있지 않더라도, Google+의 행아웃(Hangout: 화상회의 소프트웨어)을 활용하여 이야기할 수 있는 온라인 교실을 만들어 낼 수 있고, 다른 교사들과 함께 교육과정 활동을 위한 선택 작업을 할 수 있다. 만약 학생들이 미래 문제해결 프로그램(Future Problem Solving International: FPSI)과 같은 프로그램 활동을 위해 CPS 프로젝트를 실시할 때도 행아웃을 활용할 수 있다.

Google+는 Skype나 iChat과 같이 채팅이나 비디오 채팅을 가능하게 한다. 또한 사진이나 예술작품을 올리는 용도로 쓸 수도 있다. Web 2.0 도구로는 재미있고 매력적인 도구 세트가 다양하게 있으며, 그것들 중 상당수는 무료이다. 물론 그 범위와 목적, 품질이 다양하지만, 이러한 도구들은 CPS 및 다양한 창의성 관련 어플리케이션과 결합하여 사용할 때 매우 유용하다.

Schoonover 등(2012)은 다양한 Web 2.0 도구들을 비교했으며, 창의적 교수-학습에서 그것들의 잠재적 역할(블로그, 소셜 네트워크 및 게임하기 등을 포함)에 대해 논의했다.

생각해 보기

○ 이 책에서 당신은 학생들의 창의성 신장에 이바지하고 적용하는 데 기여할 수 있는 개인적 특성, 사고 과정, 환경 및 창의적 산출물(outcomes)에 대해 배웠다. 오늘날 성인들이 창의성과 CPS를 적용해 볼 수 있는 교육의 기회가 풍부하다. 이 장에서 우리는 이러한 기회의 4가지 예, 즉 멘토링, 취약 계층의 학생, 국가 수준 교육과정 성취 기준, 테크놀로지 등을 강조했다. 당신은 창의성에 관한 지식을 활용하여 지역사회, 학교, 교육청 등이 직면한 중요한 이슈를 다룰 수 있는 방법을 찾도록 노력해야 한다. 덧붙여 창의성을 교수-학습에 결부시키기 위해 노력해야 한다. 당신은 어떠한 방식으로 학생들이 그들의 창의성을 사용할 다양한 기회를 찾도록 안내할 것인가?

5부

창의성 교육의 미래

20장 ___ 창의성 교육 연구의 현재와 미래

창의성 교육 연구의 현재와 미래

이 장의 학습목표

- 창의성에 관한 연구의 4가지 중요한 목표를 설명할 수 있다.
- 창의성 연구에 대한 9가지 일반적인 접근법을 알 수 있고, 창의성을 연구하는 데 사용될 수 있는 각 접근 방법의 예를 제시할 수 있다.
- 창의성에 관한 연구들이 최근 관심을 두고 있거나 향후 연구에서 필요할 최소 6개 영역을 알 수 있다.

연구 목적과 방법

'연구 목적'에 관한 주제에 대해 인터넷 검색을 하거나 연구 방법론 책을 리뷰해 보면, 다양한 방식으로 설명해 주고 있으나 내용은 크게 다르지 않다는 것을 알 수 있다. 아마도 가장 많이 볼 수 있는 것은 "연구란 지식을 탐색하거나 사실, 법칙, 인과관계를 밝히려고 노력하거나 어떤 이론을 지지하거나 반박하기 위해 가설을 검증하는 것이다."와 같은 문구일 것이다. 일반적으로 제시된 연구의 목적에는 현상이나 관계를 묘사하거나 설명하거나 예측하거나 통제하는 것을 포함한다. 때로는 새로운 통찰과 이슈를 발견하기 위한 새로운 방향의 탐구를 연구의 목적에 추가하기도 한다. Experiment-Resources.com(2012)이라는 웹사이트는 연구를 "지식의 발전을 위해 데이터, 정보 및 사실을 수집하는 것"이라고 광범위하게 정의를 내렸다. Creswell(2012)은 "어떤 주제나 이슈에 대한 이해를 증진시키기 위해 정보를 수집하거나 분석하는 과정"이라고 연구에 대한 정의를 내렸다.

　　연구는 흔히 다음과 같이 크게 구분되기도 한다.

- 순수 연구 또는 기초 연구
- 현장 연구 또는 적용 연구
- 질적 연구, 양적 연구 또는 통합적 연구(연구 방법 측면)
- 도서관 연구 또는 온라인 연구[엄격한 연구와 비교하여 '자료 검토(review)'로 표현되기도 함]
- '독창적인(original)' 연구(데이터의 수집, 분석, 해석 등을 포함하는 연구)

　　Isaksen, Stein, Hills와 Gryskiewicz(1984)는 창의성에 관한 연구를 설계하거나 분류하는 데 활용하기 위해 3가지 차원에 기반한 모델을 제시하였다. 그 3가지 차원은 분석 단위(개인, 소그룹, 단체, 또는 사회적/문화적 집단), 연구의 맥락(개념적/이론적, 교육/훈련, 측정/평가, 적용/개발, 판별/선발), 연구의 과정(데이터 수집, 문제 설정, 아이디어 생성, 의사결정/평가, 실행) 등이다. Isaac과 Michael(1997)은 과학적 연구를 위한 9가지 기본 접근방법에 대해 설명하였으며, 이는 〈표 21〉에서 창의성에 관한 연구와 관련하여 제시되어 있다.

〈표 21〉 창의성 연구의 9가지 접근법

연구 유형	설명	창의성의 예
역사 연구	과거를 객관적이고 정확하게 재구성하는 것	"창의적 천재와 미치광이를 나누는 작은 차이가 있다."라는 통념의 기원은 무엇인가? 그러한 통념은 어떻게 생긴 것인가? 그러한 통념이 깨진 것은 언제였으며 어떤 계기가 있었는가?
기술적 연구	관심을 가진 상황이나 영역에 대해 사실과 정확성에 기반하여 체계적으로 기술하는 것	발산적 사고의 구성 요소 및 그것을 측정하는 데 사용되는 도구를 포함한 발산적 사고의 본질에 대한 철저한 설명. 그리고 창의성과 관련된 이론적 근거
발달 연구	나이, 시간, 인간 발달 변수 등의 함수로써 성장 및 변화의 패턴과 순서를 조사하는 것	개인의 창의적 특성이 나이와 성별에 따라 다른가? 창의성을 길러주는 효과적인 방법은 연령 수준에 따라 차이가 있는가?
사례 연구	개인과 그룹의 배경, 현재 상태와 환경적 상호작용에 대해 집중적으로 연구하는 것	건축가가 그들의 개인적이고 전문적인 삶에서 창의성을 적용하고 표현하는 방법에 대한 깊이 있는 연구
상관 연구	한 요인의 변량이 하나 또는 그 이상의 요인들의 변량에 어느 정도 대응하는지를 상관계수를 활용하여 조사하는 것	다양한 창의적 사고의 구성요소(예: 유창성)와 다른 변수(예: 문제해결 스타일)의 측정치 간에는 어떤 관계가 있는가?
인과비교 연구	관찰된 결과와 그 원인으로 추정해 볼 수 있는 요인에 대한 데이터를 분석하여 잠정적인 인과관계를 탐색하는 것	개인적 비판이 어린이의 창의력을 저해하는 것을 관찰하고, 창의성을 북돋거나 저해하는 상호 패턴을 조사하고자 부모나 교사로부터 받은 데이터를 통해 분석하기
(참)실험 연구	실험 그룹을 처치 조건에 노출시키고 처치가 이루어지지 않은 통제 집단과 비교함으로써 가능한 인과관계를 조사하는 것(무선할당이 필수)	피험자들을 실험 집단(CPS 교육)과 통제 집단(CPS 교육 안 함)에 무선적으로 배정하고, 두 집단의 창의적 사고와 문제해결 기술 및 결과에 대한 태도를 평가
준실험 연구	관련된 모든 변수가 통제되지는 않지만 연구자가 이러한 제한사항들을 고려하여 연구하는 것	실험집단에 대한 무선할당 없이 처치를 하거나 피실험자의 다른 활동이나 경험에 대해 거의 또는 전혀 통제하지 않는 상황에서 창의적 사고에 대한 훈련 프로그램 실시
현장 연구	교실이나 소속된 조직에서의 직접 적용을 강조하는 새로운 기술 또는 새로운 접근 방식을 개발하는 것	부모가 유아 및 취학 전 자녀의 창의력을 자극하도록 돕기 위한 새로운 프로그램 만들기

창의성 분야에서 필요한 연구 주제

Treffinger(1986)는 최근까지 진행된 창의성 연구를 살펴본 후, 창의성의 정의, 특징 및 창의성 교육과 관련하여 앞으로 어떤 연구가 수행되어야 할지에 대해 논하였다. 그는 창의성과 관련된 하나의 통일된 이론과 정의가 없음을 지적하며, 창의성 이론과 정의를 이해하고 설명하며 분류하기 위한 연구자들의 보다 체계적인 노력이 필요함을 주장하였다. 또한 그는 창의성을 측정하는 데 일반적으로 널리 수용되는 도구가 없음도 지적하였다. 단일 점수(예: 창의성 지수) 오류를 극복하기 위해서는 프로파일링 접근에서 제시한 다양한 도구들이 어떻게 적절하게 활용될 수 있는지에 대해 많은 연구가 필요함을 주장하였다. 창의성 교육과 관련하여 Treffinger(1986)는 창의성이 실행 가능하고 가치 있는 교육목표로 설정되어야 함을 주장하였다. 그러나 교육적 상황에서 창의성을 키우고 발전시키는 것과 관련하여 많은 의문들이 남아 있다. 그는 창의성을 교육의 필수 요소로 만들기 위한 노력이 필요하며, 창의성 교육을 수업과 별도로 진행되는 즐거운 활동 정도로 보는 것을 넘어서야 한다고 하였다. 창의성 교육의 효과와 영향력이 증명되어 지지되고, 다른 학습 결과로 전이될 수 있는 접근법이 만들어져야 함을 이야기하였다. 그는 또한 컴퓨터와 테크놀로지의 새로운 영향력이 창의성을 키우기 위한 중요한 요인이라고 말하였다.

창의성에 관한 다양한 이슈와 주제가 지난 30여 년 동안 존재해 왔으며, 최근에는 몇 가지 추가적인 관심사도 등장하였다. Treffinger(2004)는 이들 중 몇몇 영역에서 진전이 이루어졌지만(특히 창의성을 중요한 교육목표로 정의하는 것과 관련된 것), 여전히 많은 중요한 이슈들이 창의성 관련 연구를 위한 열린 도전 과제로 남아 있다고 하였다. Rank, Pace와 Frese(2004)는 창의성에 관한 연구가 필요한 주제를 크게 ① 창의성 및 혁신의 측정 방법, ② 창의성과 다른 변인들과의 관계, ③ 문화적 차이, 동기 특성, 리더십 등이 창의성에 미치는 영향 등으로 구분하였다. 창의성 교육과 관련하여 연구해야 할 다양한 이슈, 도전, 기회들은 다음과 같은 것들을 포함한다.

창의성의 개념에 관한 연구

창의성 연구에 있어서 명확한 개념과 정의 제시가 필요함에 대해 많은 연구자들이 지적해 왔다(Batey & Furnham, 2006; Beghetto, 2008; Gilson & Madjar, 2011; Plucker, Beghetto, & Dow, 2004). 이를 위해 창의성에 대한 명확한 정의를 내리고 평가를 구체적으로 명시된 정의와 연계시켜 줄 수 있는 창의성 연구가 필요하다. 또한 연구에 사용되는 모형과 변수의 분류, 다중 요인의 평가, 인구 통계학적·문화적 차이의 고려, 창의적 성취의 예측 변수에 관한 종단 연구 등의 필요성도 지속적으로 요구되었다. 창의성의 개념에 관한 연구는 다면적 구조를 가진 창의성에 대한 이해를 선명하게 해 주는 지속적인 연구를 통해 발전될 수 있으며, 교사, 행정가, 부모에게 창의성의 중요성과 특징을 알려주는 데 도움이 된다.

창의성 교육 현장의 생태학에 관한 연구

복잡한 생태계에서 많은 구성요소들은 상호 관계를 맺고 있고 상호 의존적이다. 이는 창의성 교육에 관한 연구에도 적용된다. 창의성과 혁신이 교육 현장에서 각광을 받거나 외면당하는 상황에서 창의성 연구자들은 학교 현장의 전체적인 상황(예: 환경, 교육 및 지역사회의 핵심 가치, 전문성 개발, 가정 및 지역사회 지원)을 고려할 수 있어야 한다. 창의성과 혁신을 위한 교육의 흥망성쇠는 창의성 교재의 페이지 수가 늘어나거나 줄어드는 것에 의해 결정되는 것은 아니다. 이 책에서 다루고 있는 창의성 교육과 관련된 다양한 요소들 사이에는 상호작용이 있을 것이다. 따라서 우리는 각 요소들이 어떻게 개별적으로 영향을 미치고 또 어떻게 함께 결합되는지에 관한 연구가 필요하며, 창의적 생산성과 혁신적 성취의 목표를 달성하는 데 어떻게 기여하는지 연구할 필요가 있다. 이를 염두에 두고, 오늘날 학교에서의 효과적인 창의성 교육의 생태에 관한 포괄적인 자료와 도구를 제공해야 한다. 이는 일부 교과 영역에서의 '창의적 활동'의 목록을 제공하는 것 이상을 의미하며 교육과 관련된 많은 이해관계자들의 창의성 교육을 위한 노력이 요구됨을 의미한다.

창의성과 다른 기술과의 관계에 관한 연구

교육과 같은 복잡한 시스템에서 창의성과 혁신과 같은 복잡한 결과들을 고려할 때, 창의성 교육을 위한 노력이 표준화된 성취도 검사에서 더 좋은 결과를 얻을 수 있도록 해 주는지에 초점을 맞추어서는 안 된다. 교육적 노력이 표준화된 성취도 검사에서 향상을 가져다주는지 여부에만 의존하여 판단될 수는 없다. 표준화된 학업 성취도 검사를 학교에서의 성공을 판단하는 궁극적인 기준으로 삼는 것은 해당 검사의 중요성을 지나치게 과장하는 것이다. 창의성의 풍부함과 복잡성을 고려할 때(그것이 Big C이든 little c이든 mini c이든 관계없이) 창의성 교육의 결과는 표준화된 검사를 활용하여 문서화하고 평가할 수 있는 것보다 훨씬 더 다양하고 복잡한 양상을 띠게 된다. 그러나 교육자들의 관심이 표준화된 시험의 데이터에만 국한되어서는 안 된다 하더라도, 연구를 통해 창의성과 혁신을 위한 교육의 효과가 표준화된 성취도 검사에서의 학생들의 수행 결과에 어떤 영향을 주는지에 대해 더 많이 알게 되는 것은 매우 유익한 일이 될 것이다.

창의성 및 혁신과 다른 주요 기술들 간의 관계에 대한 연구는 다른 주요 기술들, 특히 21세기 인재에게 필요하다고 일컬어지는 기술들(예: 팀워크, 협업, 리더십, 대인관계 기술 등) 간의 관계에 관한 연구 또한 매우 가치 있을 것이다.

창의성 측정을 위한 도구의 다양성에 관한 연구

다양한 창의성 측정 도구들을 효과적이고 적절하게 활용하는 방법에 대한 연구도 교육자들에게 매우 도움이 된다. 예를 들어, 다양한 창의성 측정 도구들이 학생들의 다양한 교과에서의 창의적 성취를 얼마나 예측해 주는지에 대한 연구는 '창의성 강점 프로파일(Creative Strengths Profiles)'을 작성하고 활용할 때 큰 도움을 줄 수 있을 것이다. 창의성 강점 프로파일에서 활용되는 개별 검사, 체크리스트 등이 각각 어떤 정보를 제공해 주는지 또는 어떤 조합으로 활용될 수 있는지 밝혀주는 연구나 학생들의 연령, 성별, 교과 영역 등에 따라 효과적으로 활용될 수 있는 평가도구의 조합 등을 밝혀주는 연구 등은 창의성 강점 프로파일의 활용도를 높여주게 될 것이다. 창의성의 영역 일반적 특성과 영역 특수적 특성에 대해 계속되고 있는 논쟁(예: Baer, 1994a, 1994b, 2011a, 2011b, 2011c; Cramond, 1994; Kim, 2006, 2011a, 2011b)은 영역 일반성에 기초한 측정 도구와 영역 특수성에 기초한 측정 도구들의 활용과 관련한 연구의 필요성을 제기해 주고 있다.

창의성 교육에 관한 다문화적 연구

보다 글로벌한 교수–학습 맥락에서 다양한 학교 분위기, 교수–학습 방법, 학급 크기, 문화(내적 및 문화 간) 등의 창의적 학습 관련 변수들의 차이에 관한 연구가 필요하다. 예를 들어, 북미 지역의 교육 환경에서 효과적이었던 창의적 사고 도구나 창의적 문제해결 단계가 다른 문화의 교육 환경에서는 얼마나 효과적인지에 관한 연구, 창의성 교육을 둘러싼 환경적 요인이 문화권에 따라 영향을 미치는 방식에 차이가 있는지, 다문화적 환경에의 노출이나 경험이 창의성 신장에 얼마나 도움이 되는지에 대한 연구 등이다(예: Maddux et al., 2009). 연구에 따르면 'Little m' 수준의 다문화적 경험(예: 아이디어, 웹사이트, 외국친구, 외국음악에 노출시키는 것), 또는 'Big M' 수준의 다문화적 경험(예: 상당한 기간 동안 다른 문화에서 지내는 것)은 모두 창의성에 영향을 미치는 것으로 보인다(Leung & Chiu, 2008; Leung, Maddux, Galinsky, & Chiu, 2008; Rich, 2009).

창의성에 대한 발달적, 신경학적, 생물학적 요인들의 영향에 관한 연구

창의성의 영역에서 Piaget나 Bruner가 인지적 발달 단계의 측면에서 이바지한 것과 같은 수준의 연구를 한 학자가 아직 없다. 그러나 많은 창의성 연구자들이 창의성의 발달 과정을 밝히는 데 기여했다(Russ & Fiorelli, 2010). 또한 창의성과 관련된 생물학적, 신경학적 요인에 관한 수많은 연구들이 있다(예: Bekhtereva, Danko, Starchenko, Pakhomov, & Medvedev, 2001; Kaufman, Kornilov, Bristol, Tan, & Grigorenko, 2010; Klijn & Tomic, 2010; Mölle et al., 1996; Reuter et al., 2005). 종단 연구는 인생 전반에 걸친(어린 시절부터 성인기까지) 창의성 발달의 이해를 증진시키 데 유용할 것이다.

차별화된 창의성 교육의 효과에 관한 연구

창의성과 혁신의 교육 및 학습과 관련한 많은 연구가 필요하다. "우리가 학생들의 창의성과 문제해결 기술을 키워줄 수 있을까?"라는 질문을 하는 것은 더 이상 적절하지 않다. 그리고 이에 대한 대답은 당연히 "그렇다."이다. 이보다 시의적절하고 의미 있는 질문은 "창의성과 문제해결 능력을 키우는 데 있어서 무엇이 가장 효과적이고 어떠한 상황에서 누구에게 가장 효과적인가?"이다(Isaksen, Murdock, Firestien, & Treffinger, 1993a, 1993b; Treffinger, 2004). 이와 관련하여 다음과 같은 연구주제가 필요하다.

- 학습자의 창의성 관련 주요 특성에 따른 차별화
- 교사나 학생의 스타일 및 그 상호작용이 교수-학습의 효과성에 미치는 영향
- 교수-학습 프로그램과 전략이 개인, 팀, 그룹의 창의성 성취에 미치는 영향(이와 관련한 연구들은 다양한 창의성 교육 프로그램 또는 접근 방식들을 다양한 조건에 따라 비교함으로써 매우 유용한 정보를 제공해 줄 수 있다).
- '창의성 교육은 교과 내용 중심 교수법이 바람직한가 아니면 직접적 교수법이 바람직한가?'라는 수준의 질문을 넘어서야 한다. 오늘날 더욱 적절한 연구 주제는 언제, 어떻게 직접교수법과 교과 내용 중심 교수법을 다양한 학습자 또는 과제에 맞추어 적용할 것인지를 밝히는 것이다(질문으로 표현하자면 '무엇이 누구에게, 그리고 어떤 상황에서 가장 효과적인

가?'). Beghetto와 Kaufman(2009)은 교과 학습과 창의성이 임의로 분리되어 가르쳐짐으로써 교과 학습과 창의성 학습 둘 다 비효율적이게 된다고 비판하면서 교과 학습과 창의성은 동시에 추구되어야 한다고 주장하였다.

생각해 보기

- 에릭(Eric), 윌리엄(William), 수지(Suzie)와 그들의 친구, 선생님들을 한 번 더 생각해 보자. 또한 루시(Lucy), 마이클(Michael), 쉐릴(Cheryl)과 작문 동아리 팀원들, 그리고 그들의 선생님을 생각해 보자. 이 학생들의 교육적 경험은 어떠한 방식으로 그들의 성장을 효과적으로 도울 수 있는가? 선생님들의 어떠한 접근법이 많은 학생들 사이에서 이 학생들의 창의적 생산성에 영향을 미쳤는가? 이 학생들과 그들의 문제해결 스타일을 통해 당신은 무엇을 더 알게 되었는가? 이러한 정보를 가장 효과적으로 측정하는 방법은 무엇인가? 우리가 이 책에는 포함시키지 못한 창의성 교육 중에서 당신이 더 알아야 할 것은 무엇인가? 우리는 당신이 각자의 일을 진행해 나가면서 이러한 질문들에 대해 생각해 보길 바란다.

- 이 책 전반에 걸쳐서 우리는 연구와 실천이 서로 밀접히 관련되어 있음을 설명하려고 했다. 오늘날 현장 전문가들은 연구로부터 많은 것을 얻고, 그들의 질문은 미래 연구의 출발점이 될 수 있다. 마찬가지로, 연구자들은 효과적인 실천의 도전에 대한 인식에 영향을 주기도 하고 영향을 받기도 한다. 2가지의 관심사가 모두 기회와 도전에 직면해 있다. 당신의 역할이 실천 쪽에 뿌리를 두고 있든지 학술적 연구에 뿌리를 두고 있든지 2가지 측면에서 똑같이 창의성과 혁신은 지속적으로 새로운 도전의 원천이 되고 있다. 우리는 당신이 열정과 에너지, 그리고 헌신의 자세를 갖고 2가지의 활동 영역에 대한 개방성과 지원을 유지하면서 자신의 과업을 처리하기를 바란다. 당신이 현장 전문가라면 관련 연구에 대한 본인의 자리에서 그 연구를 수행하기 위한 노력을 통해 자신의 일을 발전시킬 수 있다. 당신이 연구자라면 교육적 실천의 필요성과 관심 및 흥미를 언급하고 이해하는 노력을 통해 당신의 연구는 영향력과 타당성을 얻을 수 있게 될 것이다.

이 책의 요약: 신념, 지식 그리고 실천

우리는 이 책이 정보와 아이디어를 공유하는 기능을 넘어 교육자들이 가지고 있는 신념에 영향을 주고 더 나아가 그들이 하는 일에 영향을 미칠 수 있기를 바라며 또한 그렇게 되리라 믿고 있다. 이 책은 그들이 현장에서 창의적 교수-학습을 하는 데 촉매제 역할을 할 수 있을 것이다. 따라서 우리는 이 책을 끝내기 전에 우리가 이 책을 통해 교육자들이 알고 믿고 행하기를 기대했던 주요 개념과 아이디어들을 살펴보고자 한다.

〈표 22〉 이 책의 장별 요약

구분	창의성 교육 담당자에게 요구되는 역량		
	신념	지식	실천
2장	• 창의적 학습은 모든 학생에게 중요하다. • 모든 사람은 창의적 능력을 갖고 있다.	• 통념과 오해를 떨쳐내고 창의력을 발휘할 수 있는 열린 마음을 유지하는 것의 중요성 • 아이디어 생성 및 수렴을 위해 동료와 학생들을 참여시키는 방법의 중요성	• 창의성에 관해 들려오는 통념을 떨쳐내기 • 모든 학생들의 독창적인 잠재력을 인식하고 교육과정 속에서 생산적인 사고 도구와 과정을 가르치고 적용할 수 있는 활동을 설계하기
3장	• 모든 사람은 창의성을 다르게 바라본다. • 창의성은 혁신 없이 발현될 수 있지만, 혁신은 창의성 없이 나타나지 않는다.	• 창의성과 혁신에 대한 폭넓은 정의 • 각각의 창의성 정의에 따른 관련 이론과 연구 및 실제 세계에의 적용 사례	• 연구와 경험을 바탕으로 창의성과 혁신에 관한 개인적 정의를 내려 보고 그 정의를 교육에 적용하기
4장	• 창의성과 혁신은 지속적으로 변화하는 사회에 대처하기 위한 평생학습 프로그램의 핵심적인 요소이다.	• 지속적인 변화에 직면하고 있는 개인에게 자기효능감, 생산성, 자기존중감을 증진시켜 줄 수 있는 생산적 사고의 과정과 도구	• 교육과정 속에서 창의적 생산을 위한 기본적인 절차와 사고 도구를 가르칠 수 있는 구체적인 방법을 고안하기 • 학생들이 수업 시간을 통해 창의적 절차와 사고 도구를 개별적으로 또는 협력적으로 활용할 수 있도록 하기

5장	• 창의성에 기여하는 주요 요인을 이해하는 것과 학생들이 그러한 요인들을 어떻게 활용하는지를 아는 것이 중요하다.	• 학생들의 4가지 COCO 요인들에 대한 다양한 접근 방식 • 학생들의 사고 및 문제해결 방식의 다양성과 가변성	• 학생들과 함께 4가지 COCO 요인들의 관계에 대해 토의하기 • 학생들이 각 요인이 그들의 창의성에 이바지하는 바를 확인할 수 있도록 도와주기
6장	• 개인적 특성과 문제해결 스타일 선호도는 학생들이 어떻게 정보를 습득하고, 문제해결 도구를 배우고 사용하며, 어떻게 문제해결에 참여하는지 등에 영향을 준다.	• 학생들의 독특한 개인적 특성과 스타일 선호도가 학습하고 문제를 이해하고, 해결책을 찾고 활동을 준비하는 방법에 주는 영향 • 학생들의 특성과 스타일 선호도를 수용하기 위해 교육을 차별화할 수 있는 방법	• 학생들 자신의 독창적인 특성에 대해 알려주어 그들이 각자 서로 다른 독특한 능력을 인지할 수 있게 하기 • 적합하고 도전적인 방식으로 학생들의 요구에 부응하는 활동을 설계하기
7장	• 학생들은 창의성과 혁신을 위한 사고 과정을 배우고 적용할 수 있다. • 학생들은 적절한 지도를 통해 자신감과 책임감을 갖고 창의적 사고 과정을 수행할 수 있다.	• 학생들에게 창의적 산출을 위한 특정 사고 도구를 선택하고 적용할 수 있도록 가르치는 방법 • 아이디어를 생성하거나 수렴하고 복잡한 문제를 해결하는 과정을 통해 학생들이 메타인지적 사고 기술을 발달시키고 적용할 수 있도록 지도하는 방법	• 직접교수법과 교과 내용 중심 교수법을 적절히 활용하여 창의적 문제해결 도구에 대한 이해 및 적용 능력을 키워주는 수업 활동을 설계하고 실행하기 • 창의적 문제해결 도구의 활용 경험에 대해 성찰해 보도록 하기(예: 저널과 온라인 블로그 만들기)
8장	• 창의적 사고를 위해 건강한 교실 풍토가 중요하다.	• 창의적 사고에 도움이 되는 학급 풍토를 만들고 유지시키는 방법 • 창의성과 혁신을 위한 긍정적인 풍토에 도움이 되는 9가지 요인	• 학생들의 참여와 도전을 끌어내는 신뢰와 개방성을 가진 교실 풍토를 형성하고 유지하기 • 호기심, 즐거움, 건설적 토론, 자유, 위험 감수 등을 끌어내는 신뢰와 개방성을 가진 교실 풍토를 형성하고 유지하기
9장	• 과제와 프로젝트를 부과할 때 학생들의 창의성에 대한 기대 수준과 평가 기준을 명확하게 제시하는 것이 중요하다.	• 창의성을 평가하기 위한 중요한 3가지 기준: 참신성, 효과성, 정교성/종합성 • 학생들이 창의적 산출물의 평가에 참여시키는 방법	• 창의적 산출물에 대한 학생들의 깊은 이해를 도모하기 위해 다양한 평가 방법 적용하기: 학생의 자기평가, 동료평가, 교사 및 멘토에 의한 평가

10장	• 개인의 창의적 특성과 스타일, 그리고 창의적 산출물은 타당하고 신뢰로운 측정 및 평가 원리에 따라 평가될 수 있으며 또 그렇게 되어야 한다.	• 측정 평가의 주요 개념 및 원리의 의미 • 측정 평가의 개념 및 원리와 창의성 평가와의 관련성	• 최선의 창의적 사고 도구를 선택하기 위해 활용 가능한 평가 자원을 탐색하고 조사하기
11장	• 교실 상황에서 학생들의 창의성을 발견하는 것이 가능하고 중요하다.	• 관련성이 높고 유용한 데이터를 산출할 수 있는 양질의 평가 도구의 지표 • 개별 학생들의 창의적 잠재력과 교육적 필요를 종합적으로 파악할 수 있도록 해주는 다양한 평가 도구의 활용 방법	• 학생 개개인의 창의성과 관련한 현재 상태를 파악하기 위한 평가 전략을 세우기 위해 올바른 질문하기
12장	• 다양한 데이터 정보를 활용하여 학생들의 창의성을 파악할 수 있다 • 학생들이 자신의 창의적 강점을 스스로 깨닫게 함으로써 자존감과 학습동기를 증진시킬 수 있다.	• 학생들의 현재 창의적 수행 수준을 파악하기 위해 학부모, 교사 및 또래들을 포함한 다양한 경로로 데이터를 수집하는 방법	• 학생 개개인의 현재 창의성 수준에 관한 데이터를 제공해 주는 강점 프로파일을 설계하고 활용하기 • 강점 프로파일을 지속적으로 업데이트하기(강점 프로파일을 활용한 학생들의 창의적 작업에 대해 기록하기)
13장	• 차별화된 창의적 교수-학습 활동이 이루어지기 위해서는 다양한 창의적 사고 기술과 사고 도구가 필요하다.	• 차별화된 교수-학습 활동을 위한 정보를 제공해 주는 창의적 강점 프로파일을 개발하고 사용하는 방법 • 강사, 코치, 가이드 및 중재자로서 활동해야 하는 시점	• 학생들의 창의성 발달 단계에 따라 활용할 수 있는 강의, 활동, 프로젝트 등의 다양한 수업 자료 확보하기
14장	• 학생들이 효과적인 창의적 사고 활동을 하기 위해서는 아이디어의 생성과 수렴을 위한 구체적인 가이드라인이 제공되어야 한다.	• 아이디어의 생성 및 수렴 활동을 위한 가이드라인 • 학생들이 아이디어의 생성 및 수렴을 위한 가이드라인을 학습하고 적용할 수 있도록 하는 방법	• 학생들이 아이디어의 생성 및 수렴을 위한 도구를 이해하고 적용할 수 있도록 적합한 활동을 개발하고 활용하기
15장	• 모든 학생들은 아이디어 생성 및 수렴 도구를 익히고 이를 정확하게 사용할 수 있어야 한다.	• 아이디어의 생성 및 수렴을 위한 기초적인 사고 도구 • 수업에서 아이디어의 생성 및 수렴을 위한 사고 도구를 활용하는 방법	• 학생들이 사고 도구를 배우고 적용할 수 있는 기회를 설계하고 제공하기

16장	• 유능하고 자신감 있는 문제해결자는 명확한 문제해결 방법과 도구를 알고 사용할 수 있어야 한다.	• CPS의 구성요소와 단계(또는 명확한 문제해결 과정) • 학생들의 문제해결을 돕기 위한 방법(어떻게 학생들이 사고 기술을 익힐 수 있도록 연습시킬 것인가?)	• 학생들이 명확한 문제해결 방법을 사용할 수 있다는 자신감을 갖도록 하기 위해 잘 구조화된 기회와 도전 과제를 설계하고 제공하기
17장	• 구조화된 프로그램은 학생들이 그들의 생각과 문제해결 기술을 활용해 볼 수 있는 실제적 기회를 제공한다.	• 학생들의 문제해결 기술을 확인할 수 있는 기회를 제공하기 위해 정규 교육과정 안에서 실제적 활동을 경험할 수 있는 구조화된 프로그램을 활용하는 방법	• 실제적 문제해결 상황에 참여하여 창의적 문제해결 과정과 문제해결 도구의 적용을 경험해 볼 수 있는 프로그램을 선정하기
18장	• 학생들이 교과서 안에 있는 내용을 넘어서는 실제 도전 과제들을 수행하는 것은 중요하다. • 학생들이 다양한 과제와 기회들을 다룸에 있어서 전문성과 창의성을 표현하는 것은 중요하다.	• 실제 문제를 발견하는 방법 • 학생들이 실제 문제를 발견할 수 있도록 돕는 방법 • 학생들이 개별 작업과 그룹별 작업 중 어떤 방식에서 자신이 더 생산적인지 깨닫도록 돕는 방법	• 학생들이 도전 과제를 해결해 나갈 때, 안내자와 촉진자가 되어주기 • 새로운 문제해결 도구가 필요할 때 안내하기 • 학생들에게 시간과 자료를 제공하기 • 문제해결 과정의 모니터링 활동을 지원하기 • 학생들이 그들의 결과물을 공유하고 발표할 때 유용한 피드백을 제공하기
19장	• 오늘날 교육이 직면한 많은 도전과제들은 모든 학생들을 긍정적 방향으로 이끌어 주는 창의적 기회가 될 수 있다. • 교육이 직면한 도전 과제에는 멘토링, 테크놀로지의 도입, 취약 계층 학생들에 대한 지원, 국가 수준 교육과정의 도입 등이 있다.	• 다양한 테크놀로지의 교육적 활용 방법 • 멘토링의 원리와 실천 방법 • 취약 계층 학생들을 지도하는 방법 • 창의성과 교육 과정을 연계시키는 방법	• 학생들의 재능 개발을 위해 멘토링을 장려하기 • 취약 계층 학생들의 자아존중감과 창의적 잠재력을 북돋워 주기 • 교육과정에 창의적 사고 도구를 통합하기 • 창의적 학습을 위해 테크놀로지를 활용하기
20장	• 창의성에 관한 최신 연구에 대해 읽고 토론하는 것은 매우 필요하고 중요한 일이다.	• 최신의 연구를 찾는 방법 • 출판된 연구물을 읽고 이해하는 방법 • 나 자신의 현장연구를 설계하고 수행하는 방법	• 창의성 관련 연구물을 읽고, 공유하고, 토론하고, 적용하기 • 자신이 처한 교육 환경에서 현장 연구를 수행하기

Abra, J. (1997). *The motives for creative work*. Cresskill, NJ: Hampton Press.

Adams, K. (2005). *The sources of innovation and creativity*. Retrieved from http://www.
skillscommission.org/pdf/commissioned_papers/ Sources_of_Innovation_and_
Creativity.pdf

Aleinikov, A., Kackmeister, S., & Koening, R. (2000). *Creating creativity: 101 definitions*.
Midland, MI: Alden Dow Creativity Center.

Aljughaiman, A., & Mowrer-Reynolds, E. (2005). Teachers' conceptions of creativity and
creative students. *Journal of Creative Behavior, 39,* 17-34.

Amabile, T. M. (1983). *The social Psychology of creativity*. New York, NY: Springer-Verlag.

Amabile, T. M. (1989). *Growing up creative*. Buffalo, NY: Creative Education Foundation
Press.

Anhorn, R. (2008). The profession that eats its young. *The Delta Kappa Gamma Bulletin,
74*(3), 15-26.

Associated Press. (2007, December 2). Trying to come up with ways to teach creativity.
Richmond Times Dispatch. Retrieved from http:// timesdispatch.com/ar/171656

Ausband, L. T., & Schultheis, K. (2010). Utilizing Web 2.0 to provide an international
experience for pre-service elementary education teachers–the IPC project. *Computers
in the Schools, 27,* 266-287.

Azzam, A. (2009). Why creativity now? A conversation with Sir Ken Robinson. *Educational
Leadership, 67*(1), 22-26.

Baer, J. (1994a). Why you shouldn't trust creativity tests. *Educational Leadership, 51*(4), 80-
83.

Baer, J. (1994b). Why you still shouldn't trust creativity tests. *Educational Leadership, 52*(2),
72-73.

Baer, J. (2011a). How divergent thinking tests mislead us: Are the Torrance Tests still relevant in the 21st century? The division 10 debate. *Psychology of Aesthetics, Creativity, and the Arts, 5,* 309-313.

Baer, J. (2011b). Four (more) arguments against the Torrance Tests. *Psychology of Aesthetics, Creativity, and the Arts, 5,* 316-317.

Baer, J. (2011c). Why teachers should assume creativity is very domain specific. *International Journal of Creativity and Problem Solving, 21,* 57-61.

Bailey, D. S. (2003). The "Sylvia Plath" effect. *Monitor on Psychology, 34*(10), 42-43.

Baker, P. A. (2008). An access enrichment model for an undergraduate teacher education program. *Gifted and Talented International, 23*(1), 17-22.

Baker, P. A., McCluskey, K. W., Bergsgaard, M., & Treffinger, D. J. (2005). Developing cross-cultural programs for at-risk students through creative problem solving. In E. Polyzoi, M. Bergsgaard, K. W. McCluskey, & O. A. Olifirovych (Eds.), *At-risk children and youth in Canada and Russia: A cross-cultural exchange for talent development* (pp. 167- 185). Calgary, Alberta, Canada: University of Calgary-Gorbachev Foundation.

Balchin, T. (2009). Recognising and fostering creative production. In T. Balchin, B. Hymer, & D. Mathews (Eds.), *The Routledge international companion to gifted education* (pp. 203-209). New York, NY: Routledge.

Basadur, M. (1994). *Simplex®: A flight to creativity.* Buffalo, NY: Creative Education Foundation.

Batey, M., & Furnham, A. (2006). Creativity, intelligence, and personality: A critical review of the scattered literature. *Genetic, Social, and General Psychology Monographs, 132,* 355-429.

Beghetto, R. A. (2008). Prospective teachers' beliefs about imaginative thinking in K-12 schooling. *Thinking Skills and Creativity, 3,* 134-142.

Beghetto, R. A. (2010). Creativity in the classroom. In J. C. Kaufman & R. J. Sternberg (Eds.), *The Cambridge handbook of creativity* (pp. 447-463). New York, NY: Cambridge University Press.

Beghetto, R. A., & Kaufman, J. C. (2007). Toward a broader conception of creativity: A case for "mini-c" creativity. *Psychology of Aesthetics, Creativity, and the Arts, 1,* 73-79.

Beghetto, R. A., & Kaufman, J. C. (2009). Intellectual estuaries: Connecting learning and creativity in programs of advanced academics. *Journal of Advanced Academics, 20,* 296-324.

Bekhtereva, N. P., Danko, S. G., Starchenko, M. G., Pakhomov, S. V., & Medvedev, S. V. (2001). Study of the brain organization of creativity: III: Brain activation assessed by the local cerebral blood flow and EEG. *Human Physiolog y, 27,* 390-397.

Belanoff, P., & Dickson, M. (Eds.). (1991). *Portfolios: Process and product.* Portsmouth, NH:

Heinemann.

Bender, W., & Shores, C. (2007). *Response to Intervention: A practical guide for every teacher.* Arlington, VA: Council for Exceptional Children.

Bennetts, C. (2004). The flight of the phoenix: Using hermeneutics to interpret the role of the mentor in the creative cycle. *International Journal of Lifelong Education, 23*(4), 367–383.

Besemer, S. (2006). *Creating products in the age of design: How to improve your new product ideas.* Stillwater, OK: New Forums Press.

Besemer, S., & O'Quin, K. (1986). Analyzing creative products: Refinement and test of a judging instrument. *Journal of Creative Behavior, 20,* 115–126.

Besemer, S., & Treffinger, D. (1981). Analysis of creative products: Review and synthesis. *Journal of Creative Behavior, 15,* 158–178.

Besemer, S. P., & O'Quin, K. (1987). Creative product analysis: Testing a model by developing a judging instrument. In S. G. Isaksen (Ed.), *Frontiers of creativity research: Beyond the basics* (pp. 341–357). Buffalo, NY: Bearly Limited.

Besemer, S. P., & O'Quin, K. (1993). Assessing creative products: Progress and potentials. In S. G. Isaksen, M. C. Murdock, R. L. Firestien, & D. J. Treffinger (Eds.), *Nurturing and developing creativity: The emergence of a discipline* (pp. 331–349). Norwood, NJ: Ablex.

Beyer, B. K. (1985). Teaching critical thinking: A direct approach. *Social Education, 49,* 297–303.

Blackbourn, J. M., Hamby, D., Hanshaw, L., & Beck, M. J. (1997). The total quality curriculum: A model for continuous improvement. *Applied Educational Research, 10*(1), 24–30.

Boling, C. J., & Evans, W. H. (2008). Reading success in the secondary classroom. *Preventing School Failure, 52,* 59–66.

Boyerand, A., & Hamil, B. W. (2008). Problems facing American education. *Focus on Colleges, Universities, and Schools, 2,* 1–9. Retrieved from http://www.nationalforum.com/Electronic%20Journal%20Volumes/Boyer%20Ashley%20Problems%20Facing%20American%20Education.pdf

Brue, G. (2002). *Six Sigma for managers.* New York, NY: McGraw-Hill.

Buck Institute. (2011). *What is PBL?* Retrieved from http://www.bie.org/ about/what_is/pbl

Buckmaster, L. (1994). Effects of activities that promote cooperation among seventh graders in a Future Problem Solving classroom. *Elementary School Journal, 95,* 49–62.

Burns, D. (1990). *Pathways to investigative skills.* Mansfield Center, CT: Creative Learning Press.

Callahan, C. M., Hertberg-Davis, H., & Missett, T. C. (2011). *Destination ImagiNation program evaluation report.* Charlottesville: University of Virginia, Curry School of

Education.

Callahan, C. M., Lundberg, A. C., & Hunsaker, S. L. (1993). The development of the Scale for the Evaluation of Gifted Identification Instruments (SEGII). *Gifted Child Quarterly, 37*, 133-137.

Camp Invention. (n.d.). *Camp Invention activity descriptions.* Retrieved from http://www.invent.org/camp/parentsactivities.aspx

Carnevale, A. P., Gainer, L. J., & Meltzer, A. S. (1990). *Workplace basics: Skills employers want.* San Francisco, CA: Jossey-Bass.

Cattell, R. B., Eber, H. W., & Tatsuoka, M. M. (1970). *The handbook for the Sixteen Personality Factor Questionnaire.* Champaign, IL: Institute for Personality and Ability Testing.

Coleman, M. R., & Hughes, C. E. (2009). Meeting the needs of gifted students within an RtI framework. *Gifted Child Today, 32*(3), 14-17.

Common Core State Standards Initiative. (2012a). *Frequently asked questions.* Retrieved from http://www.corestandards.org/frequently-asked-questions

Common Core State Standards Initiative. (2012b). *Mission statement.* Retrieved from http://www.corestandards.org

Connell, V. (1991, October). *Factors contributing to creativity.* Paper presented at the International Networking Colloquium on Creativity Research, Center for Studies in Creativity, Buffalo, NY

Costa, A. (1984). Mediating the metacognitive. *Educational Leadership, 15*(2), 57-62.

Costa, A. L. (Ed.). (1991). *Developing minds: A sourcebook for teaching thinking* (2nd ed.). Alexandria, VA: Association for Supervision and Curriculum Development.

Coy, P. (2000, August 28). The 21st Century Corporation: The Creative Economy. *Business Week Magazine,* 76-82.

Craft, A. (2008). Tensions in creativity and education. In A. Craft, H. Gardner, & G. Claxton (Eds.), *Creative wisdom and trusteeship: Exploring the role of education* (pp. 16-34). Thousand Oaks, CA: Corwin Press.

Cramond, B. (1994). We can trust creativity tests. *Educational Leadership, 52*(2), 70-71.

Cramond, B., Martin, C., & Shaw, E. (1990). Generalizability of creative problem solving procedures to real-life problems. *Journal for the Education of the Gifted, 13,* 141-155.

Crenwelge, M. A. (1992). The meaningful use of literacy created by problem solving classroom environments. *Dissertation Abstracts International, 52*(8), 2872.

Creswell, J. W. (2012). *Educational research: Planning, conducting, and evaluating quantitative and qualitative research* (4th ed.). Upper Saddle River, NJ: Pearson.

Csikszentmihalyi, M. (1997). *Creativity: Flow and the Psychology of discovery and invention.* New York, NY: HarperCollins.

Dacey, J. S. (1989). *Fundamentals of creative thinking.* Lexington, MA: Lexington Books.

Davis, G. (1987). What to teach when you teach creativity. *Gifted Child Today, 10*(1), 7-10.

Davis, G. A. (2005). *Creativity is forever* (5th ed.). Dubuque, IA: Kendall Hunt.

de Bono, E. (1970). *Lateral thinking: A textbook of creativity*. New York, NY: Penguin.

de Bono, E. (1981). *CoRT thinking lessons*. Blacklick, OH: Science Research Associates.

de Bono, E. (1983). The direct teaching of thinking as a skill. *Phi Delta Kappan, 64*, 703-708.

de Bono, E. (1985). *Six thinking hats*. New York, NY: Little, Brown.

Delcourt, M. A. B. (1993). Creative productivity among secondary school students: Combining energy, interest, and imagination. *Gifted Child Quarterly, 37*, 23-31.

Destination Imagination. (2012a). *The challenge program*. Retrieved from http://www.destinationimagination.org/what-we-do/challenge-program

Destination Imagination. (2012b). *Vision, mission, and history*. Retrieved from http://www.destinationimagination.org/who-we-are/vision-mission-history

Dewey, J. (1933). *How we think*. New York, NY: D. C. Heath.

Dewey, J. (1938). *Experience and education*. New York, NY: MacMillan.

Draze, D. (2005a). *Pickles, problems, and dilemmas*. Waco, TX: Prufrock Press.

Draze, D. (2005b). *Primarily problem solving*. Waco, TX: Prufrock Press.

DuBois, D. L., Holloway, B. E., Valentine, J. C., & Cooper, H. (2002). Effectiveness of mentoring programs for youth: A meta-analytic review. *American Journal of Community Psychology, 30*, 157-197.

Dunn, R., & Dunn, K. (1978). *Teaching students through their individual learning styles: A practical approach*. Englewood Cliffs, NJ: Prentice-Hall.

Easum, W. M. (1995). *Sacred cows make gourmet burgers*. Nashville, TN: Abingdon Press.

Eberle, B. (1971). *Scamper*. Buffalo, NY: DOK.

Eberle, B., & Stanish, B. (1996). *CPS for kids*. Waco, TX: Prufrock Press.

Eckhoff, A., & Urbach, J. (2008). Understanding imaginative thinking during childhood: Sociocultural conceptions of creativity and imaginative thought. *Journal of Early Childhood Education, 36*, 179-185.

Eger, J. M. (2004). *The future of education and work in the creative age*. Paper prepared for The World Foundation for Smart Communities, San Diego State University, San Diego, CA

Ekvall, G. (1983). *Climate, structure, and innovativeness of organizations: A theoretical framework and an experiment*. Stockholm, Sweden: Swedish Council for Management and Organizational Behavior.

Ennis, R. H. (1987). A taxonomy of critical thinking dispositions and abilities. In J. B. Baron & R. J. Sternberg (Eds.), *Teaching thinking skills: Theory and practice* (pp. 9-26). New York, NY: W. H. Freeman.

eSchool News Staff. (2006, October 10). *Survey reveals the skills employers covet*. Retrieved from http://www.eschoolnews.com

Experiment-Resources.com. (2012). *Definition of research.* Retrieved from http://www. experiment-resources.com/definition-of-research.html

Ferguson, R. F., & Snipes, J. (1994). Outcomes of mentoring: Healthy identities for youth. *Reclaiming Children and Youth, 3*(2), 19-22.

Fish, T. (2009). *School 2.0: Finding relevance in an "always-on" world.* Retrieved from http://www.nais.org/publications/ismagazinearticle. cfm?Itemnumber= 151420&sn. ItemNumber=145956

Flanagan, J. C. (1963). The definition and measurement of ingenuity. In C. Taylor & F. Barron (Eds.), *Scientific creativity: Its recognition and development* (pp. 89-98). New York, NY: Wiley.

Franklin, T., & van Harmelen, M. (2007). *Web 2.0 for content for learning and teaching in higher education.* Retrieved from http://ie-repository.jisc. ac.uk/148/1/web2-content-learning-and-teaching.pdf

Freud, S. (1959). Creative writers and daydreaming. In J. Strachey (Ed. and Trans.), *The standard edition of the complete psychological works of Sigmund Freud* (Vol. 9, pp. 141-153). London, England: Hogarth Press. (Original work published 1908)

Frey, B. R., & Noller, R. B. (1992). *Mentoring for creative productivity.* Buffalo, NY: Buffalo State College, International Creativity Network.

Fromm, E. (1959). The creative attitude. In H. H. Anderson (Ed.), *Creativity and its cultivation* (pp. 44-54). New York, NY: Harper & Row.

Gallagher, S. (2009). Problem-Based Learning. In J. S. Renzulli, E. J. Gubbins, K. S. McMillen, R. D. Eckert, & C. A. Little (Eds.), *Systems and models for developing programs for the gifted and talented* (2nd ed., pp. 193-210). Mansfield Center, CT: Creative Learning Press.

Gardner, H. (1993a). *Creating minds: An anatomy of creativity as seen through the lives of Freud, Einstein, Picasso, Stravinsky, Eliot, Graham, and Gandhi.* New York, NY: Basic Books.

Gardner, H. (1993b). Seven creators of the modern era. In J. Brockman (Ed.), *Creativity* (pp. 28-47). New York, NY: Simon & Schuster.

Geist, E., & Hohn, J. (2009). Encouraging creativity in the face of administrative convenience: How our schools discourage divergent thinking. *Education, 130,* 141-150.

Gilson, L. L., & Madjar, N. (2011). Radical and incremental creativity: Antecedents and processes. *Psychology of Aesthetics, Creativity, and the Arts, 5,* 21-28.

Giroux, H. (2010, March 4). *Winter in America: Democracy gone rogue.* Retrieved from http://archive.truthout.org/winter-america-democracy-gone-rogue57353

Gisi, L., & Forbes, R. (1982). *The information society: Are high school graduates ready?* Denver, CO: Education Commission of the States.

Goffnett, S. P. (2004). Understanding Six Sigma: Implications for industry and education.

Journal of Industrial Technolog y, 20(4), 1-9.

Goleman, D., Kaufman, P., & Ray, M. (1992). *The creative spirit*. New York, NY: Penguin.

Gordon, W. J. J. (1961). *Synectics*. New York, NY: Harper & Row.

Gordon, W. J. J., & Poze, T. (1979). *The metaphorical way of learning and knowing* (Rev. ed.). Cambridge, MA: Porpoise Books.

Gordon, W. J. J., & Poze, T. (1980). SES Synectics and gifted education today. *Gifted Child Quarterly, 24*, 147-151.

Gowan, J. C., Khatena, J., & Torrance, E. P. (1981). *Creativity: Its educational implications* (2nd ed.). Dubuque, IA: Kendall Hunt.

Gregorc, A. F. (1985). Matching teaching and learning styles. *Theory Into Practice, 23*, 51-55.

Grossman, J. B., & Tierney, J. P. (1998). Does mentoring work? An impact study of the Big Brothers/Big Sisters program. *Education Review, 22*, 403-426.

Guilford, J. P. (1950). Creativity. *American Psychologist, 5*, 444-454.

Guilford, J. P. (1980). Cognitive styles: What are they? *Educational and Psychological Measurement, 40*, 715-735.

Guilford, J. P. (1986). *Creative talents: Their nature, uses and development*. Buffalo, NY: Bearly Limited.

Haeger, W. W., & Feldhusen, J. F. (1989). *Developing a mentor program*. East Aurora, NY: D.O.K.

Hart, D. (1994). *Authentic assessment: A handbook for educators*. Reading, MA: Addison Wesley/Innovative Learning.

Hausman, J. (1992). On the use of portfolios in evaluation. *Art Education, 45*, 4.

Haynes, N. M. (1998). Creating safe and caring school communities: Comer School Development Program schools. *Journal of Negro Education, 65*, 308-314.

Haynes, N. M., & Comer, J. P. (1993). The Yale School Development Program process, outcomes, and policy implications. *Urban Education, 28*, 166-199.

Hebert, E. A. (1992). Portfolios invite reflection-from students and staff. *Educational Leadership, 49*(8), 58-61.

Hennessey, B. (2010). The creativity-motivation connection. In J. C. Kaufman & R. J. Sternberg (Eds.), *The Cambridge handbook of creativity* (pp. 342-365). New York, NY: Cambridge University Press.

Hennessey, B. A., & Amabile, T. M. (1987). *Creativity and learning*. Washington, DC: National Education Association.

Herman, J. L., Aschbacher, P. R., & Winters, L. (1992). *A practical guide to authentic assessment*. Alexandria, VA: Association for Supervision and Curriculum Development.

Hersh, R. H. (2009). A well-rounded education for a flat world. *Educational Leadership, 61*(1), 51-53.

Hilgersom-Volk, K. (1987). Celebrating students' diversity through learning styles. *OSSC Bulletin*, *30*(9).

Honawar, V. (2008, April 2). Working smarter by working together. *Education Week, 27,* 25-27.

Hulsheger, U., Anderson, N., & Salgado, J. (2009). Team-level predictors of innovation at work: A comprehensive meta-analysis spanning three decades of research. *Journal of Applied Psychology, 94,* 1128-1145.

Isaac, S., & Michael, W. B. (1997). *Handbook in research and evaluation.* San Diego, CA: Educational and Industrial Testing Service.

Isaksen, S. (Ed.). (1987a). *Frontiers of creativity research: Beyond the basics.* Buffalo, NY: Bearly Limited.

Isaksen, S. (1987b). Introduction: An orientation to the frontiers of creativity research. In S. Isaksen (Ed.), *Frontiers of creativity research: Beyond the basics* (pp. 1-26). Buffalo, NY: Bearly Limited.

Isaksen, S., & Treffinger, D. (1985). *Creative problem solving: The basic course.* Buffalo, NY: Bearly Limited.

Isaksen, S. G. (2007). The Situational Outlook Questionnaire: Assessing the context for change. *Psychological Reports, 100,* 455-466.

Isaksen, S. G., & Ekvall, G. (2007). *Assessing the context for change: A technical manual for the Situational Outlook Questionnaire®* (2nd ed.). Buffalo, NY: The Creative Problem Solving Group.

Isaksen, S. G., Dorval, K. B., & Treffinger, D. J. (2011). *Creative approaches to problem solving* (3rd ed.). Thousand Oaks, CA: SAGE.

Isaksen, S. G., Murdock, M. C., Firestien, R. L., & Treffinger, D. J. (Eds.). (1993a). *Nurturing and developing creativity: The emergence of a discipline.* Norwood, NJ: Ablex.

Isaksen, S. G., Murdock, M. C., Firestien, R. L., & Treffinger, D. J. (Eds.). (1993b). *Understanding and recognizing creativity: The emergence of a discipline.* Norwood, NJ: Ablex.

Isaksen, S. G., Stein, M. I., Hills, D. A., & Gryskiewicz, S. S. (1984). A proposed model for the formulation of creativity research. *Journal of Creative Behavior, 18,* 67-75.

Isaksen, S. G., Treffinger, D. J., & Dorval, K. B. (2000). *Climate for creativity and innovation: Educational implication.* Sarasota, FL: Center for Creative Learning.

Isop, L. (2011). *How do you hug a porcupine?* New York, NY: Simon & Schuster Books for Young Readers.

Jalongo, M. R., & Heider, K. (2006). Editorial: Teacher attrition: An issue of national concern. *Early Childhood Education Journal, 33,* 379-380.

Johnsen, S. K., & Goree, K. (2005). *Independent study for gifted learners.* Waco, TX: Prufrock Press.

Johnsen, S. K., & Johnson, K. L. (2007). *Independent study program: Complete kit* (2nd ed.). Waco, TX: Prufrock Press.

Jung, C. G. (1923). *Psychological types* (H. B. Baynes, Trans.). New York, NY: Harcourt, Brace.

Jung, C. G. (1971). *The portable Jung* (R. F. C. Hull, Trans.). New York, NY: Viking.

Kaufman, A., Kornilov, S., Bristol, A., Tan, M., & Grigorenko, E. (2010). The neurobiological foundations of creative cognition. In J. C. Kaufman & R. J. Sternberg (Eds.), *The Cambridge handbook of creativity* (pp. 216-232). New York, NY: Cambridge University Press.

Kaufman, J., & Beghetto, R. (2009). Beyond big and little: The four c model of creativity. *A Review of General Psychology, 13*, 1-12.

Keller-Mathers, S., & Murdock, M. (1999). Research support for a conceptual organization of creativity. In A. S. Fishkin, B. Cramond, & P. Olszewski-Kubilius (Eds.), *Investigating creativity in youth: Research and methods* (pp. 49-71). Cresskill, NJ: Hampton Press.

Keller-Mathers, S., & Murdock, M. (2002). Teaching the content of creativity using the Torrance Incubation Model: Eyes wide open to the possibilities of learning. *Celebrate Creativity (NAGC Creativity Division Newsletter), 13*(2), 7-9.

Khatena, J., & Torrance, E. P. (1973). *Thinking creatively with sounds and words: Technical manual* (Research Ed.). Lexington, MA: Personnel Press.

Khatena, J., & Torrance, E. P. (2006). *Khatena-Torrance Creative Perception Inventory*. Bensenville, IL: Scholastic Testing Service.

Kim, K. (2006). Can we trust creativity tests? A review of the Torrance Tests of Creative Thinking (TTCT). *Creativity Research Journal, 18*, 3-14.

Kim, K. H. (2011a). The Division 10 debate-Are the Torrance Tests still relevant in the 21st century? Torrance Tests are still relevant in the 21st century. *Psychology of Aesthetics, Creativity, and the Arts, 5*, 302-308.

Kim, K. H. (2011b). Proven reliability and validity of the Torrance Tests of Creative Thinking. *Psychology of Aesthetics, Creativity, and the Arts, 5*, 314-315.

Kirschenbaum, R., & Armstrong, D. (1999). Diagnostic assessment of creativity in students. In A. S. Fishkin, B. Cramond, & P. Olszewski-Kubilius (Eds.), *Investigating creativity in youth: Research and methods* (pp. 329-348). Cresskill, NJ: Hampton Press.

Kirton, M. J. (1961). *Management initiative*. London, England: Action Society Trust.

Kirton, M. J. (1976). Adaptors and innovators: A description and measure. *Journal of Applied Psychology, 61*, 622-629.

Kirton, M. J. (1987). Cognitive styles and creativity. In S. G. Isaksen (Ed.), *Frontiers in creativity research: Beyond the basics* (pp. 282-304). Buffalo, NY: Bearly Limited.

Klijn, M., & Tomic, W. (2010). A review of creativity within organizations from a psychological perspective. *Journal of Management Development, 29*, 322-343.

Klimoviene, G., Urboniene, J., & Barzdziukiene, R. (2010). Creative classroom climate assessment for the advancement of foreign language acquisition. *Kalbu Studies: Studies About Languages, 16*, 114-121.

Kohn, A. (2010, January 14). Debunking the case for national standards: One-size-fits-all mandates and their dangers. *Education Week*. Retrieved from http://www.alfiekohn.org/teaching/edweek/national.htm

Kolb, D. (1981). Disciplinary inquiry norms and student learning styles: Diverse pathways for growth. In A. Chickering (Ed.), *The modern American college* (pp. 57-76). San Francisco, CA: Jossey-Bass.

Kopkowski, C. (2008). Why they leave. *NEA Today, 26*(7), 21-25.

Kowaltowski, D., Bianchi, G., & de Paiva, V. (2010). Methods that may stimulate creativity and their use in architectural design education. *International Journal of Technolog y & Design Education, 20*, 453-476.

Kuperminc, G. P., Leadbeater, B. J., Emmons, C., & Blatt, S. J. (1997). Perceived school climate and difficulties in the social adjustment of middle school students. *Applied Developmental Science, 1*, 76-88.

Lauer, K. J. (1994). *The assessment of creative climate: An investigation of Ekvall's Creative Climate Questionnaire* (Unpublished master's thesis). State University College, Buffalo, NY.

Law, E. L.-C. (2007). Technology-enhanced creativity. In A. Tan (Ed.), *Creativity: A handbook for teachers* (pp. 363-383). Hackensack, NJ: World Scientific.

Lawrence, G. (1997). *Looking at type and learning styles*. Gainesville, FL: Center for Applications of Psychological Type.

Lawrence, G. (2009). *People types and tiger stripes* (4th ed.). Gainesville, FL: Center for Applications of Psychological Type.

Lee, S., Luppino, J., & Plionis, E. (1990). Keeping youth in school: A follow-up report. *Children Today, 19*, 4-7.

Leung, A. K., & Chiu, C. (2008). Interactive effects of multicultural experiences and openness to experience on creative potential. *Creativity Research Journal, 20*, 376-382.

Leung, A. K., Maddux, W. W., Galinsky, A. D., & Chiu, C. (2008). Multicultural experience enhances creativity: The when and how. *American Psychologist, 63*, 169-181.

Lieberman, A., & Miller, L. (2011). Learning communities. *Journal of Staff Development, 32*(4), 16-20.

Linn, R. L., & Gronlund, N. E. (1995). *Measurement and assessment in teaching* (7th ed.). Columbus, OH: Charles E. Merrill.

Litterst, J. K., & Eyo, B. A. (1993). Developing classroom imagination: Shaping and energizing a suitable climate for growth, discovery, and vision. *Journal of Creative Behavior, 27*, 270-282.

LoSciuto, L., Rajala, A. K., Townsend, T. N., & Taylor, A. S. (1996). An outcome evaluation of Across Ages: An intergenerational mentoring approach to drug prevention. *Journal of Adolescent Research, 11,* 116-129.

MacKinnon, D. (1987). Some critical issues for future research in creativity. In S. Isaksen (Ed.), *Frontiers of creativity research: Beyond the basics* (pp. 120-130). Buffalo, NY: Bearly Limited.

Maddux, W. M., Leung, A. K., Chiu, C., & Galinsky, A. D. (2009). Toward a more complete understanding of the link between multicultural experience and creativity. *American Psychologist, 64,* 156-158.

Marshall, M. L. (2004). *Examining school climate: defining factors and educational influences* [White paper]. Retrieved from http://education.gsu.edu/schoolsafety

Martin, C. R. (1997). *Looking at type: The fundamentals.* Gainesville, FL: Center for Applications of Psychological Type.

Martinsen, O., & Kaufmann, G. (1999). Cognitive style and creativity. In M. A. Runco & S. R. Pritzker (Eds.), *Encyclopedia of creativity* (Vol. I, pp. 273-282). New York, NY: Academic Press.

Marx, G. (2001). Educating children for tomorrow's world. *The Futurist, 35*(2), 43-48.

Maslow, A. H. (1958). Emotional blocks to creativity. *Journal of Individual Psychology, 14,* 51-56.

Maslow, A. H. (1976). Creativity in self-actualizing people. In A. Rothenberg & C. Hausman (Eds.), *The creativity question* (pp. 86-92). Durham, NC: Duke University Press.

McCluskey, K. W. (2000). Setting the stage for productive problem solving. In S. G. Isaksen (Ed.), *Facilitative leadership: Making a difference with creative problem solving* (pp. 77-101). Dubuque, IA: Kendall Hunt.

McCluskey, K. W. (2008). *Thoughts about tone, educational leadership, and building creative climates in our schools.* Ulm, Germany: ICIE.

McCluskey, K. W., Baker, P. A., Bergsgaard, M., & McCluskey, A. (2001). *Creative problem solving in the trenches: Interventions with at-risk populations* (Monograph #308). Williamsville, NY: Creative Problem Solving Group.

McCluskey, K. W., Baker, P. A., & McCluskey, A. (2005). Creative problem solving with marginalized populations: Reclaiming lost prizes through in-the-trenches interventions. *Gifted Child Quarterly, 49,* 330-341.

McCluskey, K. W., Baker, P. A., O'Hagan, S. C., & Treffinger, D. J. (Eds.). (1995). *Lost prizes: Talent development and problem solving with at-risk students.* Sarasota, FL: Center for Creative Learning.

McCluskey, K. W., Baker, P. A., O'Hagan, S. C., & Treffinger, D. J. (1998). Recapturing at-risk, talented high-school dropouts: A summary of the three-year Lost Prizes project. *Gifted and Talented International, 13*(2), 73-78.

McCluskey, K. W., & Mays, A. M. (Eds.). (2003). *Mentoring for talent development*. Sioux Falls, SD: Augustana College, Reclaiming Youth International.

McCluskey, K. W., & Treffinger, D. J. (1998). Nurturing talented but troubled children and youth. *Reclaiming Children and Youth, 6*, 215-219, 226.

McGilchrist, I. (2010, January 2). The battle of the brain. *The Wall Street Journal*, p. 9W.

McLellan, R., & Nicholl, B. (2008, September). *Creativity in crisis in D&T: Are classroom climates conducive for creativity in English secondary schools?* Paper presented at the British Educational Research Association Annual Conference, Heriot-Watt University, Edinburgh

Meador, K. S., Fishkin, A. S., & Hoover, M. (1999). Research-based strategies and programs to facilitate creativity. In A. S. Fishkin, B. Cramond, & P. Olszewski-Kubilius (Eds.), *Investigating creativity in youth* (pp. 389-415). Cresskill, NJ: Hampton Press.

Mednick, S. A. (1962). The associative basis of the creative process. *Psychological Review, 69*, 220-232.

Metzl, S., & Morrell, M. (2008). The role of creativity in models of resilience: Theoretical exploration and practical applications. *Journal of Creativity in Mental Health, 3*, 303-318.

Millar, G. W. (1995). *E. Paul Torrance: "The creativity man."* Norwood, NJ: Ablex.

Mölle, M., Marshall, L., Lutzenberger, W., Pietrowsky, R., Fehm, H. L., & Born, J. (1996). Enhanced dynamic complexity in the human EEG during creative thinking. *Neuroscience Letters, 208*(1), 61-64.

Mueller, J. (2011). *Authentic assessment toolbox*. Naperville, IL: North Central College. Retrieved from http://jfmueller.faculty.noctrl.edu/toolbox/ portfolios.htm

Murdock, M., & Keller-Mathers, S. (2002a). Teaching for creativity: Where there's a will, there's a way. *Celebrate Creativity (NAGC Creativity Division Newsletter), 13*(2), 3-4, 10-12.

Murdock, M., & Keller-Mathers, S. (2002b). The foundation of the Torrance Incubation Model: Identifying and using a creativity skill set. *Celebrate Creativity (NAGC Creativity Division Newsletter), 13*(2), 5-6, 13.

Nash, D. (2001, December). Enter the mentor. *Parenting for High Potential*, 18-21.

Nash, D., & Treffinger, D. J. (1993). *The mentor kit: A step-by-step guide to creating an effective mentor program in your school*. Waco, TX: Prufrock Press.

National Science Board Commission on Precollege Education in Mathematics, Science, and Technology. (1983). *Educating Americans for the 21st Century: A plan of action for improving mathematics, science and technolog y education for all American elementary and secondary students so that their achievement is the best in the world by 1995*. Washington, DC: Author.

Nickerson, R., Perkins, D., & Smith, E. (1985). *The teaching of thinking*. Hillsdale, NJ:

Lawrence Erlbaum.

Noller, R. B. (1997). *Mentoring: A voiced scarf* (2nd ed.). Mt. Holly, NJ: Snedley Group.

Noller, R. B., & Frey, B. R. (1983). *Mentoring: An annotated bibliography*. Buffalo, NY: Bearly Limited.

Noller, R. B., & Frey, B. R. (1994). *Mentoring: An annotated bibliography (1982-1992)*. Sarasota, FL: Center for Creative Learning.

Noller, R. B., & Frey, B. R. (1995). Mentoring for the continued development of lost prizes. In K. W. McCluskey, P. A. Baker, S. C. O'Hagan, & D. J. Treffinger (Eds.), *Lost Prizes: Talent development and problem solving with at-risk students* (pp. 203-212). Sarasota, FL: Center for Creative Learning.

Norris, S. P., & Ennis, R. H. (1989). *Evaluating critical thinking*. Pacific Palisades, CA: Critical Thinking Press and Software.

O'Quin, K., & Besemer, S. (1989). The development, reliability, and validity of the Revised Creative Product Semantic Scale. *Creative Research Journal, 2*, 267-278.

Olenchak, F. R. (1994). Future Problem Solving: A sample of effects on students. *Research Briefs, 9*, 61-66.

Osborn, A. F. (1953). *Applied imagination: Principles and procedures for creative thinking*. New York, NY: Charles Scribner's Sons.

Osborn, A. F. (1963). *Applied imagination: The principles and procedures of creative problem-solving* (3rd ed.). New York, NY: Charles Scribner's Sons.

Ozturk, M., & Debelak, C. (2008). Academic competitions as tools for differentiation in middle school. *Gifted Child Today, 31*(3), 47-53.

Parnes, S. J. (1967). *Creative behavior guidebook*. New York, NY: Charles Scribner's Sons.

Parnes, S. J., Noller, R. B., & Biondi, A. M. (1977). *Guide to creative action*. New York, NY: Charles Scribner's Sons.

Partnership for 21st Century Skills. (2007). *Beyond the three Rs: Voter attitudes toward 21st century skills*. Retrieved from http://www.p21.org/storage/ documents/P21_pollreport_singlepg.pdf

Partnership for 21st Century Skills. (2009). *P21 framework definitions*. Retrieved from http://www.p21.org/storage/documents/P21_ Framework_Definitions.pdf

Place, D., McCluskey, K. W., McCluskey, A., & Treffinger, D. J. (2000). The second chance project: Creative approaches to developing the talents of at-risk native inmates. *Journal of Creative Behavior, 34*, 165-174.

Plucker, J. A., Beghetto, R. A., & Dow, G. T. (2004). Why isn't creativity more important to educational psychologists? Potentials, pitfalls, and future directions in creativity research. *Educational Psychologist, 39*, 83-96.

Polya, G. (1957). *How to solve it* (2nd ed.). Princeton, NJ: Princeton University Press.

Prentky, R. A. (1980). *Creativity and psychopathology: A neurocognitive perspective*. New

York, NY: Praeger.

Prince, G. M. (1970). *The practice of creativity.* New York, NY: Harper & Row.

Purcell, J. H., Renzulli, J. S., McCoach, D. B., & Spottiswoode, H. (2001, December). The magic of mentorships. *Parenting for High Potential,* 22-26.

Rank, J., Pace, V., & Frese, M. (2004). Three avenues for future research on creativity, innovation, and initiative. *Applied Psychology: An International Review, 53,* 518-528.

Renzulli, J. S. (1977a). *The Enrichment Triad Model.* Mansfield Center, CT: Creative Learning Press.

Renzulli, J. S. (1977b). What makes giftedness? Reexamining a definition. *Phi Delta Kappan, 59,* 180-184.

Renzulli, J. S. (1982). What makes a problem real: Stalking the illusive meaning of qualitative differences in gifted education. *Gifted Child Quarterly, 26*(4), 137-156.

Renzulli, J. S., Smith, L. H., White, A. J., Callahan, C. M., Hartman, R. K., Westberg, K. L., ... Sytsma, R. E. (2004). *Scales for Rating the Behavioral Characteristics of Superior Students: Technical and administration manual* (Rev. ed.). Mansfield Center, CT: Creative Learning Press.

Reuter, M., Panksepp, J., Schnabel, N., Kellerhoff, N., Kempel, P., & Hennig, J. (2005). Personality and biological markers of creativity. *European Journal of Personality, 19,* 83-95.

Reynolds, A. (2009). Why every student needs critical friends. *Educational Leadership, 67*(3), 54-57.

Rhodes, M. (1961). An analysis of creativity. *Phi Delta Kappan, 42,* 305-310.

Rich, G. J. (2009). Big C, little c, Big M, little m. *American Psychologist, 64,* 155-156.

Richards, R. (2007). *Everyday creativity.* Washington, DC: American Psychological Association.

Richards, R. (2010). Everyday creativity: Process and way of life-Four key issues. In J. C. Kaufman & R. J. Sternberg (Eds.), *Cambridge handbook of creativity* (pp. 189-215). New York, NY: Cambridge University Press.

Ripple, R. E. (1989). Ordinary creativity. *Contemporary Educational Psychology, 14,* 189-202.

Roberts, J., & Inman, T. (2001, December). Mentoring and your child: Developing a successful relationship. *Parenting for High Potential,* 8-10.

Rogers, C. (1954). Toward a theory of creativity. *ETC: A Review of General Semantics, 11,* 250-258.

Rogers, C. (1959). Toward a theory of creativity. In H. H. Anderson (Ed.), *Creativity and its cultivation* (pp. 69-82). New York, NY: Harper & Row.

Rollins, K., Mursky, C. V., Shah-Coltrane, S., & Johnsen, S. K. (2009). RtI models for gifted children. *Gifted Child Today, 32*(3), 20-30.

Royce, D. (1998). Mentoring high-risk minority youth: Evaluation of the Brothers Project. *Adolescence, 33*, 145-158.

Ruff, M. (n.d.). *Using Six Sigma to solve issues in a public school system.* Retrieved from http://www.isixsigma.com/index.php?option=com_ k2&view=item&id=167:using-six-sigma-to-solve-issues-in-public-school-system&Itemid=184

Runco, M. (2003a). Creativity, cognition, and their educational implications. In J. Houtz (Ed.), *The educational Psychology of creativity* (pp. 25-56). Cresskill, NJ: Hampton Press.

Runco, M. (2003b). Education for creative potential. *Scandinavian Journal of Education Research, 47*, 317-324.

Runco, M., & Acar, S. (2010). Do tests of divergent thinking have an experiential bias? *Psychology of Aesthetics, Creativity, and the Arts, 4*, 144-148.

Russ, S. W., & Fiorelli, J. A. (2010). Developmental approaches to creativity. In J. C. Kaufman & R. J. Sternberg (Eds.), *The Cambridge handbook of creativity* (pp. 233-249). New York, NY: Cambridge University Press.

Ryser, G. R. (2007). *Profile of Creative Abilities.* Austin, TX: PRO-ED.

Sapp, D. D. (1997). Problem parameters and problem finding in art education. *Journal of Creative Behavior, 31*, 282-298.

Saxon, J. A., Treffinger, D. J., Young, G. C., & Wittig, C. V. (2003). Camp Invention®: A creative, inquiry-based summer enrichment program for elementary students. *Journal of Creative Behavior, 37*, 64-74.

Schoonover, P. (1996). The preference for and use of Creative Problem Solving tools among adaptors and innovators. *Creative Learning Today: Center for Creative Learning Newsletter, 6*(3), 10-11.

Schoonover, P. F., & Treffinger, D. J. (2003). Implications of style differences for explorers and developers in use of CPS tools. *Creative Learning Today, 12*(3), 2-3.

Schoonover, P., Treffinger, D., & Selby, E. (2012). *Linking technology and creative learning.* Sarasota, FL: Center for Creative Learning.

Selby, E. (1997). Lucy and Michael: Case studies of creative styles in teenagers. *Creative Learning Today: Center for Creative Learning Newsletter, 7*(2), 4-6.

Selby, E., Shaw, E., & Houtz, J. (2005). The creative personality. *Gifted Child Quarterly, 49*, 300-314.

Selby, E., Treffinger, D., & Isaksen, S. (2007a). *Facilitator guide-VIEW: An assessment of problem solving style* (2nd ed.) Sarasota, FL: Center for Creative Learning.

Selby, E., Treffinger, D., & Isaksen, S. (2007b). *Technical manual-VIEW: An assessment of problem solving style* (2nd ed.). Sarasota, FL: Center for Creative Learning. Silvia, P. J., & Kaufman, J. C. (2010). Creativity and mental illness. In J. C. Kaufman & R. J. Sternberg (Eds.), *The Cambridge handbook of creativity* (pp. 381-394). New York,

NY: Cambridge University Press.

Simon, H., & Newell, A. (1970). Human problem solving: The state of the theory in 1970. *American Psychologist, 26,* 145-159.

Simonton, D. K. (2010). Creativity in highly eminent individuals. In J. C. Kaufman & R. J. Sternberg (Eds.), *The Cambridge handbook of creativity* (pp. 174-188). New York, NY: Cambridge University Press.

Simpson, R. (1922). Creative imagination. *American Journal of Psychology, 33,* 234-243.

Sitler, H. C. (2007). The lived experience of new teachers, or why should I stay in this profession? *Phi Kappa Phi Forum, 87*(4), 22.

Smith, J. K., & Smith, L. F. (2010). Educational creativity. In J. C. Kaufman & R. J. Sternberg (Eds.), *The Cambridge handbook of creativity* (pp. 250-264). New York, NY: Cambridge University Press.

Stanish, B., & Eberle, B. (1997). *Be a problem solver.* Waco, TX: Prufrock Press.

Sternberg, R. J. (2006). Creating a vision of creativity: The first 25 years. *Psychology of Aesthetics, Creativity, and the Arts, S*(1), 2-12.

Sternberg, R. J., & Lubart, T. I. (1995). *Defying the crowd: Cultivating creativity.* New York, NY: Free Press.

Sternberg, R. J., Jarvin, L., & Grigorenko, E. L. (2009). *Teaching for wisdom, intelligence, creativity and success.* Thousand Oaks, CA: Corwin Press.

Swartz, R., & Parks, S. (1994). *Infusing the teaching of critical and creative thinking into content areas.* Pacific Grove, CA: Critical Thinking Press and Software.

Tallent-Runnels, M. K. (1993). The Future Problem Solving Program: An investigation of effects on problem solving ability. *Contemporary Educational Psychology, 18,* 382-388.

Tauber, R. (1991). Praise "strikes" out as a classroom management tool. *Contemporary Education, 62,* 194-198.

Thomas, C., Blackbourn, J., Papason, B., Britt, P., Blackbourn, R., Tyler, J. L., & Williams, F. (2004-2005). Portfolio assessment: A guide for teachers and administrators. *National Forum of Educational Administration and Supervision Journal, 23*(4E). Retrieved from http://www.nationalforum.com/Electronic%20Journal%20Volumes/Thomas,%20 Conn-Portfolio%20As

Torrance, E. P. (1974). *Torrance Tests of Creative Thinking: Norms and technical manual.* Bensenville, IL: Scholastic Testing Service.

Torrance, E. P. (1979). An instructional model for enhancing incubation. *Journal of Creative Behavior, 13,* 23-35.

Torrance, E. P. (1984). *Mentor relationships: How they aid creative achievement, endure, change, and die.* Buffalo, NY: Bearly Limited.

Torrance, E. P. (1987). Teaching for creativity. In S. G. Isaksen (Ed.), *Frontiers of creativity*

research: Beyond the basics (pp. 189-215). Buffalo, NY: Bearly Limited.

Torrance, E. P. (1995). *Why fly? A philosophy of creativity*. Norwood, NJ: Ablex.

Torrance, E. P. (2006). *Torrance Tests of Creative Thinking*. Bensenville, IL: Scholastic Testing Service.

Torrance, E. P., & Safter, H. T. (1990). *Incubation model of teaching: Getting beyond the aha*. Buffalo, NY: Bearly Limited.

Treffinger, D. J. (1986). Research on creativity. *Gifted Child Quarterly, 30*, 15-19.

Treffinger, D. J. (1988). Components of creativity: Another look. *Creative Learning Today, 2*(5), 1-4.

Treffinger, D. J. (1991). Creative productivity: Understanding its source and nature. *Illinois Council for the Gifted Journal, 10*, 6-8.

Treffinger, D. J. (1994). Productive thinking: Toward authentic instruction and assessment. *Journal of Secondary Gifted Education, 6*(1), 30-37.

Treffinger, D. J. (1996). *Dimensions of creativity*. Sarasota, FL: Center for Creative Learning.

Treffinger, D. J. (1997). Editorial: Toward a more precise, concise, and consistent language for productive thinking instruction. *Creative Learning Today, 7*(1), 1, 8-9.

Treffinger, D. J. (2000). *Practice problems for creative problem solving*. Waco, TX: Prufrock Press.

Treffinger, D. J. (2003a). Assessment and measurement in creativity study. In J. Houtz (Ed.), *The educational Psychology of creativity* (pp. 59-93). Cresskill, NJ: Hampton Press.

Treffinger, D. J. (2003b). The role of mentoring in talent development. In K. W. McCluskey & A. M. Mays (Eds.), *Mentoring for talent development* (pp. 1-11). Sioux Falls, SD: Reclaiming Youth International.

Treffinger, D. J. (2004). Introduction to creativity and giftedness: Three decades of inquiry and development. In D. J. Treffinger (Ed.), *Creativity and giftedness* (pp. xxiii-xxx). Thousand Oaks, CA: Corwin Press.

Treffinger, D. J. (2008). Preparing creative and critical thinkers. *Educational Leadership, 65*(9). Retrieved from http://www.ascd.org/publications/educational_leadership/summer08/vol65/num09/Preparing_Creative_and_Critical_Thinkers.aspx

Treffinger, D. J. (2009). Myth: Creativity is too difficult to measure. *Gifted Child Quarterly, 53*, 245-247.

Treffinger, D. J. (2011). *Creativity, creative thinking, and critical thinking: In search of definitions* (Rev. ed.). Sarasota, FL: Center for Creative Learning.

Treffinger, D. J., & Feldhusen, J. F. (1998). *Planning for productive thinking and learning*. Waco, TX: Prufrock Press.

Treffinger, D. J., Isaksen, S. G., & Dorval, K. B. (2006). *Creative problem solving: An introduction* (4th ed.). Waco, TX: Prufrock Press.

Treffinger, D. J., Isaksen, S. G., & Dorval, K. B. (2011). *Climate for creativity and innovation:*

Educational implications (3rd ed.). Sarasota, FL: Center for Creative Learning.

Treffinger, D. J., & Nassab, C. A. (2011a). *Facilitator's guide: Focusing tools.* Sarasota, FL: Center for Creative Learning.

Treffinger, D. J., & Nassab, C. A. (2011b). *Facilitator's guide: Generating tools.* Sarasota, FL: Center for Creative Learning.

Treffinger, D. J., Nassab, C. A., Schoonover, P. F., Selby, E. C., Shepardson, C. A., Wittig, C. V., & Young, G. C. (2006). *The creative problem solving kit.* Waco, TX: Prufrock Press.

Treffinger, D. J., Nassab, C. A., & Selby, E. C. (2009). Programming for talent development: Expanding horizons for gifted education. In T. Balchin, B. Hymer, & D. Matthews (Eds.), *The Routledge international companion to gifted education* (pp. 210-217). London, England: Routledge.

Treffinger, D. J., & Selby, E. C. (1993). Giftedness, creativity, and learning style: Exploring the connections. In R. Milgram, R. Dunn, & G. Price (Eds.), *Teaching and counseling gifted adolescents through their learning styles: An international perspective* (pp. 87-102). New York, NY: Praeger.

Treffinger, D. J., Selby, E. C., & Crumel, J. H. (2012). Evaluation of the Future Problem Solving Program International (FPSPI). *International Journal of Creativity and Problem Solving, 22,* 45-61.

Treffinger, D. J., Selby, E. C., & Isaksen, S. G. (2008). Understanding individual problem-solving style: A key to learning and applying creative problem solving. *Learning and Individual Differences, 18,* 390-401.

Treffinger, D. J., Selby, E. C., Isaksen, S. G., & Crumel, J. H. (2007). *An introduction to problem solving-style.* Sarasota, FL: Center for Creative Learning.

Treffinger, D. J., Selby, E. C., & Schoonover, P. F. (2004). *Evaluation report, Phase I: The Destination ImagiNation® program.* Sarasota, FL: Center for Creative Learning.

Treffinger, D. J., & Shepardson, C. A. (2012). *The real problem solving handbook* (2nd ed.). Manuscript in preparation.

Treffinger, D. J., Young, G. C., Nassab, C. A., Selby, E. C., & Wittig, C. V. (2008). *Talent development planning handbook.* Thousand Oaks, CA: Corwin Press.

Treffinger, D. J., Young, G. C., Nassab, C. A., & Wittig C. V. (2004). *Enhancing and expanding gifted programs: The levels of service approach.* Waco, TX: Prufrock Press.

Treffinger, D. J., Young, G. C., Selby, E. C., & Shepardson, C. A. (2002). *Assessing creativity: A guide for educators.* Storrs: University of Connecticut, The National Research Center on the Gifted and Talented.

Treffinger, D., Nassab, C., Schoonover, P., Selby, E., Shepardson, C., Wittig, C., & Young, G. (2003). *Thinking with standards: Preparing for tomorrow (Elementary level).* Waco, TX: Prufrock Press.

United States Department of Labor(1991). *What work requires of schools: A SCANS report for America 2000*. Washington, DC: Author.

Vernon, P. E. (1989). Giftedness and construction of a creative life. In J. A. Glover, R. R. Ronning, & C. R. Reynolds (Eds.), *Handbook of creativity* (pp. 93-110). New York, NY: Plenum Press.

Vygotsky, L. S. (1978). *Mind and society: The development of higher psychological processes*. Cambridge, MA: Harvard University Press.

Wagner, T. (2007). Five "habits of mind" that count. *Education Week, 26*(45), 29-30.

Wallace, D. R., & Gruber, H. E. (1989). *Creative people at work*. New York, NY: Oxford University Press.

Wallas, G. (1926). *The art of thought*. New York, NY: Franklin Watts.

Weisberg, R. W. (1986). *Creativity: Genius and other myths*. New York, NY: W. H. Freeman.

Weisberg, R. W. (1994). Genius and madness? A quasi-experimental test of the hypothesis that manic-depression increases creativity. *American Psychological Society, 5*, 361-367.

Wiggins, G. P. (1989). A true test: Toward more authentic and equitable assessment. *Phi Delta Kappan, 70,* 703-713.

Wiggins, G. P. (1993). *Assessing student performance*. San Francisco, CA: Jossey- Bass.

Williams, F. E. (1968, February). *Helping the child develop his creative potential*. Paper presented at Wilder Child Guidance Clinic Symposium, St. Paul, MN.

Witkin, H. A., & Goodenough, D. R. (1981). *Cognitive styles: Essence and origins*. Madison, WI: International University Press.

Woolfolk, A. (2010). *Educational Psychology* (11th ed.). Upper Saddle River, NJ: Merrill.

Young, G. (1995). Becoming a talent spotter. *Creative Learning Today, 5*(1), 4-5.

Zeng, L., Proctor, R., & Salvendy, G. (2011). Can traditional divergent thinking tests be trusted in measuring and predicting real-world creativity? *Creativity Research Journal, 23*, 24-37.

저자 소개

Donald J. Treffinger 박사(1941~2019)는 창의성과 영재
교육 분야에서 국제적으로 알려진 연구자이자 교육자이다.
그는 코넬대학교(Cornell University)에서 교육심리학으로
박사학위를 받았으며, 창의성, 창의적 문제해결, 영재교육,
재능계발 등에 관하여 400권 이상의 책과 논문을 저술한 바
있다. Treffinger 박사는 퍼듀대학교(Purdue University), 캔
자스대학교(University of Kansas), 버팔로주립대학(Buffalo
State College)을 포함한 여러 대학의 교수진으로 재직하기
도 하였다. 미국 플로리다주 새러소타시에 있는 창의성교육센터(Center for Creative
Learning)의 책임자로서 정열적으로 활동하였다.

Patricia F. Schoonover 박사는 창의성교육센터에서 학
교 및 기업 등을 대상으로 한 컨설턴트로 활동하고 있다.
그녀는 위스콘신대학교(University of Wisconsin, Stevens
Point)에서 창의성과 창의적 문제해결에 관한 학부 및 대학
원 과정을 강의하고 있으며, 해당 대학에서 운영하고 있는
위스콘신 창의적 문제해결 프로그램(Wisconsin Creative
Problem Solving Programs)의 책임자로도 활동하고 있다.
Schoonover 박사는 영재교육 및 재능계발 분야에서 오랫동
안 활동해 왔으며, 창의성 교육, 창의적 문제해결력과 관련한 여러 저서와 논문의 저
자이기도 하다.

Edwin C. Selby 박사는 포드햄대학교(Fordham University) 교육대학원 겸임교수로 학생들을 가르치고 있으며, 창의성 교육센터와도 협력하여 일을 하고 있다. 그는 『VIEW 문제 해결 스타일 검사』의 주 저자이고, 개인과 그룹이 보다 효과 적인 문제해결자가 되도록 돕는 세미나와 워크숍을 운영하 고 있다. Selby 박사는 창의성과 개인 스타일에 관한 여러 논 문의 저자이기도 하다. 그는 공립학교 드라마 및 음악 담당 교사로 활동해 왔고, 서식스 카운티(Sussex County)에 있는  서식스 학생 극장 설립 및 감독, 서식스 청소년 예술 페스티벌의 회장을 역임했으며 서 식스 카운티 기술학교 교육위원회의 회원이기도 하다. 현재 서식스 카운티 기술학교 이 사회 의장을 맡고 있으며, 학습 스타일, 재능계발, 학생과 교직원들 사이의 창의성과 문 제해결 능력 계발 등에 관심을 가지고 있다.

역자 소개

진석언(Jin Sukun)

서울대학교 사범대학 교육학과 학사
미국 Purdue University 영재교육전공 박사
(사)한국영재학회 이사/편집위원장
현) 건국대학교 교육대학원 교수

조무정(Cho Moojeoung)

경희대학교 교육대학원 생물교육전공 석사
건국대학교 대학원 영재교육전공 박사
한양대학교 창의융합교육원 책임연구원
현) 서울신학대학교 교수학습개발센터 교수

신의주(Shin Euijoo)

고려대학교 교육학과 학사
서울대학교 대학원 사회교육학과 석사
건국대학교 대학원 영재교육전공 박사
현) 검암중학교 교사

윤성로(Yoon Songno)

미국 Purdue University 영재교육전공 박사
미국 Azusa Pacific University 교수
미국 Biola University 영재교육연구소 소장
현) 글로벌미래교육연구소 대표

이승진(Lee Seungjin)

서강대학교 교육대학원 교육공학전공 석사
건국대학교 대학원 영재교육전공 박사
한국교육개발원 영재교육연구센터 연구원
현) 한국예술영재교육연구원 연구실장

창의성과 혁신

–현장 전문가를 위한 창의성 교육 지침서–

Original title: Educating for Creativity and Innovation:
A Comprehensive Guide for Research-Based Practice

2021년   2월 20일 1판 1쇄 인쇄
2021년   2월 25일 1판 1쇄 발행

지은이 • Donald J. Treffinger · Patricia F. Schoonover · Edwin C. Selby
옮긴이 • 진석언 · 조무정 · 신의주 · 윤성로 · 이승진
펴낸이 • 김진환
펴낸곳 • ㈜ 학지사

　　　　　　 04031 서울특별시 마포구 양화로 15길 20 마인드월드빌딩
대표전화 • 02-330-5114　　팩스 • 02-324-2345
등록번호 • 제313-2006-000265호

홈페이지 • http://www.hakjisa.co.kr
페이스북 • https://www.facebook.com/hakjisa

ISBN 978-89-997-2321-6 93370

정가 18,000원

출판 · 교육 · 미디어기업 학지사

간호보건의학출판 학지사메디컬 www.hakjisamd.co.kr
심리검사연구소 인싸이트 www.inpsyt.co.kr
학술논문서비스 뉴논문 www.newnonmun.com
원격교육연수원 카운피아 www.counpia.com